LE

CAPITAINE PAUL

MURAT — LE KENT

PIERRE LE CRUEL — DON BERNARDO DE ZUNIGA

PARIS. — IMP. FERD. IMBERT, 7, RUE DES CANETTES.

ALEXANDRE DUMAS

LE
CAPITAINE PAUL

MURAT — LE KENT
PIERRE LE CRUEL — DON BERNARDO DE ZUNIGA

EDITION ILLUSTRÉE PAR LES PRINCIPAUX ARTISTES

PARIS

CALMANN LÉVY, ÉDITEUR

ANCIENNE MAISON MICHEL LÉVY FRÈRES

3, RUE AUBER, 3

1897

LE

CAPITAINE PAUL

PAR

ALEXANDRE DUMAS

1

Vers la fin d'une belle soirée du mois d'octobre de l'année 1779, les curieux de la petite ville de Port-Louis étaient rassemblés sur la pointe de terre qui fait pendant à celle où, sur l'autre rive du golfe, est bâti Lorient. L'objet qui attirait leur attention et servait de texte à leurs discours était une noble et belle frégate de trente-deux canons, à l'ancre depuis huit jours, non pas dans le port, mais dans une petite anse de la rade, et qu'on avait trouvée là un matin, comme une fleur de l'Océan éclose pendant la nuit. Cette frégate, qui paraissait tenir la mer pour la première fois, tant elle semblait coquette et élégante, était entrée dans le golfe sous le pavillon français dont le vent déployait les plis, et dont les trois fleurs-de-lis d'or brillaient aux derniers rayons du soleil couchant. Ce qui paraissait surtout exciter la curiosité des amateurs de ce spectacle, si fréquent et cependant toujours si nouveau dans un port de mer, c'était le doute où chacun était du pays où avait été construit ce merveilleux navire, qui, dépouillé de toutes ses voiles serrées autour des vergues, dessinait sur l'occident lumineux la silhouette gracieuse de sa carène et l'élégante finesse de ses agrès. Les uns croyaient bien y reconnaître la mâture élevée et hardie de la marine américaine; mais la perfection des détails qui distinguait le reste de sa construction, contrastait visiblement avec la rudesse barbare de ces enfants rebelles de l'Angleterre. D'autres, trompés par le pavillon qu'elle avait arboré, cherchaient dans quel port de France elle avait été lancée; mais bientôt tout amour-propre national cédait à l'évidence, car on demandait en vain à sa poupe cette lourde galerie garnie de sculptures et d'ornements, qui formait la parure obligée de toute fille de l'Océan ou de la Méditerranée née sur les chantiers de Brest ou de Toulon; d'autres encore, sachant que le pavillon n'était souvent qu'un masque destiné à cacher le véritable visage, soutenaient que les tours et les lions d'Espagne eussent été plus à leur place à l'arrière du bâtiment que les trois fleurs de lis de France; mais à ceux-ci on répondait en demandant si les flancs minces et élancés de la frégate ressemblaient à la taille rebondie des galions espagnols. Enfin il y en avait qui eussent juré que cette charmante fée des eaux avait pris naissance dans les brouillards de la Hollande, si la hauteur et la finesse de ses mâtereaux n'avaient point, par leur dangereuse hardiesse, donné un démenti aux prudentes constructions de ces anciens balayeurs des mers. Au reste, depuis le matin (et, comme nous l'avons dit, il y avait de cela huit jours) où cette gracieuse vision était apparue sur les côtes de la Bretagne, aucun indice n'avait pu fixer l'opinion, que nous retrouvons encore flottante au moment où nous ouvrons les premières pages de cette histoire, attendu que pas un homme de l'équipage n'était venu à terre sous quelque prétexte que ce fût. On pouvait même ignorer, à la rigueur, s'il existait un équipage, car, si l'on n'eût aperçu la sentinelle et l'officier de garde, dont la tête dépassait parfois les bords du navire, on eût pu le croire inhabité. Il paraît néanmoins que ce bâtiment, tout inconnu qu'il était demeuré, n'avait aucune intention hostile; son arrivée n'avait point paru inquiéter les autorités de Lorient, et il avait été se placer sous le feu d'un petit fort que la déclaration de guerre entre l'Angleterre et la France avait fait remettre en état, et qui étendait en dehors de ses murailles, et au-dessus de la tête même des curieux, le cou allongé d'une batterie de gros calibre.

Cependant, au milieu de la foule de ces oisifs, un jeune homme se distinguait par l'inquiet empressement de ses questions. Sans que l'on pût deviner pour quelle cause, on voyait facilement qu'il prenait un intérêt direct à ce bâtiment mystérieux. Comme à son habit élégant on avait reconnu l'uniforme des mousquetaires, et que ces gardes de la royauté quittaient rarement la capitale, il avait d'abord été pour la foule une distraction à sa curiosité, mais bientôt on avait retrouvé dans celui qu'on croyait un étranger le jeune comte d'Auray, dernier rejeton d'une des plus vieilles maisons de la Bretagne. Le château habité par sa famille s'élevait sur les bords du golfe de Morbihan, à six ou sept lieues de Port-Louis. Cette famille se composait du marquis d'Auray, pauvre vieillard insensé, qui, depuis vingt ans, n'avait point été aperçu hors des limites de son domaine; de la marquise d'Auray, femme dont la rigidité des mœurs et l'antiquité de la noblesse pouvaient seules faire excuser la hautaine aristocratie; de la jeune Marguerite, douce enfant de dix-sept à dix-huit ans, frêle et pâle comme la fleur dont elle portait le nom, et du comte Emmanuel, que nous venons d'introduire sur la scène, et autour duquel la foule s'était rassemblée, dominée qu'elle est toujours par un beau nom, un brillant uniforme et des manières noblement insolentes.

Toutefois, quelque envie qu'eussent ceux auxquels il s'adressait de satisfaire à ses questions, ils ne pouvaient lui répondre que d'une manière vague et indécise, puisqu'ils ne savaient sur la frégate que ce que leurs conjectures échangées avaient pu leur en apprendre à eux-mêmes. Le comte Emmanuel était donc prêt à se retirer, lorsqu'il vit s'approcher de la jetée une barque conduite par six rameurs; elle amenait directement vers les groupes dispersés sur la grève un nouveau personnage qui, dans un moment où la curiosité était si vivement excitée, ne pouvait manquer d'attirer sur lui l'attention. C'était un jeune homme qui paraissait âgé de vingt à vingt-deux ans à peine, et qui était revêtu de l'uniforme d'aspirant de la marine royale. Il était assis ou plutôt couché sur une peau d'ours, la main appuyée sur le gouvernail de la petite barque, tandis que le pilote, qui, grâce au caprice de son chef, se trouvait n'avoir rien à faire, était assis à l'avant du canot. Du moment où l'embarcation avait été aperçue, chacun s'était retourné de son côté, comme si elle apportait un dernier espoir d'obtenir les renseignements tant désirés. Ce fut donc au milieu d'une partie de la population de Port-Louis que la barque, poussée par le dernier effort de ses rameurs, vint s'engraver à huit ou dix pieds de la plage, le peu de fond qu'il y avait en cet endroit ne lui permettant pas d'avancer plus loin. Aussitôt, deux des matelots quittèrent leurs rames, qu'ils rangèrent au fond de la barque, et descendirent dans la mer, qui leur monta jusqu'aux genoux. Alors le jeune enseigne se souleva nonchalamment, s'approcha de l'avant, et se laissa enlever entre leurs bras et déposer sur la plage, afin que pas une goutte d'eau ne vînt tacher son élégant uniforme. Arrivé là, il ordonna à la barque de doubler la pointe de terre qui s'avançait encore de trois ou quatre cents pas dans l'Océan, et de l'attendre de l'autre côté de la batterie. Quant à lui, il s'arrêta un instant sur le rivage pour réparer le désordre qu'avait apporté dans sa coiffure le mode de transport qu'il avait été forcé d'adopter pour y parvenir, puis il s'avança, en fredonnant une chanson française, vers la porte du petit fort, qu'il franchit, après avoir légèrement rendu à la sentinelle le salut militaire qu'elle lui avait fait comme à son supérieur.

Quoique rien ne soit plus naturel dans un port de mer que de voir un officier de marine traverser une rade et entrer dans un bastion, la préoccupation des esprits était telle, qu'il n'y eut peut-être pas un des personnages composant cette foule éparse sur la côte qui ne se figurât que la visite que recevait le commandant du fort ne fût relative au vaisseau inconnu qui faisait l'objet de toutes les conjectures. Aussi, lorsque le jeune enseigne reparut sur la porte, se trouva-t-il presque enfermé dans un cercle si pressé, qu'il manifesta un instant l'intention de recourir à la baguette qu'il tenait à la main pour se le faire ouvrir; cependant, après l'avoir fait siffler deux ou trois fois avec une affectation parfaitement impertinente, il parut tout à coup changer de résolution, et, apercevant le comte Emmanuel, dont l'air distingué et l'uniforme élégant contrastaient avec l'apparence et la mise vulgaire de ceux qui l'entouraient, il marcha à sa rencontre au moment où, de son côté, celui-ci faisait un pas pour s'approcher de lui. Les deux officiers ne firent qu'échanger un coup d'œil rapide, mais ce coup d'œil suffit pour qu'ils reconnussent à des signes indubitables qu'ils étaient gens de condition et de race. En conséquence, ils se saluèrent aussitôt avec l'aisance gracieuse et la politesse familière qui caractérisent les jeunes seigneurs de cette époque.

— Pardieu! mon cher compatriote, s'écria le jeune enseigne, car je pense que, comme moi, vous êtes Français, quoique je vous rencontre sur une terre hyperboréenne, et dans des régions, sinon sauvages, du moins passablement barbares, pourriez-vous me dire ce que je porte en moi de si extraordinaire pour que je fasse révolution en ce pays, ou bien un officier de marine est-il une chose si rare et si curieuse à Lorient, que sa seule présence y excite à ce point la curiosité des naturels de la Basse-Bretagne? Ce faisant, vous me rendrez, je vous l'avoue, un service que, de mon côté, je serai enchanté de reconnaître, si jamais pareille occasion se présentait pour moi de vous être utile.

— Et cela sera d'autant plus facile, répondit le comte Emmanuel, que cette curiosité n'a rien qui soit désobligeant pour votre uniforme, ni hostile à votre personne; et la preuve en est, mon cher confrère (car je vois à vos épaulettes que nous occupons à peu près le même grade dans les armées de Sa Majesté), que je partage avec ces honnêtes Bretons la curiosité que vous leur reprochez, quoique j'aie des motifs probablement plus positifs que les leurs pour désirer la solution du problème qu'ils poursuivent en ce moment.

— Eh bien! reprit le marin, si je puis vous aider en quelque chose dans la recherche que vous avez entreprise, je mets mon algèbre à votre disposition; seulement nous sommes assez mal ici pour nous livrer à des démonstrations mathématiques. Vous plairait-il de nous écarter quelque peu de ces braves gens, qui ne peuvent servir qu'à brouiller nos calculs?

— Parfaitement, répondit le mousquetaire; d'autant plus, si je ne m'abuse, qu'en marchant de ce côté je vous rapproche de votre barque et de vos matelots.

— Oh! qu'à cela ne tienne; si cette route n'était pas celle qui vous convient, nous en prendrions quelque autre. J'ai le temps, et mes hommes sont encore moins pressés que moi. Ainsi, virons de bord, si tel est votre bon plaisir.

— Non pas, s'il vous plaît; allons de l'avant, au contraire; plus nous serons près du rivage, mieux nous causerons de l'affaire dont je veux vous entretenir. Marchons donc sur cette langue de terre tant que nous y trouverons un endroit où mettre le pied.

Le jeune marin, sans répondre, continua de s'avancer en homme à qui la direction qu'on lui imprime est parfaitement indifférente, et les deux jeunes gens, qui venaient de se rencontrer pour la première fois, marchèrent appuyés sur le bras l'un de l'autre, comme deux amis d'enfance, vers la pointe du cap qui, pareil au fer d'une lance, se prolonge de deux ou trois cents pas dans la mer. Arrivé à son extrémité, le comte Emmanuel s'arrêta, et étendant la main dans la direction du navire :

— Savez-vous ce que c'est que ce bâtiment? demandat-il à son compagnon.

Le jeune marin jeta un coup d'œil rapide et scrutateur sur le mousquetaire; puis, reportant son regard vers le vaisseau :

— Mais, répondit-il négligemment, c'est une jolie frégate de trente-deux canons, portée sur son ancre de touée, avec toutes ses voiles aiverguées, afin d'être prête à partir au premier signal.

— Pardon, répondit Emmanuel en souriant, mais ce n'est pas cela que je vous demande. Peu m'importe le nombre de canons qu'elle porte, et sur quelle ancre elle chasse : n'est-ce pas comme cela que vous dites? — Le marin sourit à son tour. — Mais, continua Emmanuel, ce que je désire savoir, c'est la véritable nation à laquelle elle appartient, le lieu pour lequel elle est en partance, et le nom de son capitaine.

— Quant à sa nation, répondit le marin, elle a pris soin de nous en instruire elle-même, ou ce serait une infâme menteuse. Ne voyez-vous pas le pavillon sans tache, un peu usé pour avoir trop servi : voilà tout. Quant à sa destination, c'est, ainsi que vous l'a dit, lorsque vous le lui avez demandé, le commandant de la place, le Mexique. — Emmanuel regarda avec étonnement le jeune enseigne. — Enfin, quant à son capitaine, cela est plus difficile à dire. Il y en a qui jureraient que c'est un homme de mon âge ou du vôtre; car je crois que nous nous suivions de près dans le berceau, quoique dans la profession que nous exerçons tous deux puisse mettre un grand intervalle entre nos tombes. Il y en a d'autres qui prétendent qu'il est de l'âge de mon oncle, le comte d'Estaing, qui, comme vous le savez sans doute, vient d'être nommé amiral, et qui, dans ce moment, prête main-forte aux rebelles d'Amérique, comme quelques-uns les appellent encore en France. Enfin, quant à son nom, c'est autre chose : on dit qu'il ne le sait pas lui-même,

et en attendant qu'un heureux événement le lui fasse connaître, il s'appelle Paul.

— Paul?

— Oui, le capitaine Paul.

— Paul de quoi?

— Paul de la Providence, du Ranger, de l'Alliance, selon le bâtiment qu'il monte. N'y a-t-il pas aussi en France quelques-uns de nos jeunes seigneurs qui, trouvant leur nom de famille trop écourté, l'allongent avec un nom de terre, et surmontent le tout d'un casque de chevalier ou d'un tortil de baron, si bien que leur cachet et leur carrosse ont un air de vieille maison qui fait plaisir à voir? Eh bien! il en est ainsi de lui. Pour le moment, il s'appelle, je crois, Paul de l'Indienne : et il en est fier; car, si j'en juge par mes sympathies de marin, je crois qu'il ne changerait pas sa frégate contre la plus belle terre qui s'étende du port de Brest aux bouches du Rhône.

— Mais enfin, reprit Emmanuel, après avoir réfléchi un instant au singulier mélange d'ironie et de naïveté qui perçait tour à tour dans les réponses de son interlocuteur, quel est le caractère de cet homme?

— Son caractère? oh! mais, mon cher... baron... comte... marquis?

— Comte, répondit Emmanuel en s'inclinant.

— Eh bien! mon cher comte, je disais donc que vous me poussez vraiment d'abstractions en abstractions, et lorsque j'ai mis à votre disposition mes connaissances algébriques, ce n'était pas tout à fait pour nous livrer à la recherche de l'inconnu. Son caractère? Eh! bon Dieu! mon cher comte, qui peut parler sciemment du caractère d'un homme, excepté lui-même? et encore... Tenez, moi, tel que vous me voyez, il y a vingt ans que je laboure, tantôt avec la quille d'un brick, tantôt avec celle d'une frégate, la vaste plaine qui s'étend devant nous. Mes yeux, si je puis m'exprimer ainsi, ont vu l'Océan presque en même temps que le ciel. Depuis que ma langue a pu souder deux mots et mon intelligence coudre deux idées, j'ai interrogé et étudié les caprices de l'Océan. Eh bien! je ne connais pas encore son caractère, et cependant quatre vents principaux et trente-deux aires l'agitent : voilà tout. Comment voulez-vous donc que je juge l'homme, bouleversé qu'il est par les mille passions?

— Aussi ne vous demandé-je pas, mon cher... duc... marquis... comte?

— Enseigne, répondit le jeune marin en s'inclinant comme avait fait Emmanuel.

— Je disais donc que je ne vous demandais pas, mon cher enseigne, un cours de philosophie sur les passions du capitaine Paul. Je voulais seulement m'enquérir auprès de vous de deux choses : d'abord, si vous le croyez homme d'honneur?

— Il faut, avant tout, s'entendre sur les mots, mon cher comte. Qu'entendez-vous bien précisément par honneur?

— Permettez-moi de vous dire, mon cher enseigne, que la question est des plus bizarres. L'honneur, mais c'est l'honneur.

— Voilà justement la chose : un mot sans définition, comme le mot Dieu. Dieu aussi c'est Dieu, et chacun se fait un Dieu à sa manière : les Égyptiens l'adoraient sous la forme d'un scarabée, et les Israélites sous la forme d'un veau d'or. Il en est ainsi de l'honneur. Il y a l'honneur de Coriolan, celui du Cid, et celui du comte Julien. Précisez mieux votre question, si vous voulez que j'y réponde.

— Eh bien! je demandais si l'on pouvait se fier à sa parole?

— Oh! quant à cela, je ne crois pas qu'il y ait jamais manqué. Ses ennemis, et l'on n'arrive pas où il en est sans en avoir quelques-uns, ses ennemis mêmes, ai-je dit, n'ont jamais douté qu'il ne tînt jusqu'à la mort le serment qu'il aurait fait. Ainsi donc, ce point est éclairci.

croyez-moi. Sous ce rapport, c'est un homme *d'honneur.* Passons à la seconde question, car, si je ne me trompe vous désirez savoir quelque chose encore ?

— Oui, je désirais savoir s'il obéirait fidèlement à un ordre de Sa Majesté ?

— De quelle Majesté ?

— Vraiment, mon cher enseigne, vous affectez une difficulté de compréhension qui me paraît infiniment mieux aller à la robe du sophiste qu'à l'uniforme du marin.

— Pourquoi cela ? Vous m'accusez d'ergotisme, parce qu'avant de répondre je veux savoir à quoi je réponds ? Nous avons huit ou dix Majestés, à l'heure qu'il est, assises tant bien que mal sur les différents trônes de l'Europe : nous avons Sa Majesté Catholique, majesté caduque, qui se laisse arracher, morceaux par morceaux, l'héritage que lui a légué Charles-Quint ; nous avons Sa Majesté Britannique, majesté entêtée, qui se cramponne à son Amérique comme Cynégire au vaisseau des Perses, et à qui nous couperons les deux mains s'il ne la lâche pas; nous avons Sa Majesté Très-Chrétienne que je vénère et que j'honore.

— Eh bien ! c'est de celle-là que je veux parler, interrompit Emmanuel. Croyez-vous que le capitaine Paul serait disposé à obéir à un ordre que je lui porterais de sa part ?

— Le capitaine Paul, répondit l'enseigne, obéira, comme chaque capitaine doit le faire, à tout ordre émané du pouvoir qui a droit de lui commander, à moins que ce ne soit quelque corsaire maudit, quelque pirate maudit, quelque flibustier sans aveu, ce dont je doute à la vue de la frégate qu'il monte et à la manière dont elle me semble tenue. Il a donc dans un tiroir de sa cabine une commission signée d'une puissance quelconque. Eh bien ! si cette commission porte le nom de Louis et est scellée des trois fleurs de lis de France, il n'y a aucun doute qu'il n'obéisse à tout ordre scellé du même sceau et signé du même nom ?

— Alors voilà tout ce que je voulais savoir, répondit le jeune mousquetaire, qui commençait à s'impatienter des réponses étranges de son interlocuteur. Je ne vous ferai donc plus qu'une seule demande.

— A vos ordres, monsieur le comte, répondit l'enseigne, pour celle-là comme je l'ai été pour les autres.

— Savez-vous un moyen d'aller à bord de ce bâtiment ?

— Voilà, répondit le marin en étendant la main vers sa barque, que berçait dans une petite anse le flux de la mer ?

— Mais cette barque, c'est la vôtre ?

— Eh bien ! je vous conduirai.

— Vous connaissez donc ce capitaine Paul ?

— Moi ? pas le moins du monde ! mais, en ma qualité de neveu d'un amiral, je connais naturellement tout cœur de bâtiment, depuis le contre-maître qui dirige le canot qui cherche une aiguade, jusqu'au vice-amiral qui commande l'escadre qui va au feu. D'ailleurs, nous autres marins, nous avons certains signes secrets, certaine langue maçonnique à l'aide de laquelle nous nous reconnaissons pour des frères, sur quelque point de l'Océan que nous nous rencontrions. Ainsi donc acceptez mon offre avec la même franchise que je vous la fais. Moi, mes rameurs et ma barque sommes à votre disposition.

— Eh bien ! dit Emmanuel, rendez-moi ce dernier service et...

— Et vous oublierez l'ennui que je vous ai causé par mes divagations, n'est-ce pas, interrompit l'enseigne en souriant. Que voulez-vous, mon cher comte, continua le marin en faisant un signe de la main qui fut aussitôt compris des rameurs, la solitude de l'Océan nous a donné, à nous autres enfants de la mer, l'habitude du monologue. Pendant le calme, nous appelons le vent, pendant la tempête nous appelons le calme, et pendant la nuit nous parlons à Dieu.

Emmanuel jeta encore un regard de doute sur son compagnon, qui le supporta avec cette apparente bonhomie qui s'était étendue sur son visage chaque fois qu'il était devenu un objet d'investigation pour le mousquetaire. Celui-ci s'étonnait de ce mélange d'esprit pour les choses humaines et de poésie pour les œuvres de Dieu ; mais ne voyant, au bout du compte, dans l'homme étrange qu'il avait devant lui, qu'une personne disposée à lui rendre, quoique avec des formes bizarres, dont les rames qu'il réclamait, il accepta l'offre qu'il lui avait faite. Cinq minutes après, les deux jeunes gens s'avançaient vers le vaisseau inconnu, de toute la rapidité qu'imprimait à la barque l'effort combiné de six vigoureux matelots, dont les rames se relevaient et retombaient avec tant de régularité, que le mouvement qui les mettait en jeu semblait imprimé par un ressort mécanique et non par la combinaison des forces humaines.

II

A mesure qu'ils avançaient, les formes gracieuses du bâtiment se développaient à leurs yeux dans toute l'admirable perfection de leurs détails, et quoique, faute d'habitude ou de vocation, le jeune comte d'Auray fût ordinairement peu sensible à la beauté revêtue de cette forme, il ne pouvait s'empêcher d'admirer l'élégance de la carène, la finesse et la force des mâts, et la ténuité des cordages, qui semblaient, sur le ciel encore coloré des feux du soleil couchant, des fils flexibles et soyeux tressés par quelque araignée gigantesque. Au reste, la même immobilité régnait sur le bâtiment, qui paraissait, soit insouciance, soit mépris, s'inquiéter médiocrement de la visite qu'il allait recevoir. Un instant le jeune mousquetaire crut apercevoir, passant par l'ouverture d'un sabord, près de la gueule fermée d'un canon, l'extrémité d'une lunette braquée de son côté. Mais le navire, dans ce mouvement lent et demi-circulaire que lui imprimait la respiration de l'Océan, étant venu à lui présenter sa proue, ses yeux se fixèrent sur la figure sculptée qui donne ordinairement son nom au vaisseau qu'elle pare : c'était une de ces filles de l'Amérique découverte par Christophe Colomb et conquise par Fernand Cortez, avec son bonnet de plumes aux mille couleurs, et son sein nu, orné de colliers de corail. Quant au reste du corps, il se liait, moitié sirène, moitié serpent, d'une manière fantastique et par des arabesques bizarres, à la membrure du vaisseau. Plus la barque s'approchait de la frégate, plus cette image semblait fixer les regards du comte. C'est qu'en effet c'était une sculpture, non-seulement étrange de forme, mais tout à fait remarquable d'exécution, et l'on s'apercevait facilement que c'était, non pas un ouvrier vulgaire, mais un artiste de talent qui l'avait tirée du bloc de chêne où elle avait dormi pendant des siècles. De son côté, l'enseigne remarquait, avec une certaine satisfaction de métier, l'attention croissante que l'officier de terre était forcé de donner à ce bâtiment. Enfin, voyant cette attention entièrement concentrée sur la figure que nous venons de décrire, il parut attendre avec une certaine anxiété l'avis du comte ; puis, voyant qu'il tardait à le manifester, quoiqu'on en fût alors assez proche pour qu'aucune de ses beautés ne lui échappât, il prit le parti de rompre le premier le silence, et de questionner à son tour son jeune compagnon :

— Eh bien ! comte, lui dit-il, cachant l'intérêt qu'il prenait à la réponse sous une apparente gaieté, que dites-vous de ce chef-d'œuvre ?

— Je dis, répondit Emmanuel, que, relativement aux ouvrages du même genre que j'ai vus, il mérite véritablement le nom que vous lui donnez.

— Oui, dit négligemment l'enseigne, c'est la dernière production de Guillaume Coustou, qui est mort avant de l'avoir achevée ; elle a été finie par son élève, un nommé Dupré, homme de mérite, qui meurt de faim, et qui est obligé de tailler le bois à défaut de marbre, et d'équarrir des proues de vaisseaux quand il devrait sculpter des statues. Voyez, continua le jeune marin, imprimant au gouvernail un mouvement qui, au lieu de conduire la barque droit au vaisseau, la faisait dévier de manière à passer à l'une de ses extrémités, c'est un véritable collier de corail qu'elle a au cou, et ce sont de véritables perles qui pendent à ses oreilles. Quant à ses yeux, chaque prunelle est un diamant qui vaut cent guinées à l'effigie du roi Guillaume. Il en résulte que le capitaine qui prendra cette frégate, aura, outre l'honneur de l'avoir prise, un splendide cadeau de noces à faire à sa fiancée.

— Quel étrange caprice, dit Emmanuel, entraîné lui-même par la bizarrerie du spectacle qui s'offrait à ses regards, que celui d'orner son vaisseau comme on ferait d'un être animé, et de jeter ainsi des sommes considérables aux chances d'un combat et au hasard d'une tempête !

— Que voulez-vous ? répondit le jeune enseigne avec un accent de mélancolie indéfinissable, nous autres marins, qui n'avons d'autre famille que nos matelots, d'autre patrie que l'Océan, d'autre spectacle que la tempête, et d'autre distraction que le combat, il faut bien que nous nous attachions à quelque chose. N'ayant pas de maîtresse réelle, car qui voudrait nous aimer, nous autres goëlands à l'aile toujours ouverte ? il faut que nous nous fassions un amour imaginaire L'un s'éprend pour quelque île bien fraîche et ombreuse, et chaque fois qu'il l'aperçoit de loin, sortant de l'Océan, pareille à une corbeille de fleurs, son cœur devient joyeux comme celui d'un oiseau qui revoit son nid. L'autre a une étoile chérie entre les étoiles, et pendant ces belles et longues nuits de l'Atlantique, chaque fois qu'il passe sous l'équateur, il lui semble qu'elle se rapproche de lui et qu'elle le salue d'une lueur plus vive et d'une flamme plus ardente. il y en a enfin, et c'est le plus grand nombre, qui s'attachent à leur frégate comme à une fille bien-aimée, qui gémissent à chaque membre que le vent lui brise, à chaque blessure que le boulet lui creuse, et qui, lorsqu'elle est frappée au cœur par la tempête ou par la bataille, aiment mieux mourir avec elle que de se sauver sans elle, et donnent à la terre un saint exemple de fidélité en s'engloutissant avec l'objet de leur amour dans les abîmes les plus profonds de l'Océan. Eh bien ! le capitaine Paul est un de ceux-là : voilà tout ; et il a donné à sa frégate la corbeille de noces qu'il destinait à sa fiancée. Ah ! ah ! les voilà qui s'éveillent.

— Ohé ! les gens de la barque, cria-t-on du bâtiment, que voulez-vous ?

— Monter à bord de la frégate, répondit Emmanuel. Jetez donc une corde, une amarre, ce que vous voudrez, afin qu'on puisse s'accrocher à quelque chose.

— Tournez à tribord, et vous trouverez l'escalier.

Les rameurs obéirent aussitôt à cette injonction, et, quelques secondes après, les deux jeunes gens se trouvaient effectivement près de la coupée qui conduisait sur le pont. L'officier de garde vint les recevoir à l'embelle avec un empressement qui parut de bon augure à Emmanuel.

— Monsieur, dit l'enseigne s'adressant au jeune homme, qui, revêtu du même uniforme que lui, semblait occuper le même grade, voici mon ami, le comte... A propos, j'ai oublié de vous demander votre nom.

— Le comte Emmanuel d'Auray.

— Je disais donc que voilà mon ami, le comte Emmanuel d'Auray, qui désire vivement parler au capitaine Paul. Est-il à bord ?

— Il vient d'arriver à l'instant, répondit l'officier.

— En ce cas, je descends près de lui pour le prévenir de votre visite, mon cher comte. En attendant, voilà monsieur Walter qui se fera un plaisir de vous faire visiter l'intérieur de la frégate. C'est un spectacle curieux pour un officier de terre, d'autant plus que je doute que vous trouviez beaucoup de vaisseaux tenus comme celui-ci. N'est-ce pas l'heure du souper ?

— Oui, monsieur.

— Eh bien ! ce'a n'en sera que plus curieux.

— Mais, répondit l'officier hésitant, c'est que je suis de garde.

— Bah ! vous trouverez bien parmi vos camarades quelqu'un qui veille un instant à votre place. Je tâcherai que le capitaine ne vous fasse pas faire trop longtemps antichambre. A vous revoir, comte. Je vais vous recommander de manière à ce que vous receviez un bon accueil.

A ces mots, le jeune enseigne disparut par l'escalier du commandant, tandis que l'officier resté près d'Emmanuel pour lui servir de guide, le conduisit dans la batterie. Comme l'avait présumé le compagnon de route du comte, l'équipage était en train de souper.

C'était la première fois que le jeune comte voyait ce spectacle, et, quelque désir qu'il eût de parler promptement au capitaine, il lui parut si curieux, qu'il ne put s'empêcher d'y prêter toute son attention.

Entre chaque pièce de canon et dans l'intervalle réservé à la manœuvre, une table et des bancs étaient, non pas dressés sur leurs pieds, mais suspendus au plafond par les cordages. Sur chacun de ces bancs, quatre hommes étaient assis, et prenaient leur part d'un morceau de bœuf qui se défendait de son mieux, mais qui avait affaire à des gaillards qui ne paraissaient pas disposés à se laisser rebuter par sa résistance. A chaque table, il y avait deux bidons de vin, c'est-à-dire une demi-bouteille par homme. Quant au pain il paraissait non pas être distribué à la ration, mais livré à volonté. Au reste, le plus profond silence régnait parmi l'équipage, qui n'était guère composé que de cent quatre-vingts à deux cents hommes.

Quoique pas un des officiants n'ouvrît la bouche pour autre chose que pour manger, Emmanuel s'aperçut avec étonnement de la variété de leur origine, que l'on reconnaissait facilement aux types généraux et caractéristiques de chaque physionomie. Son cicerone remarqua sa surprise, et répondant à sa pensée avant qu'il l'eût manifesté :

— Oui, oui, lui dit-il avec un accent américain qu'Emmanuel avait déjà reconnu, et qui prouvait que celui qui lui parlait était né de l'autre côté de l'Atlantique ; oui, nous avons ici un assez joli échantillon de tous les peuples du monde, et si tout à coup quelque bon déluge enlevait les enfants de Noé, comme autrefois les fils d'Adam, on trouverait dans notre arche de la graine de chaque nation. Voyez-vous ces trois compagnons qui troquent avec leurs voisins une portion de rosbif contre une gousse d'ail ? ce sont des enfants de la Galice, que nous avons recueillis au cap Ortégal, et qui ne se battraient pas sans avoir fait leur prière à saint Jacques, mais qui, une fois leur prière faite, se feront couper en morceaux comme des martyrs plutôt que de reculer d'un pas. Les deux autres qui polissent leurs tables aux dépens de leurs manches, ce sont de braves Hollandais qui en sont encore à se plaindre du tort qu'a fait à leur commerce la découverte du cap de Bonne-Espérance. Vous le voyez, ils ont l'air, au premier coup d'œil, de véritables pots à bière. Eh bien ! ces gaillards-là, au moment où ils entendront le branle-bas, deviendront lestes comme des Basques. Approchez d'eux, et ils vous parleront de leurs ancêtres, ne pouvant plus vous parler d'eux-mêmes ; ils vous diront qu'ils descendent de ces fameux balayeurs des mers qui, lorsqu'ils allaient au combat, hissaient un balai au lieu de pavillon ; mais ils se garderont bien d'ajouter qu'un beau jour les Anglais leur ont pris leur balai et qu'ils en ont fait des verges. Cette table tout entière, qui chuchote tout bas ne pouvant parler tout haut, est composée de Français. A la place d'honneur est le chef élu par eux-mêmes. Parisien de naissance, cosmopolite par goût, maître de bâton, maître d'armes et maître de danse ; toujours content et joyeux, il manœuvre en chantant, il se bat en chantant, il mourra en chantant, à moins qu'une cravate de chanvre ne lui étouffe la voix dans le gosier, ce qui pourra bien lui arriver un jour, s'il a le malheur de tomber entre les mains de John Bull. Tournez les yeux par ici maintenant, et voyez toute cette file de têtes osseuses et carrées : ce sont des types étrangers pour vous, n'est-ce pas ? mais que tout Américain, né entre la mer d'Hudson et le golfe du Mexique, reconnaîtra à l'instant pour des ours du lac Érié ou des phoques de la Nouvelle-Écosse. Il y en a trois ou quatre qui sont borgnes ; cela tient à leur manière de se battre entre eux : ils enroulent les cheveux de leur adversaire avec l'index et le médium, et lui font sauter l'œil avec le pouce. Il y en a de très-adroits à cet exercice et qui ne manquent jamais leur coup. Aussi, lorsqu'on arrive à l'abordage, ils manquent rarement de jeter leur pique et leur coutelas, de se prendre au corps avec le premier Anglais qu'ils rencontrent, et de le désœiller avec une promptitude et une habileté qui font plaisir à voir. Vous conviendrez que je ne vous mentais pas, et que la collection est complète.

— Mais, répondit Emmanuel, qui avait écouté cette longue énumération avec un certain intérêt, comment fait votre capitaine pour se faire entendre de tous ces hommes réunis de tant de points différents ?

— D'abord, le capitaine connaît toutes les langues ; puis dans le combat ou dans la tempête, quoiqu'il parle alors sa langue maternelle, il lui donne un tel accent, croyez-moi, que chacun comprend et obéit. Mais tenez, voici la cabine de bâbord qui s'ouvre : sans doute il est prêt à vous recevoir.

En effet, un enfant revêtu de l'uniforme de midshipman s'avança vers les deux officiers, demanda à Emmanuel si ce n'était pas lui qui se nommait le comte d'Auray, et, sur sa réponse affirmative, l'invita le jeune mousquetaire à le suivre. Aussitôt l'officier qui venait de remplir d'une manière si consciencieuse le rôle de cicerone monta reprendre sur le pont le poste qu'il avait quitté un instant. Quant à Emmanuel, il s'avança vers la porte avec une émotion mêlée d'inquiétude et de curiosité : il allait donc voir enfin le capitaine Paul !

C'était un homme qui paraissait avoir de cinquante à cinquante-cinq ans, et que l'habitude de se tenir dans l'entre-pont avait voûté plutôt que le poids de l'âge. Il portait l'uniforme de la marine royale dans toute sa stricte sévérité : c'était un habit bleu de roi, à revers écarlates, avec veste rouge, culotte de la même couleur, bas gris, jabot et manchettes. Ses cheveux, roulés en boudin et poudrés à blanc, étaient attachés, par derrière et à leur racine, par un ruban dont les bouts retombaient en flottant. Son chapeau à trois cornes et son épée étaient déposés près de lui sur une table. Au moment où Emmanuel parut sur le seuil, il était assis sur l'affût d'un canon, mais en l'apercevant il se leva.

Le jeune comte se sentit intimidé à l'aspect de cet homme : il y avait dans son œil un rayon investigateur qui semblait éclairer jusqu'à l'âme de celui qu'il regardait. Peut-être aussi cette impression fut-elle d'autant plus puissante, qu'il se présentait avec une conscience qui lui faisait bien quelque reproche sur l'acte étrange qu'il accomplissait, et dont il venait pour rendre le capitaine, sinon complice, du moins exécuteur. Ces deux hommes, comme s'ils eussent éprouvé une secrète répulsion l'un pour l'autre, se saluèrent avec politesse, mais avec réserve.

— C'est à monsieur le comte d'Auray que j'ai l'honneur de parler ? demanda le vieil officier.

— Et moi, au capitaine Paul, répondit le jeune mousquetaire. Tous deux s'inclinèrent une seconde fois.

— Puis-je savoir à quel heureux hasard je dois l'honneur de la visite que me fait en ce moment l'héritier d'un des plus vieux et des plus beaux noms de la Bretagne ?

Emmanuel s'inclina encore une fois à manière de remerciment ; puis, après une pause d'un instant, comme s'il avait peine à entamer la conversation :

— Capitaine, continua-t-il, on m'a dit que votre destination était pour le golfe du Mexique.

— Et l'on ne vous a pas trompé, monsieur, je compte faire voile pour la Nouvelle-Orléans, en relâchant à Cayenne et à la Havane.

— Cela tombe à merveille, capitaine, et vous n'aurez pas à vous détourner de votre route, en supposant toutefois que vous vous chargeiez d'exécuter l'ordre dont je suis porteur.

— Vous avez un ordre à me communiquer, monsieur, et de quelle part ?

— De la part du ministre de la marine.

— Un ordre adressé à moi personnellement ? répéta le capitaine avec accent de doute.

— Non pas personnellement à vous, monsieur, mais à tout capitaine de la marine royale qui fera voile pour l'Amérique du Sud.

— Et de quoi s'agit-il, monsieur le comte ?

— D'un prisonnier d'État à déporter à Cayenne.

— Vous avez l'ordre sur vous ?

— Le voici, répondit Emmanuel en le tirant de sa poche et en le présentant au capitaine.

Celui-ci le prit, et, s'approchant de la fenêtre, afin de profiter des derniers rayons du jour, il lut tout haut :

« Le ministre de la marine et des colonies ordonne à » tout capitaine ou lieutenant, commandant les bâtiments » de l'État, et qui fera voile pour l'Amérique du Sud ou le » golfe du Mexique, de prendre à son bord et de déposer à » Cayenne le nommé Lusignan, condamné à la déportation » perpétuelle. Pendant la traversée, le condamné mangera dans sa chambre et ne communiquera point avec » l'équipage. »

— L'ordre est-il en forme ? demanda Emmanuel.

— Parfaitement, monsieur, répondit le capitaine.

— Et êtes-vous disposé à l'exécuter ?

— Ne suis-je pas aux ordres du ministre de la marine ?

— Alors on peut vous envoyer le prisonnier ?

— Quand on voudra, monsieur. Seulement, que ce soit le plus tôt possible, car je ne compte pas rester longtemps dans ces parages.

— Je veillerai à ce qu'on fasse diligence.

— Était-ce tout ce que vous aviez à me dire ?

— Absolument tout, capitaine, et je n'ai plus à ajouter que des remerciments.

— N'ajoutez rien, monsieur. Le ministre ordonne, et j'obéis : voilà tout ; c'est un devoir que je remplis, et non un service que je rends.

A ces mots, le capitaine et le comte se saluèrent de nouveau, et se quittèrent plus froidement encore qu'ils ne s'étaient abordés.

Arrivé sur le pont, Emmanuel demanda son compagnon au jeune officier de garde ; mais celui-ci répondit qu'il était retenu à souper par le capitaine Paul. Seulement, toujours obligeant et empressé, il mettait son canot à la disposition du comte. En effet, l'embarcation était au bas de l'escalier de la frégate, et les matelots, les rames en l'air, attendaient celui qu'ils devaient reconduire. A peine Emmanuel fut-il descendu, que la barque s'éloigna avec autant de rapidité qu'elle en avait mis à venir ; mais cette fois elle vogua tristement et en silence, car le jeune marin n'était plus là pour animer la conversation par les axiomes de sa poétique philosophie.

La même nuit, le prisonnier fut conduit à bord de l'*Indienne*, et le lendemain, lorsque le jour parut, les curieux cherchèrent en vain sur l'Océan la frégate qui depuis huit jours avait donné naissance à tant de conjectures, et dont l'arrivée inattendue, la station sans résultat et le départ spontané demeurèrent toujours un mystère inexplicable pour les dignes habitants de Port-Louis.

III

Comme les motifs qui avaient amené le capitaine Paul en vue des côtes de Bretagne n'ont de relation avec notre histoire que par les événements que nous venons de raconter, nous laisserons nos lecteurs dans la même incertitude que les habitans de Port-Louis, et quoique notre vocation et notre sympathie nous attirent naturellement vers la terre, nous le suivrons deux ou trois jours encore dans sa course aventureuse sur l'Océan.

Le temps était aussi beau qu'il peut l'être dans les parages occidentaux vers les premiers jours d'automne. L'Indienne marchait bravement vent arrière. Les matelots insoucieux se reposaient sur l'aspect du ciel, et, à l'exception de quelques hommes occupés à la manœuvre, tout le reste de l'équipage, dispersé dans les différentes parties du bâtiment, usait le temps à son caprice, lorsqu'une voix qui semblait venir du ciel s'écria :

— Ho ! d'en bas, ho !

— Holà ! répondit le contre-maître placé à l'avant.

— Une voile ! dit le matelot placé en observation.

— Une voile ! répéta le contre-maître. Monsieur l'officier de quart, faites prévenir le capitaine.

— Une voile ! une voile ! répétèrent tous les matelots dispersés sur le tillac, car en ce moment une vague, soulevant le bâtiment qui apparaissait à l'horizon, l'avait rendu visible à l'œil des marins, quoique le regard moins exercé d'un passager ou d'un soldat de terre l'eût certainement pris pour l'aile d'une mouette étendue sur l'Océan.

— Une voile ! s'écria à son tour un jeune homme de vingt-cinq ans, s'élançant sur le tillac par l'escalier de la cabine, demandez à monsieur Arthur ce qu'il en pense.

— Holà ! monsieur Arthur, cria en anglais le lieutenant, se servant de son porte-voix afin de ne pas se fatiguer inutilement, le capitaine demande ce que vous semble de cette coquille de noix.

— Mais, sauf meilleur avis, répondit dans la même langue le jeune midshipman auquel s'adressait l'interrogation, et qui était monté en vigie aussitôt qu'un bâtiment avait été signalé, il me semble que c'est un grand navire qui serre le vent pour se diriger de ce côté. Ah ! ah ! le voilà qui laisse tomber sa grande voile.

— Oui, oui, dit le jeune homme à qui Walter avait donné le titre de capitaine, oui, il a d'aussi bons yeux que nous, et il nous a vus. C'est bien. S'il aime la conversation, il trouvera à qui parler. D'ailleurs, nos canons doivent étouffer depuis si longtemps qu'ils ont la bouche fermée !

— Monsieur, continua le capitaine, prévenez le chef de batterie que nous avons en vue une voile suspecte, afin qu'il se mette en mesure. Eh bien ! monsieur Arthur, que pensez-vous de la marche de ce vaisseau ? ajouta-t-il adoptant à son tour la langue anglaise, et levant la tête vers les barres du petit perroquet où l'élève était resté en observation.

— Mais toute militaire, capitaine, toute militaire. Et quoique nous n'apercevions pas encore son pavillon, je parierais qu'il a à bord une bonne commission du roi Georges.

— Oui, n'est-ce pas ? qui ordonne à son maître de courir sus à une certaine frégate nommée l'Indienne, et qui lui promet, en cas de prise, le grade de capitaine s'il est lieutenant, et de commodore s'il est capitaine. Ah ! le voilà maintenant qui hisse ses voiles de perroquet ! Décidément le limier nous flaire et veut nous donner la chasse. Faites mettre la frégate sous les mêmes voiles, monsieur Walter, et continuons notre chemin sans nous écarter d'une ligne ; nous verrons s'il ose se mettre en travers de notre route !

L'ordre donné par le capitaine fut répété à l'instant par le lieutenant, et aussitôt le navire, qui se trouvait seule-

ment sous ses huniers, déroula, comme un triple nuage, la toile de ses perroquets, de sorte qu'à son tour, et comme si elle s'animait à la vue de l'ennemi, la frégate se courba en avant, enfonçant plus profondément sa proue dans les vagues, et faisant jaillir l'écume frémissante de chaque côté de sa carène.

Il y eut alors un moment de silence et d'attente dont nous profiterons pour ramener l'attention de nos lecteurs sur l'officier à qui le lieutenant avait donné le titre de capitaine.

Cette fois, ce n'était plus le jeune et sceptique enseigne que nous avons vu guider à bord de la frégate le comte d'Auray, ni le vieux loup de mer, à la taille courbée, à la voix rude et brève, qui l'avait reçu dans la cabine : c'était un beau jeune homme de vingt-quatre à vingt-cinq ans, comme nous l'avons dit, qui, ayant dépouillé tout déguisement, apparaissait enfin avec sa figure naturelle et sous l'uniforme de fantaisie qu'il adoptait une fois que, lancé sur l'Océan, il ne pouvait plus être reconnu que de la mer, des tempêtes et de Dieu. C'était une espèce de redingote de velours noir, avec des aiguillettes d'or, serrée à la taille par une ceinture turque, dans laquelle étaient passés des pistolets non pas d'abordage, mais de duel, sculptés, ciselés et incrustés, comme ces armes de luxe qui semblent une parure et non une défense. Il portait un pantalon de casimir blanc, avec de courtes bottes plissées qui lui montaient au-dessous du genou. Autour de son cou flottait en cravate desserrée un de ces mouchoirs des Indes, au tissu transparent, semé de fleurs de couleur naturelle, et de chaque côté de ses joues brunies par le soleil et animées par l'espérance retombaient, soulevés par chaque bouffée de brise, ses longs cheveux qui, dépouillés de poudre, étaient redevenus d'un noir d'ébène. Près de lui, sur le canon d'arrière, était posé un petit casque de fer dont les gourmettes mailées se boutonnaient sous le cou : c'était sa parure de combat, et la seule arme défensive dont il se couvrît. Quelques entailles creusées profondément dans l'acier prouvaient, au reste qu'il avait plus d'une fois sauvé la tête qu'il protégeait des blessures terribles que font les sabres d'abordage dont se servent les marins lorsqu'ils arrivent bord à bord. Quant au reste de l'équipage, il portait l'uniforme de la marine française dans toute son exacte et sévère élégance.

Pendant ce temps, le vaisseau, que vingt minutes auparavant avait signalé la vigie, et qui était apparu d'abord comme un point blanc à l'horizon, était devenu peu à peu une pyramide de voiles et d'agrès. Tous les yeux étaient fixés sur lui, et quoique aucun ordre n'eût été donné, chacun avait fait ses dispositions individuelles comme si le combat eût été décidé. Il régnait donc à bord de l'Indienne ce silence solennel et profond qui, sur un vaisseau de guerre, précède toujours les premiers ordres décisifs donnés par le capitaine. Enfin, lorsque le navire eut grandi encore pendant quelques minutes, la carène à son tour sembla sortir de l'eau comme avaient fait successivement ses voiles. On put voir alors que c'était un navire un peu plus fort de tonnage que l'Indienne, et portant trente-six canons. Au reste, ainsi que la frégate, il naviguait sans pavillon à sa corne, de sorte que, comme les hommes étaient cachés derrière les bastingages, il était impossible de reconnaître, à moins que ce ne fût à des signes particuliers, à quelle nation il appartenait. Ces deux observations furent faites presque en même temps par le capitaine, quoiqu'il ne parût frappé que de la dernière.

— Il paraît, dit-il, s'adressant au lieutenant, que nous allons avoir une scène de bal masqué. Faites monter quelques pavillons, Arthur, et montrons à notre inconnu que l'Indienne est une coquette qui a plusieurs déguisements à son service. Et vous, monsieur Walter, ordonnez qu'on prépare les armes, car nous ne pouvons guère, dans ces parages, nous attendre à rencontrer autre chose que des ennemis.

Les deux ordres n'eurent d'autres réponses que leur exécution même. Au bout d'un instant, le jeune midshipman tira des rayons placés sur le gaillard d'arrière une douzaine de pavillons différents, et le lieutenant Walter, ayant ouvert les caisses d'armes, fit faire des dépôts de piques, de haches et de coutelas en divers endroits du pont ; puis il revint occuper sa place près du capitaine. Chaque homme reprit alors son poste, par instinct plutôt que par devoir, car le branle-bas n'avait point encore battu : de sorte que le désordre apparent qui avait un instant régné à bord cessa peu à peu, et la frégate redevint silencieuse et attentive.

Cependant, tout en suivant leur ligne convergente, les deux bâtiments continuaient de s'approcher l'un de l'autre. Lorsqu'ils furent à trois portées de canon à peu près :

— Monsieur Walter, dit le capitaine, je crois qu'il serait temps de commencer à intriguer notre ami. Montrons-lui le pavillon d'Écosse.

Le lieutenant fit un signe au chef de timonerie, et la nappe rouge cantonnée d'azur se leva comme une flamme à la poupe de l'*Indienne ;* mais aucun signe n'indiqua à bord du vaisseau inconnu qu'il prît le moindre intérêt à cette manœuvre.

— Oui, oui, murmura le capitaine, les trois léopards d'Angleterre ont si bien limé les dents et rogné les ongles du lion d'Écosse, qu'ils ne font pas attention à lui, le croyant apprivoisé parce qu'il est sans défense. Montrez-leur un autre emblème, monsieur Walter, peut-être parviendrons-nous à lui délier la langue.

— Lequel, capitaine ?

— Prenez sans choisir, le hasard nous servira.

A peine cet ordre avait-il été donné, que le pavillon d'Écosse s'abaissa, et que celui de Sardaigne prit la place. Le navire resta muet.

— Allons, dit le capitaine, il paraît que Sa Majesté le roi Georges est en relations de bonne amitié avec son frère de Chypre et de Jérusalem. Ne les brouillons pas en poussant plus loin la plaisanterie. Monsieur Walter, arborez le pavillon d'Amérique, et assurez-le par un coup de canon à poudre.

La même manœuvre qui avait été faite se renouvela : l'étendard d'azur au canton de gueules et à croix d'argent retomba sur le pont, et les étoiles des Provinces-Unies montèrent lentement vers le ciel, *assurées* par un coup de canon à poudre.

Ce que le capitaine avait prévu arriva : à ce symbole de rébellion, qui s'élevait insolemment dans les airs, le navire inconnu trahit son incognito en arborant le pavillon de la Grande-Bretagne. Au même moment, un nuage de fumée apparut au flanc du navire royaliste, et avant que la détonation se fît entendre, un boulet de canon, ricochant de vague en vague, était venu mourir à cent pas à peu près de l'*Indienne.*

— Faites battre l'appel, monsieur Walter, cria le capitaine, car vous voyez que nous avons touché juste. Allons, mes enfants, continua-t-il en s'adressant à l'équipage, *hourra* pour l'Amérique, et mort à l'Angleterre !

Un cri général lui répondit, et il n'avait point encore cessé, qu'on entendit battre la charge à bord du *Drake,* car tel était le nom du navire en vue ; le tambour de l'*Indienne* lui répondit aussitôt, et chacun courut à son poste ; les canonniers à leurs pièces, les officiers à leurs batteries, et les matelots chargés de la manœuvre à la manœuvre. Quant au capitaine, il monta immédiatement sur le capot du gaillard d'arrière, muni de son porte-voix, symbole du rang suprême, sceptre de la royauté nautique, que le commandant tient ordinairement en main au moment du combat et de la tempête.

Cependant les rôles avaient changé : c'était l'Anglais qui montrait maintenant de l'impatience, et la frégate américaine qui affectait le calme. A peine les bâtiments furent-ils à portée, qu'une bande de fumée apparut sur toute la longueur du vaisseau, qu'une détonation pareille au roulement du tonnerre se fit entendre, et que les messagers de fer envoyés pour donner la mort aux rebelles, ayant, dans leur impétuosité, mal calculé la distance, vinrent mourir aux flancs de la frégate. Celle-ci, au reste, comme si elle eût refusé de répondre à une attaque prématurée, continua à serrer le vent de manière à épargner le plus de chemin possible à son ennemi.

En ce moment, le capitaine se retourna pour jeter un dernier coup d'œil sur son navire, et son regard étonné s'arrêta sur un nouveau personnage qui venait de choisir cet instant suprême et terrible pour faire son entrée en scène.

C'était un jeune homme de vingt-deux à vingt-trois ans à peine, à la figure douce et pâle, à la mise simple, mais élégante, et que le capitaine ne connaissait pas à son bord ; il était appuyé contre le mât d'artimon, les bras croisés sur la poitrine, regardant avec une indifférence mélancolique ce bâtiment anglais qui s'approchait à toutes voiles. Cette tranquillité, dans un tel moment et chez un homme qui paraissait étranger au métier des armes, frappa le capitaine ; il se rappela ce prisonnier annoncé par le comte d'Auray, et amené à son bord pendant la dernière nuit qu'il avait passée au mouillage de Port-Louis.

— Qui vous a permis de monter sur le pont, monsieur ? lui dit-il en adoucissant autant que possible le son de sa voix, de sorte qu'il eût été difficile de juger si ces paroles étaient une question ou un reproche.

— Personne, monsieur, répondit le prisonnier d'une voix douce et triste ; mais j'ai espéré qu'en pareille circonstance vous serez peut-être moins sévère observateur des ordres qui me font votre prisonnier.

— Avez-vous oublié qu'il vous est défendu de communiquer avec l'équipage ?

— Je ne viens pas communiquer avec l'équipage, monsieur ; je viens voir s'il n'y a pas quelque boulet qui veuille bien de moi.

— Vous pourrez avoir trouvé bientôt ce que vous cherchez, monsieur, si vous demeurez à cette place. Ainsi, croyez-moi, restez à fond de cale.

— Est-ce un avis ou un ordre, capitaine ?

— Je vous laisse libre de le prendre comme vous voudrez.

— En ce cas, répondit le jeune homme, je vous remercie ; je reste.

En ce moment, une nouvelle détonation se fit entendre ; mais cette fois les deux navires s'étaient tellement rapprochés, qu'ils étaient à trois quarts de portée à peine, et que l'ouragan de fer tout entier traversa la voilure de l'*Indienne.* Deux éclats de bois peu importants tombèrent de la mâture, et l'on entendit les plaintes et les cris étouffés de quelques hommes. Le capitaine avait en ce moment les yeux fixés sur son prisonnier ; un boulet passa à deux pieds au-dessus de sa tête, échancrant le mât d'artimon, auquel il était adossé : mais, malgré cet avertissement de la mort, il resta dans la même attitude calme et tranquille, comme s'il n'eût pas senti passer sur son front l'aile de l'ange exterminateur. Le capitaine se connaissait en courage ; cet essai lui suffit pour juger l'homme qu'il avait devant les yeux.

— C'est bien, monsieur, lui dit-il, demeurez où vous êtes, et quand nous en viendrons à l'abordage, si vous êtes las de rester les bras croisés, prenez quelque sabre ou quelque hache, et donnez-nous un coup de main. Pardonnez-moi maintenant de ne plus m'occuper de vous ; mais j'ai autre chose à faire. Feu ! messieurs, continua le capitaine, hélant avec son porte-voix à travers l'écoutille de la batterie. Feu !

— Feu ! canonniers ! répondit comme un écho celui à qui l'ordre était adressé.

Au même instant, l'*Indienne* s'ébranla depuis sa quille jusqu'à ses mâts de cacatoès : une détonation effroyable se fit entendre, un nuage de fumée s'étendit comme un voile à tribord, et se dispersa sous le vent. Le capitaine, debout sur un banc de quart, attendait avec impatience qu'il eût disparu pour juger de l'effet que la bordée avait produit à bord du vaisseau ennemi. Lorsque ses regards purent plonger à travers la vapeur, il s'aperçut que le grand mât de hune était tombé, encombrant de toiles l'arrière du *Drake*, et que toute la voilure du grand mât était criblée. Alors, mettant son porte-voix à sa bouche :

— Bien, enfants ! cria-t-il. Maintenant, masquons tout vivement ! Ils sont trop occupés à se débarrasser de leurs toiles pour nous enfiler avec leur bordée : Feu qui peut !... et cette fois passez-leur le rasoir près de la figure ! »

Les matelots s'empressèrent d'exécuter cet ordre ; le navire tourna sa poupe avec grâce, et commença d'exécuter la manœuvre et l'acheva, comme l'avait prévu le capitaine.

Puis, tendant la main à son jeune prisonnier. — PAGE 10.

sans empêchement de la part de son ennemi. Puis, la frégate frémit de nouveau comme un volcan, et, comme un volcan, vomit à la fois sa flamme et sa fumée.

Cette fois les canonniers avaient pris l'ordre du capitaine à la lettre, et la bordée tout entière avait porté en belle et dans les bas mâts. Les haubans, les étais et les drisses étaient coupés. Les deux mâts étaient encore debout ; mais de tous côtés flottaient autour d'eux des haillons de voiles. Il paraît qu'il était survenu au navire quelque avarie plus considérable qu'on ne pouvait en juger à cette distance, car la bordée se fit attendre un instant et, au lieu de prendre l'*Indienne* de l'avant en arrière, elle la prit en biais. Elle n'en fut que plus terrible ; elle avait porté tout entière dans le flanc et sur le pont, et frappé à la fois le navire et l'équipage ; mais par un hasard qui semblait tenir de la magie, elle avait épargné les trois mâts. Quelques cordages seulement étaient coupés, accident peu important et qui permettait au bâtiment de rester maître de sa manœuvre. Un coup d'œil suffit à Paul pour lui apprendre qu'il n'avait perdu que des hommes, et que la destruction avait frappé plus de chair que de bois. Il en bondit de joie. Il porta de nouveau le porte-voix à sa bouche.

— La barre à bâbord ! cria-t-il, et abordons-le par la hanche de bâbord. A l'abordage, les gens de l'abordage !

Une dernière bordée pour le raser comme un ponton, puis nous l'escaladerons comme une forteresse.

La frégate ennemie, au premier mouvement que fit l'*Indienne*, comprit la manœuvre et voulut la neutraliser par un mouvement pareil; mais, au moment où elle tenta de l'exécuter, un craquement terrible se fit entendre à son bord, et le grand mât, à moitié coupé par la dernière décharge de l'*Indienne*, trembla un instant comme un arbre déraciné, et tomba sur l'avant, couvrant le pont de sa grande voile et de ses agrès. Le capitaine Paul comprit alors ce qui avait retardé la bordée du brick.

— Maintenant il est à vous comme si on vous le donnait pour rien, enfants! cria-t-il, et vous n'avez qu'à le prendre. Une dernière décharge à portée du pistolet, et à l'abordage!

L'*Indienne* obéit comme un cheval dressé, et s'avança sans opposition vers son ennemi, dont la seule ressource était désormais un combat corps à corps, car ne pouvant plus manœuvrer, ses canons lui devenaient inutiles. Le *Drake* se trouva donc à la merci de son adversaire, qui, en se tenant à distance, aurait pu le cribler jusqu'à ce qu'il s'enfonçât dans la mer, mais qui, dédaignant ce genre de victoire, lui envoya une dernière bordée à cinquante pas. Puis, avant d'en avoir vu l'effet, se laissant aller sur lui, la frégate engagea ses vergues dans les vergues de son ennemi, et jeta ses hunes et les passavans de l'*Indienne* s'enflammèrent comme un if aux jours de fête, les grenades brûlantes tombèrent à bord du *Drake*, rapides et redoublées comme une grêle. Partout au bruit du canon succéda le petillement de la fusillade, et au milieu de ce bruit infernal une voix se fit entendre comme celle d'un être surnaturel:

— Courage, enfants! courage! amarrez le beaupré aux sabords de son gaillard d'arrière. Bien! liez-les l'un à l'autre, comme le condamné à la potence! Feu! maintenant aux caronades réservées à l'avant!

Tous ces ordres furent exécutés ainsi que par magie: les deux navires furent garrottés l'un à l'autre comme par des liens de fer: les deux pièces placées sur l'avant, et qui n'avaient pas encore tiré, grondèrent à leur tour, balayant le pont ennemi de toute une volée de mitraille; puis un dernier cri se fit entendre, poussé d'une voix terrible:

— A l'abordage!!!

Et, joignant l'exemple au précepte, le capitaine de l'*Indienne* jeta son porte-voix, devenu désormais inutile, couvrit sa tête de son casque, en agrafa les gourmettes sous son cou, mit entre ses dents le sabre recourbé qu'il portait à sa ceinture, et s'élança sur le beaupré pour sauter de là sur l'arrière du bâtiment ennemi. Cependant, quoique le mouvement qu'il avait fait eût suivi l'ordre qu'il avait donné avec la même rapidité que la foudre suit l'éclair, il ne toucha que le second le pont du vaisseau anglais; le premier qui y était arrivé, c'était le jeune prisonnier du mât d'artimon, qui avait jeté son habit, et qui, armé seulement d'un hachot, se présentait avant tous les autres à la mort ou à la victoire.

— Vous ignorez la discipline de mon bord, monsieur, lui dit Paul en riant, c'est moi qui dois toucher le premier tout vaisseau que j'aborde. Je vous pardonne pour cette fois, mais n'y revenez plus.

Au même instant, par le beaupré, par les bastingages, par le bout des vergues, par les grappins, par toutes les manœuvres qui pouvaient leur servir de conducteurs, les marins de l'*Indienne* tombèrent sur le pont comme des fruits mûrs tombent d'un arbre que le vent secoue. Alors les Anglais, qui s'étaient retirés sur l'avant, démasquèrent une caronade qu'ils avaient eu le temps de retourner. Une trombe de flammes et de fer passa au travers des assaillants. Le quart de l'équipage de l'*Indienne* se coucha mutilé sur le pont ennemi, au milieu des cris et

des malédictions... Mais plus haut que les plaintes et les blasphèmes, une voix retentit:

— Tout ce qui vit encore, en avant!

Alors il y eut une scène de confusion terrible, un combat corps à corps, un duel général: aux bordées des canons, aux petillements des espingoles, à l'explosion des grenades, avait succédé l'arme blanche, plus silencieuse et plus sûre, chez les marins surtout, qui se sont réservé à eux seuls, pour cette lutte, cet héritage des géants proscrits depuis des siècles de nos champs de bataille. C'est avec des hachots qu'ils se fendent la tête: c'est avec des coutelas qu'ils s'ouvrent la poitrine; c'est avec des piques aux larges fers qu'ils se clouent aux débris de leurs mâts. De temps en temps, au milieu de ce carnage muet, un coup de pistolet se fait entendre, mais isolé et comme honteux de se mêler à une pareille boucherie. Celle que nous racontons dura un quart d'heure, avec une telle confusion, qu'il nous serait impossible de la décrire: puis, au bout de ce temps, le pavillon de l'Angleterre s'abaissa, et les marins du *Drake* se précipitant dans la cale par les écoutilles de la batterie, il ne resta plus sur le pont que les vainqueurs, les blessés et les morts, et au milieu d'eux le capitaine de l'*Indienne*, entouré de son équipage, le pied sur la poitrine du commandant ennemi, ayant à sa droite le lieutenant Walter, et à sa gauche son jeune prisonnier, dont la chemise teinte de sang annonçait la part qu'il avait prise à la victoire.

— Maintenant tout est fini, dit Paul en étendant le bras, et quiconque frappera un coup de plus aura affaire à moi! Puis, tendant la main à son jeune prisonnier: Monsieur, lui dit-il, vous me raconterez ce soir votre histoire, n'est-ce pas? car il y a quelque lâche machination cachée là-dessous. On ne déporte à Cayenne que les infâmes, et vous ne pouvez être un infâme, étant si brave!

IV

Six mois après les événements que nous venons de raconter, et dans les premiers jours du printemps de 1778, une chaise de poste, dont les roues et les caisses couvertes de poussière et de boue attestaient la longue route qu'elle venait de faire, s'acheminait lentement, quoique attelée de deux vigoureux chevaux, sur la route de Vannes à Auray. Le voyageur qu'elle conduisait, et qui était rudement secoué dans les ornières d'un chemin vicinal, était notre ancienne connaissance, le jeune comte Emmanuel, que nous avons vu ouvrir la scène sur la jetée de Port-Louis. Il arrivait de Paris en toute hâte et regagnait l'ancien château de sa famille, sur laquelle le moment est venu de donner quelques détails plus précis et plus circonstanciés.

Le comte Emmanuel d'Auray était d'une des plus anciennes maisons de la Bretagne. Un de ses aïeux avait suivi saint Louis en Terre-Sainte, et, depuis ce temps, le nom dont il était le dernier héritier s'était constamment mêlé, dans ses victoires et dans ses défaites, à l'histoire de notre monarchie: le marquis d'Auray, son père, chevalier de Saint-Louis, commandeur de Saint-Michel et grand'croix de l'ordre du Saint Esprit, jouissait, à la cour du roi Louis XV, où il occupait le grade de mestre-de-camp, de la haute position que lui avaient faite sa naissance, sa fortune et son mérite personnel. Cette position s'était encore augmentée, comme influence, de son mariage avec mademoiselle de Sablé, qui ne lui cédait en rien sous le rapport de la famille et du crédit; de sorte qu'une brillante carrière était ouverte à l'ambition des jeunes époux, lorsque après cinq ans de mariage le bruit se répandit tout à coup que le marquis d'Auray était devenu fou pendant un voyage dans ses terres. On fut longtemps sans croire à cette nouvelle: enfin l'hiver arriva sans que lui ni sa femme reparussent à Versailles. Un an encore sa charge resta vacante, le roi, espérant toujours qu'il reprendrait sa raison, refusait d'en disposer ; mais un second hiver se passa sans que la marquise même revînt faire sa cour à la reine. On oublie vite en France ; l'absence est une maladie de langueur à laquelle les plus grands noms succombent dans un espace plus ou moins long. Le linceul de l'indifférence s'étendit peu à peu sur cette famille, renfermée dans son vieux château comme dans une tombe, et dont on n'entendait retentir la voix ni pour solliciter ni pour se plaindre. Les généalogistes seulement avaient enregistré la naissance d'un fils et d'une fille ; aucun autre enfant ne naquit de la suite de cette union ; les d'Auray continuèrent donc de figurer de nom parmi la noblesse de France, mais ne s'étant mêlés depuis vingt ans ni aux intrigues d'alcôve ni aux affaires politiques, n'ayant pris parti ni pour la Pompadour ni pour la Du Barry, n'ayant marqué ni dans les victoires du maréchal de Broglie ni dans les défaites du comte de Clermont, n'ayant plus enfin ni son ni écho, ils avaient été personnellement tout à fait oubliés.

Cependant le vieux nom des seigneurs d'Auray avait été prononcé deux fois à la cour, mais sans retentissement aucun : la première, lorsque le jeune comte Emmanuel avait été reçu, en 1769, au nombre des pages de Sa Majesté Louis XV ; la seconde, lorsqu'il était, en sortant de pagerie, entré dans les mousquetaires du jeune roi Louis XVI. Il avait connu un baron de Lectoure, quelque peu parent de monsieur de Maurepas, qui lui voulait du bien et qui jouissait d'une assez grande influence sur le ministre. Emmanuel avait été présenté chez ce vieux courtisan, qui, ayant appris que le comte d'Auray avait une sœur, laissa tomber un jour quelques mots sur la possibilité d'une union entre les deux familles. Emmanuel, jeune, plein d'ambition, ennuyé de se débattre derrière le voile qui recouvrait son nom, avait vu dans ce mariage un moyen de reprendre à la cour la position que son père avait occupée sous le feu roi, et en avait saisi la première ouverture avec empressement. Monsieur de Lectoure, de son côté, sous prétexte de resserrer par la fraternité les liens qui l'unissaient déjà au jeune comte, y avait mis une insistance d'autant plus flatteuse pour Emmanuel, que l'homme qui demandait la main de sa sœur ne l'avait jamais vue. La marquise d'Auray, de son côté, avait adopté avec joie cette combinaison qui rouvrait à son fils le chemin de la faveur, de sorte que le mariage était arrêté, sinon entre les deux jeunes gens, du moins entre les deux familles, et qu'Emmanuel, précédant le fiancé de trois ou quatre jours seulement, venait annoncer à sa mère que tout était terminé selon son désir. Quant à Marguerite, la future épouse, on s'était contenté de lui faire part de la résolution prise, sans lui demander son consentement, et à peu près comme on signifie au coupable le jugement qui le condamne à mort.

C'était donc bercé des rêves brillants de son élévation future, et caressant dans son esprit les projets d'ambition les plus élevés, que le jeune comte Emmanuel rentra au sombre château de sa famille, dont les tourelles féodales, les murailles noires, les cours herbeuses formaient un contraste si tranché avec les espérances dorées qu'il renfermait pour lui. Ce château était à une lieue et demie de toute habitation. Une de ses façades dominait cette partie de l'Océan à laquelle ses vagues, éternellement battues par la tempête, ont fait donner le nom de mer Sauvage. L'autre s'étendait sur un parc immense, qui, abandonné depuis vingt ans aux caprices de sa végétation, était devenu une véritable forêt. Quant aux appartements, ils étaient restés continuellement ornés, à l'exception de ceux habités par la famille ; et leur ameublement, renouvelé sous Louis XIV, avait conservé, grâce aux soins d'un nombreux domestique, un aspect riche et aristocratique que commençaient à perdre les meubles modernes, plus élégants, mais aussi moins

grandioses, qui sortaient des ateliers de Boulle, le tapissier breveté de la cour.

Ce fut dans une de ces chambres aux grandes moulures, à la cheminée sculptée et au plafond à fresque, que le comte Emmanuel entra en descendant de voiture, si pressé d'apprendre à sa mère les heureuses nouvelles qu'il apportait, que, sans prendre le temps de changer d'habits, il jeta sur une table son chapeau, ses gants, ses pistolets de voyage, et ordonna à un vieux domestique d'aller prévenir la marquise de son arrivée, et de lui demander sa volonté pour qu'il se présentât chez elle ou qu'il l'attendît dans sa chambre ; car tel était dans cette vieille famille le respect des parents, que le fils, après une absence de cinq mois, n'osait pas se présenter devant sa mère sans consulter auparavant sa convenance. Quant au marquis d'Auray, à peine si ses enfants se rappelaient l'avoir vu deux ou trois fois, et presque à la dérobée, car sa folie était, disait-on, de celles que certains objets irritent, et on les avait toujours éloignés de lui avec le plus grand soin. La marquise seule, modèle au reste des vertus conjugales, était restée auprès de lui, rendant au pauvre insensé, non-seulement les devoirs de la femme, mais les services d'un domestique. Aussi son nom était-il révéré dans les villages environnants à l'égal de celui des saintes à qui leur dévouement sur la terre a conquis une place dans le ciel.

Un instant après, le vieux serviteur rentra, annonçant que madame la marquise d'Auray préférait descendre elle-même, et priait monsieur le comte de l'attendre dans l'appartement où il se trouvait. Presque aussitôt la porte du fond s'ouvrit, et la mère d'Emmanuel parut. C'était une femme de quarante à quarante-cinq ans, grande et pâle, mais encore belle, dont la figure calme, sévère et triste, avait une singulière expression de hauteur, de puissance et de commandement. Elle était vêtue du costume des veuves adopté en 1760, car depuis l'époque où son mari avait perdu la raison, elle n'avait pas quitté ses robes de deuil. Ces longs vêtements noirs donnaient à sa démarche, lente et froide comme celle d'une ombre, quelque chose de solennel qui répandait sur tout ce qui entourait cette femme singulière un sentiment de crainte que l'amour filial lui-même n'avait jamais vaincu chez ses enfants. Aussi, à son aspect, Emmanuel tressaillit à son apparition inattendue, et se levant aussitôt, il fit trois pas au-devant d'elle, mit respectueusement un genou en terre, et baisa en s'inclinant la main qu'elle lui présentait.

— Levez-vous, monsieur, lui dit la marquise, je suis heureuse de vous revoir.

Et elle prononça ces paroles d'un son de voix aussi peu ému que si son fils, qui était absent depuis cinq mois, l'eût quittée la veille seulement. Emmanuel obéit, conduisit sa mère à un grand fauteuil où elle s'assit, et il resta debout devant elle.

— J'ai reçu votre lettre, comte, lui dit-elle, et je vous fais mes compliments sur votre habileté. Vous me paraissez né pour la diplomatie plus encore que pour la guerre, et vous devriez prier le baron de Lectoure de solliciter pour vous une ambassade à la place d'un régiment.

— Lectoure est prêt à solliciter tout ce que nous désirerons, madame, et, qui plus est, il obtiendra tout ce que nous solliciterons, tant son pouvoir est grand sur monsieur de Maurepas, et tant il est amoureux de ma sœur.

— Amoureux d'une femme qu'il n'a pas vue ?

— Lectoure est un gentilhomme de sens, madame, et le portrait que je lui ai fait de Marguerite, peut-être aussi les renseignements qu'il a pris sur notre fortune, lui ont inspiré le désir le plus vif de devenir votre fils et de m'appeler son frère. Aussi est-ce lui qui a insisté pour que toutes les cérémonies préliminaires se fissent en son absence. Vous avez ordonné la publication des bans, madame ?

— Oui.

— Après-demain donc nous pourrons signer le contrat?

— Avec l'aide de Dieu, tout sera prêt.

— Merci, madame.

— Mais, dites-moi, continua la marquise en s'appuyant sur le bras de son fauteuil et se penchant vers Emmanuel, ne vous a-t-il pas fait des questions sur ce jeune homme contre lequel il a obtenu du ministre un ordre d'exportation?

— Aucune, ma mère. Ces services sont de ceux que l'on demande sans explication et qu'on accorde de confiance; et il est convenu d'avance, entre gens qui savent vivre, qu'ils seront aussitôt oubliés que rendus.

— Donc il ne sait rien?

— Non, mais sût-il tout...

— Eh bien?

— Eh bien, madame, je le crois assez philosophe pour que cette découverte n'influât en rien sur sa détermination.

— Je m'en doutais, il est ruiné, répondit la marquise avec une indicible expression de mépris et comme si elle se parlait à elle-même.

— Mais cela fût-il, madame, dit avec inquiétude Emmanuel, votre détermination resterait la même, je l'espère?

— Ne sommes-nous pas assez riches pour lui refaire une fortune s'il nous refait une position?

— Il n'y a donc que ma sœur...

— Doutez-vous donc qu'elle obéisse quand j'ordonnerai?

— Croyez-vous donc qu'elle ait oublié Lusignan?

— Depuis six mois, du moins, elle n'a pas osé s'en souvenir devant moi.

— Songez, ma mère, continua Emmanuel, que ce mariage est le seul moyen de relever notre famille; car je ne dois pas vous cacher une chose: mon père, malade depuis quinze ans, et depuis quinze ans éloigné de la cour, a été complétement oublié du vieux roi à sa mort et du jeune roi à son avénement au trône. Vos soins si vertueux pour le marquis ne vous ont pas permis de le quitter un instant depuis l'heure qui l'a privé de la raison; vos vertus, madame, ont été de celles que Dieu voit et récompense, mais que le monde ignore; et tandis que vous accomplissez, dans ce vieux château perdu au fond de la Bretagne, cette mission sainte et consolatrice que, dans votre sévérité, vous appelez un devoir, vos anciens amis disparaissent morts ou oublieux; si bien, madame (cela est dur à dire, lorsque comme nous on compte six cents ans d'illustration!), que lorsque j'ai reparu à la cour, à peine si notre nom, le nom de la famille d'Auray, était connu de Leurs Majestés autrement que comme un souvenir historique.

— Oui, la mémoire des rois est courte, je le sais, murmura la marquise; mais presque aussitôt, et comme se reprochant ce blasphème: j'espère, continua-t-elle, que la bénédiction de Dieu se répand toujours sur Leurs Majestés et sur la France.

— Eh! qui pourrait porter atteinte à leur bonheur? répondit Emmanuel avec cette confiance parfaite dans l'avenir, qui était à cette époque l'un des caractères distinctifs de cette folle et insoucieuse noblesse. Louis XVI, jeune et bon, Marie-Antoinette, jeune et belle, sont aimés tous deux d'un peuple brave et loyal. Le sort les a placés, Dieu merci! hors d'atteinte de toute infortune.

— Personne, mon fils, répondit la marquise en secouant la tête, n'est placé, croyez-moi, au-dessus des erreurs et des faiblesses humaines. Nul cœur, si maître de lui qu'il se croie, ni si ferme qu'il soit, n'est à l'abri des passions. Et aucune tête, fût-elle couronnée, ne peut répondre qu'elle ne blanchisse, même dans une nuit. Son peuple est brave et loyal, dites-vous? — La marquise se leva, s'avança lentement vers la fenêtre, et étendit d'un geste solennel la main du côté de l'Océan. — Voyez cette mer; elle est calme et paisible, et cependant demain, cette nuit, dans une heure peut-être, le souffle de l'ouragan nous apportera les cris de détresse des malheureux qu'elle engloutira. Quoique je sois éloignée du monde, d'étranges bruits arrivent parfois à mon oreille, portés comme par des esprits invisibles et prophétiques. N'existe-t-il pas une secte philosophique qui a entraîné dans ses erreurs quelques hommes de nom? Ne parle-t-on pas d'un monde entier qui se détache de la mère-patrie, et dont les enfants refusent de reconnaître leur père? N'est-il pas un peuple qui s'intitule nation? N'ai-je pas entendu dire que des gens de race avaient traversé l'Océan pour offrir à celle qui se détache de la mère-patrie, et dont les enfants refusent de reconnaître leur père? N'est-il pas un peuple qui s'intitule nation? N'ai-je pas entendu dire que des gens de race avaient traversé l'Océan pour offrir à celle des révoltés des épées que leurs ancêtres avaient l'habitude de ne tirer qu'à la voix de leurs souverains légitimes; et ne m'a-t-on pas dit encore, ou bien n'est-ce qu'un rêve de ma solitude, que le roi Louis XVI et la reine Marie-Antoinette elle-même, oubliant que les souverains sont une famille de frères, avaient autorisé ces émigrations armées et donné des lettres de marque à je ne sais quel pirate?

— Tout cela est vrai, dit Emmanuel étonné.

— Dieu veille donc sur Leurs Majestés le roi et la reine de France! reprit la marquise en se retirant lentement et en laissant Emmanuel si stupéfait de ces prévisions douloureuses, qu'il la vit sortir de l'appartement sans lui adresser une parole pour qu'elle demeurât, ni sans faire un geste pour la retenir.

Emmanuel resta d'abord sérieux et pensif, couvert qu'il était, pour ainsi dire, de l'ombre projetée sur lui par le deuil de sa mère; mais bientôt son caractère insouciant reprit le dessus, et comme pour changer d'idées en changeant d'horizon, il quitta la fenêtre qui donnait sur la mer et alla s'appuyer à celle qui s'ouvrait sur la campagne, et de laquelle on découvrait toute la plaine qui s'étend d'Auray à Vannes. A peine y était-il depuis quelques minutes, qu'il aperçut deux cavaliers qui suivaient la même route qu'il venait de faire, et paraissaient s'acheminer vers le château. Il ne put d'abord arrêter aucune opinion sur eux à cause de la distance. Mais, à mesure qu'ils approchaient, il distingua un maître et son domestique. Le premier, vêtu à la manière des jeunes élégants de cette époque, c'est-à-dire d'une petite redingote verte à brandebourgs d'or, d'une culotte de tricot blanc et de bottes à revers, coiffé d'un chapeau rond à large ganse, et portant ses cheveux noués par un flot de rubans, montait un cheval anglais de la plus grande beauté et du plus grand prix, qu'il manœuvrait avec la grâce d'un homme qui a fait de l'équitation une étude approfondie. Il était suivi, à quelque distance, par son valet, dont la livrée aristocratique était en harmonie parfaite avec l'air de seigneurie de celui auquel il appartenait. Emmanuel crut un instant, en les voyant se diriger si directement vers le château, que c'était le baron de Lectoure, qui, ayant avancé son voyage, venait le surprendre lui-même à son domicile; mais bientôt il reconnut son erreur, et, quoiqu'il lui semblât que ce n'était pas la première fois qu'il voyait ce cavalier, il lui fut impossible de se rappeler en quel lieu et en quelles circonstances il l'avait rencontré. Tandis qu'il cherchait dans sa mémoire à quel événement de sa vie se rattachait le souvenir vague de cet homme, les nouveaux arrivants disparurent derrière l'angle d'un mur. Cinq minutes après, Emmanuel entendit les pas de leurs chevaux dans la cour, et presque aussitôt la porte s'ouvrit et un domestique annonça: *Monsieur Paul!*

V

Le nom, comme l'aspect de celui qu'on annonçait, éveillait à son tour dans la mémoire d'Emmanuel un souvenir confus auquel il n'avait pu encore rapporter ni date ni événement, lorsque celui que précédait le domestique apparut à la porte de l'appartement opposée à celle par laquelle était sortie la marquise. Quoique le moment fût

inopportun pour une visite, et que le jeune comte, préoccupé de ses projets d'avenir, eût préféré les mûrir dans
sa tête que les enfermer dans son cœur, il fut forcé, par
ces obligations de convenance si sévères à cette époque
entre gens comme il faut, de recevoir le nouveau venu,
dont les manières au reste annonçaient un homme du
monde, avec courtoisie et distinction. Après les saluts
d'usage, Emmanuel fit signe à l'inconnu de prendre un fauteuil ; l'inconnu s'inclina à son tour et s'assit, puis la conversation s'engagea par un lieu commun de politesse.

— Je suis enchanté de vous rencontrer, monsieur le
comte, dit le nouveau venu.

— Le hasard m'a favorisé, monsieur, dit Emmanuel : une
heure plus tôt vous ne me trouviez pas ; j'arrive de Paris.

— Je le sais, monsieur le comte, car nous venons de
faire le même chemin ; je suis parti une heure après vous et
j'ai eu tout le long de la route de vos nouvelles par les
postillons qui avaient eu l'honneur de vous conduire.

— Puis-je savoir, monsieur, répondit Emmanuel avec
un accent dans lequel commençait à percer un certain

Voilà de beaux pistolets, comte... — PAGE 14.

mécontentement, à quelle circonstance je dois l'intérêt que
vous paraissez prendre à ma personne ?

— Cet intérêt est naturel entre anciennes connaissances, et peut-être aurais-je droit de me plaindre qu'il ne fût
pas réciproque.

— En effet, monsieur, je crois vous avoir déjà rencontré quelque part, cependant mes souvenirs ne me servent
que confusément. Soyez assez bon pour les aider.

— Si ce que vous me dites est vrai, monsieur le comte,
votre mémoire est effectivement assez fugitive, car, depuis six mois, c'est la troisième fois que j'ai l'honneur
d'échanger mes compliments contre les vôtres.

— Dussé-je m'exposer à un nouveau reproche, monsieur,
je suis forcé d'avouer que je reste dans la même indéci-
sion à votre égard. Veuillez donc, je vous prie, préciser les
époques par des dates ou par des événements, et me rappeler dans quelles circonstances j'eus l'honneur de vous voir
pour la première fois.

— La première fois, monsieur le comte, ce fut sur
les grèves de Port-Louis que j'eus l'honneur de vous
rencontrer. Vous désiriez, sur certaine frégate, des renseignements que je fus assez heureux pour pouvoir vous
transmettre. Je crois même que je vous accompagnai
à bord. Cette fois, j'étais en costume d'enseigne de vais-

seau de la marine royale, et vous en uniforme de mousquetaire.

— En effet, je me le rappelle, monsieur, et je fus même obligé de quitter le vaisseau sans vous adresser les remercîments que je vous devais.

— Vous êtes dans l'erreur, monsieur le comte, ces remercîments, je les ai reçus à notre seconde entrevue.

— Où cela?

— A bord du vaisseau même où je vous avais conduit, dans la cabine. Cette fois, je portais l'uniforme de capitaine de bâtiment : habit bleu, veste et culotte rouge, bas gris, chapeau à trois cornes, cheveux roulés. Seulement le capitaine paraissait de trente ans plus âgé que l'enseigne, et ce n'était pas sans intention que je m'étais vieilli ainsi, car peut-être n'eussiez-vous pas confié à un jeune homme un secret de l'importance de celui que vous me communiquâtes alors.

— Ce que vous me rappelez là est incroyable, monsieur, et cependant quelque chose me dit que c'est la vérité. Oui, oui, je me rappelle que dans l'ombre où vous vous teniez caché, je vis briller des yeux pareils aux vôtres. Je ne les ai point oubliés. Mais cette fois, me dites-vous, est l'avant-dernière fois que j'eus l'honneur de vous voir. Continuez, monsieur, d'aider mes souvenirs, je vous prie; car je ne me rappelle pas quelle fut la dernière.

— La dernière, monsieur le comte, ce fut il y a huit jours..... à Paris..... à un assaut chez Saint-Georges, rue Chanterreine. Vous vous rappelez, n'est-ce pas, un gentilhomme anglais; des cheveux roux dont la poudre dissimulait à peine la couleur tranchée, un habit rouge, un pantalon collant. J'eus même l'honneur de faire des armes avec vous, monsieur le comte, et je fus assez heureux pour vous boutonner trois fois, sans que, de votre côté, vous ayez eu la chance de me toucher une seule. Cette fois, je m'appelais Jones.

— C'est étrange! c'était bien le même regard, mais ce ne pouvait être le même homme.

— C'est que Dieu, répondit Paul, a voulu que le regard fût la seule chose qu'on ne pût déguiser : voilà pourquoi il a mis dans chaque regard une étincelle de sa flamme. Eh bien! cet aspirant, ce capitaine, cet Anglais, c'était moi.

— Et aujourd'hui, monsieur, qu'êtes-vous, s'il vous plaît? car avec un homme qui sait aussi parfaitement se déguiser, la question, vous en conviendrez, n'est pas tout à fait inutile.

— Aujourd'hui, monsieur le comte, vous le voyez, je n'ai aucun motif de me cacher : aussi je viens à vous avec le costume simple et négligé que portent les jeunes seigneurs lorsqu'ils se visitent entre eux, en voisin de campagne. Aujourd'hui je suis sûr qu'il vous plaira de reconnaître en moi : Français, Anglais, Espagnol, Américain même. Dans lequel de ces idiomes vous plaît-il que nous continuions l'entretien?

— Quoique quelques-unes de ces langues me soient aussi familières qu'à vous, monsieur, je préfère la langue française : c'est la langue des explications brèves et concises.

— Soit, monsieur le comte, répondit Paul avec une expression profonde de mélancolie; le français est aussi la langue que je préfère; j'ai vu le jour sur la terre de France, car le soleil de France est le premier qui ait réjoui mes yeux : et quoique bien souvent j'aie vu des terres plus fertiles et un soleil plus brillant, il n'y a jamais eu pour moi qu'une terre et qu'un soleil : c'est le soleil et la terre de France!

— Votre enthousiasme national, interrompit Emmanuel avec ironie, vous fait oublier, monsieur, le sujet auquel je dois l'honneur de votre visite.

— Vous avez raison, monsieur le comte, et j'y reviens. Il y a six mois donc que, vous promenant sur la grève de Port-Louis, vous vîtes dans le havre extérieur une frégate à la carène étroite, aux mâtereaux élancés, et vous vous dîtes : — Il faut que le capitaine de ce bâtiment ait des motifs à lui seul connus pour porter tant de toile et si peu de bois. — De là naquit dans votre esprit l'idée que j'étais un flibustier, un pirate, un corsaire, que sais-je?

— M'étais-je donc trompé?

— Je crois vous avoir exprimé déjà mon admiration, monsieur, répondit Paul avec un léger accent de raillerie, pour la perspicacité avec laquelle vous pénétrez du premier coup d'œil au fond des hommes et des choses.

— Trève de compliments, monsieur, venons au fait.

— Dans cette persuasion, vous vous fîtes donc conduire à bord par certain enseigne, et vous trouvâtes, dans la cabine, certain capitaine. Vous étiez porteur d'une lettre du ministre de la marine qui ordonnait à tout officier au long cours, requis par vous, et dont le bâtiment sous pavillon français serait en partance pour le golfe du Mexique, de conduire à Cayenne le nommé Lusignan, coupable de crime d'État.

— C'est vrai.

— J'obéis à cet ordre, car j'ignorais alors que ce grand coupable que l'on déportait n'avait commis d'autre crime que d'avoir été l'amant de votre sœur.

— Monsieur! s'écria Emmanuel en se levant tout debout.

— Voilà de beaux pistolets, comte, continua négligemment Paul en jouant avec les armes qu'en descendant de voiture le comte d'Auray avait jetées sur la table.

— Et qui sont tout chargés, monsieur, répondit Emmanuel avec un accent auquel il n'y avait pas à se méprendre.

— Portent-ils juste? continua Paul avec une indifférence affectée.

— C'est une chose dont vous êtes le maître de vous assurer, monsieur, répondit Emmanuel, si vous voulez faire avec moi un tour dans le parc.

— Il est inutile de sortir pour cela, monsieur le comte, dit Paul sans paraître comprendre la proposition d'Emmanuel dans le sens provocateur qu'il avait voulu lui donner. Voici un but tout placé et à une portée convenable.

A ces mots le capitaine arma le pistolet et le dirigea par la fenêtre ouverte vers la cime d'un petit arbre. Un chardonneret se balançait sur la branche la plus élevée, faisant entendre son chant joyeux et perçant; le coup partit, et le pauvre oiseau, coupé en deux, tomba au pied de l'arbre. Paul reposa froidement le pistolet sur la table.

— Vous aviez raison, monsieur le comte, lui dit-il, ce sont de bonnes armes, et je vous conseille de ne pas vous en défaire.

— Vous venez de m'en donner une étrange preuve, monsieur, répondit Emmanuel, et je suis forcé d'avouer que vous avez la main sûre.

— Que voulez-vous, comte, reprit Paul avec cet accent mélancolique qui lui était particulier, pendant ces longs jours de calme, lorsqu'aucun souffle de vent ne passe sur ce miroir de Dieu qu'on appelle l'Océan, nous autres marins, nous sommes forcés de chercher des distractions qui viennent au devant de vous sur la terre. Alors nous exerçons notre adresse sur les goëlands qui se balancent mollement au sommet d'une vague; sur les margats qui se précipitent du ciel pour saisir à la surface de l'eau les poissons imprudents qui y montent, et sur les hirondelles fatiguées d'un long voyage qui se posent au sommet de nos vergues. Voilà, monsieur le comte, comment nous arrivons à une certaine force dans des exercices qui paraissent d'abord si étrangers à notre profession.

— Continuez, monsieur, et si la chose est possible, revenons à notre sujet.

— C'était un bon et brave jeune homme que ce Lusignan! il me raconta son histoire; comment, fils d'un ancien ami de votre père, mort sans fortune, il avait été adopté par lui un an ou deux avant l'accident inconnu qui le priva de sa raison ; comment, élevé avec vous, il vous inspira, dès les premières années, à vous la haine, à votre sœur l'affection. Il me dit cette longue adolescence développée dans la même solitude, et comment lui et votre sœur ne s'apercevaient de leur isolement au milieu du monde que lorsqu'ils n'étaient point ensemble ! Il me raconta tous les détails de leurs amours juvéniles, et comment, un jour, Marguerite lui dit les paroles de la jeune fille de Vérone : « Je serai à toi ou à la tombe. »

— Et elle n'a que trop bien tenu parole !

— Oui, n'est-ce pas ? Et vous appelez cela de la honte et du déshonneur, vous autres gens vertueux, quand une pauvre enfant, perdue par son innocence même, cède à l'âge, à l'entraînement, à l'amour ! Votre mère, que des devoirs éloignaient de sa fille et rapprochaient de son mari (car je sais les vertus de votre mère, monsieur, comme je sais les faiblesses de votre sœur ; c'est une femme sévère, plus sévère que ne devait l'être une créature humaine qui n'a sur les autres que l'avantage de n'avoir jamais failli), votre mère, dis-je, entendit une nuit des cris mal étouffés ; elle entra dans la chambre de votre sœur, marcha, pâle et muette, vers son lit, arracha froidement de ses bras un enfant qui venait de naître, et sortit avec lui, sans adresser un reproche à sa fille, mais seulement plus pâle et plus muette encore que lorsqu'elle était entrée. Quant à la pauvre Marguerite, elle ne poussa pas une plainte, elle ne jeta pas un cri : elle s'était évanouie en apercevant sa mère. Est-ce cela, monsieur le comte ? suis-je bien informé, et cette terrible histoire est-elle exacte ?

— Aucun détail ne vous est inconnu, je dois l'avouer, murmura Emmanuel atterré.

— C'est que ces détails, répondit Paul en ouvrant un portefeuille, sont tous consignés dans ces lettres de votre sœur, qu'au moment de prendre la place que vous lui avez faite à votre crédit au milieu des voleurs et des assassins, Lusignan m'a remises afin que je les rapportasse à celle qui les avait écrites.

— Donnez-les-moi donc, monsieur ! s'écria Emmanuel en étendant la main vers le portefeuille, et elles seront fidèlement rendues à celle qui a eu l'imprudence...

— De se plaindre à la seule personne qui l'aimait au monde, n'est-ce pas ? interrompit Paul en retirant à lui les lettres et le portefeuille. Imprudente fille, à qui une mère arrache l'enfant de son cœur et qui a versé des larmes amères dans le sein du père de son enfant ! Imprudente sœur, qui n'ayant pas trouvé contre cette tyrannie appui dans son frère, a compromis son noble nom en signant du nom qu'elle porte des lettres qui, aux regards stupides et prévenus du monde, peuvent... Comment appelez-vous cela, vous autres ?... déshonorer sa famille, n'est-ce pas ?

— Alors, monsieur, répondit Emmanuel rougissant d'impatience, puisque vous connaissez si bien la portée terrible de ces papiers, accomplissez donc la mission dont vous vous êtes chargé, en les remettant soit à moi, soit à ma mère, soit à ma sœur.

— C'était d'abord mon intention en débarquant à Lorient, monsieur ; mais voilà dix ou douze jours à peu près qu'en entrant dans une église...

— Dans une église ?

— Oui, monsieur.

— Et pourquoi faire ?

— Pour prier.

— Ah ! monsieur le capitaine Paul croit en Dieu ?

— Si je n'y croyais pas, monsieur le comte, qui donc invoquerais-je pendant la tempête ?

— Et dans cette église, enfin ?...

— Dans cette église, monsieur, j'ai entendu un prêtre annoncer le prochain mariage de noble demoiselle Marguerite d'Auray avec très-haut et très-puissant seigneur le baron de Lectoure. Je m'informai aussitôt de vous ; j'appris que vous étiez à Paris : j'étais forcé d'y aller moi-même pour rendre compte de ma mission au roi.

— Au roi !

— Oui, monsieur, au roi Louis XVI, à Sa Majesté... elle-même... Je partis, me promettant de revenir aussitôt que vous ; je vous rencontrai chez Saint-Georges ; j'appris votre départ prochain ; j'arrangeai le mien sur le vôtre, afin que nous arrivassions ici en même temps à peu près, et... me voilà devant vous, monsieur, avec une résolution toute différente de celle que j'avais, il y a trois semaines, en abordant en Bretagne.

— Et quelle est cette résolution nouvelle, monsieur ? Voyons, car il faut en finir !

— Eh bien ! j'ai pensé que, puisque tout le monde, et même sa mère, oubliait le pauvre orphelin, il fallait que je m'en souvinsse, moi ! Dans la position où vous êtes, monsieur, et avec le désir que vous avez de vous allier au baron de Lectoure (lequel, dans votre esprit, est le seul qui puisse réaliser vos projets d'ambition), ces lettres valent cent mille francs, n'est-ce pas ? et c'est une bien légère brèche faite aux cent mille livres de rente qui composent votre fortune.

— Mais qui me prouvera que ces cent mille francs...

— Vous avez raison, monsieur ; aussi est-ce en échange d'un contrat de rente au nom du jeune Hector de Lusignan que je remettrai ces lettres.

— Et ce sera tout, monsieur ?

— Je vous demanderai encore l'abandon de l'enfant, que je ferai élever, grâce à sa petite fortune, loin de la mère qui l'a oublié, et loin du père que vous avez fait bannir.

— C'est bien, monsieur. Si j'avais su que c'était pour une si faible somme et un si mince intérêt que vous étiez venu, je n'aurais pas pris une si grande inquiétude. Cependant vous permettrez que j'en parle à ma mère.

— Monsieur le comte ? dit un domestique ouvrant la porte.

— Je n'y suis pour personne ; laissez-moi, répondit Emmanuel avec impatience.

— C'est la sœur de monsieur le comte qui demande à le voir.

— Qu'elle revienne plus tard.

— C'est à l'instant même qu'elle désire...

— Ne vous gênez pas pour moi, interrompit Paul.

— Mais ma sœur ne peut vous voir, monsieur. Vous comprenez qu'il est important que ma sœur ne vous voie pas.

— A merveille ! mais comme il est important aussi que je ne quitte pas ce château sans avoir terminé l'affaire qui m'y amène, permettez que j'entre dans ce cabinet.

— Parfaitement, monsieur, dit Emmanuel ouvrant lui-même la porte. Mais hâtez-vous, je vous prie.

Paul entra dans le cabinet. Emmanuel referma vivement la porte sur lui, et à peine la porte était-elle refermée, que Marguerite parut.

VI

Marguerite d'Auray, dont nos lecteurs ont appris l'histoire en assistant à la conversation du capitaine et de comte Emmanuel, était une de ces beautés frêles et pâles qui portent empreint sur toute leur personne le cachet aristocratique de leur naissance. Au premier coup d'œil on devinait tout ce qu'il y avait de race dans la souplesse moelleuse de sa taille, dans la blancheur mate de sa peau, et dans le modelé de ses mains effilées, aux ongles roses et transparents. Il était évident que ses pieds, si petits, que tous deux eussent tenu dans la trace d'un pas de femme ordinaire, n'avaient jamais marché que sur les tapis d'un salon ou sur la pelouse fleurie d'un parc. Il y avait dans sa démarche, si gracieuse qu'elle fût, quelque chose de hautain et de fier qui rappelait le portrait de famille ; enfin l'on sentait que son âme, capable de tous les sacrifices inspirés, pouvait devenir rebelle à toutes les tyrannies imposées ; que le dévouement était dans son cœur une vertu instinctive, tandis que l'obéissance n'était dans son esprit qu'un devoir d'éducation : de sorte que le vent d'orage qui soufflait sur elle la courbait comme un lis et non comme un roseau.

Cependant, lorsqu'elle parut à la porte, ses traits offraient l'expression d'un découragement si complet, ses joues avaient conservé la trace de larmes si brûlantes, tout son corps pliait sous le poids d'un malheur si désespéré, qu'Emmanuel comprit qu'elle avait dû rassembler toutes ses forces pour conserver l'apparence du calme. En l'apercevant elle fit un effort sur elle-même, et une réaction visible s'opéra : ce fut donc avec une certaine fermeté nerveuse qu'elle s'approcha du fauteuil où il était assis. Puis, voyant que la figure de son frère conservait l'expression d'impatience qu'elle avait prise lorsqu'il avait été interrompu, elle s'arrêta, et ces deux enfants de la même mère, à qui la société n'avait pas encore fait des droits pareils, se regardèrent comme des étrangers, l'un avec les yeux de l'ambition, l'autre avec ceux de la crainte. Peu à peu, toutefois, Marguerite reprit courage.

— Enfin vous voilà, Emmanuel, lui dit-elle ; j'attendais votre retour comme l'aveugle attend la lumière. Et, cependant, à la manière dont vous accueillez votre sœur, il est facile de voir qu'elle a eu tort de compter sur vous.

— Si ma sœur est redevenue ce qu'elle aurait toujours dû être, répondit Emmanuel, c'est-à-dire fille soumise et respectueuse, elle aura, pendant mon absence, compris ce qu'exigeaient d'elle son rang et sa position ; elle aura oublié les événements passés comme des choses qui ne devaient pas arriver et que, par conséquent, elle ne doit pas se rappeler, et elle se sera préparée au nouvel avenir qui s'ouvre devant elle. Si c'est ainsi qu'elle se présente à moi, mes bras lui sont ouverts, et ma sœur est toujours ma sœur.

— Écoutez mes paroles, répondit Marguerite, et prenez-les surtout comme une justification pour moi et non comme un reproche contre les autres. Si ma mère (Dieu me garde de l'accuser, car de saints devoirs l'éloignaient de nous), si ma mère, ai-je dit, avait été pour moi ce que sont toutes les mères, je lui eusse constamment ouvert mon cœur comme un livre. Aux premiers mots qu'y eût tracés une main étrangère elle m'eût prévenue du danger, et je l'eusse fui. Si j'avais été élevée au milieu du monde, au lieu d'avoir grandi comme une pauvre fleur sauvage à l'ombre de ce vieux château, j'aurais connu dès mon enfance ce rang et cette position que vous me rappelez aujourd'hui, et je ne me serais probablement pas écartée des convenances qu'ils prescrivent et des devoirs qu'ils imposent. Enfin si, jetée au milieu de ces femmes du monde à l'esprit enjoué, au cœur frivole, que je vous ai souvent entendu vanter, mais que je ne connais pas, j'avais commis les mêmes fautes que j'ai commises par amour, oui, je le comprends, j'aurais pu oublier le passé, semer à sa surface de nouveaux souvenirs, comme on plante des fleurs sur une tombe ; puis, oubliant la place où elles étaient nées, me faire de ces fleurs un bouquet de bal et une couronne de fiancée. Mais malheureusement il n'en est point ainsi, Emmanuel. On m'a dit de prendre garde lorsqu'il n'était plus temps d'éviter le danger ; on m'a rappelé mon rang et ma position lorsque j'étais déjà déchue, et l'on vient demander à mon cœur de se tourner vers les joies de l'avenir lorsqu'il est abîmé dans les larmes du passé.

— Et la conclusion de tout ceci ? dit amèrement Emmanuel.

— La conclusion, dit Marguerite, c'est toi seul, Emmanuel, qui peux la faire, sinon heureuse, du moins loyale. Je n'ai point de recours en mon père, hélas ! je ne sais pas même s'il reconnaîtrait sa fille. Je n'ai pas d'espérance en ma mère : son seul regard me glace, sa seule parole me tue. Il n'y avait donc que toi que je pusse venir trouver, et à qui je pusse dire : — Mon frère, tu es le chef de la maison, c'est à toi maintenant que chacun de nous répond de son honneur. J'ai failli par ignorance, et j'ai été punie de ma faute comme d'un crime ; n'est-ce pas assez ?

— Après, après ? murmura Emmanuel avec impatience ; voyons, que demandes-tu ?

— Je demande, mon frère, puisque toute union a été jugée impossible avec celui-là à qui seule je pouvais m'unir, je demande qu'on mesure le supplice à mes forces. Ma mère (Dieu lui pardonne !) m'a enlevé mon enfant comme si jamais cet enfant n'avait été mien ; mon enfant sera élevé loin de moi dans l'oubli et l'obscurité. Toi, Emmanuel, tu t'es chargé du père, comme ma mère s'était chargée de l'enfant, et tu as été plus cruel pour lui qu'il n'appartient, je ne dirai pas à un homme de l'être envers un homme, mais à un juge envers un coupable. Quant à moi, voilà que, tous deux réunis, vous voulez m'imposer un martyre plus douloureux encore que celui qui conduit au ciel. Eh bien ! je demande, Emmanuel, au nom de notre enfance écoulée dans le même berceau, de notre jeunesse abritée sous le même toit, au nom du titre de frère et de sœur que la nature nous a donné et que nous portons, je demande qu'un couvent s'ouvre pour moi et se referme sur moi ; et dans ce couvent, Emmanuel, je te le jure, chaque jour, agenouillée devant Dieu, le front contre la pierre, courbée sous ma faute, je demanderai au Seigneur, pour toute récompense de mes larmes, pour mon père la raison, pour ma mère le bonheur, et pour toi, Emmanuel, les honneurs, la gloire, la fortune. Je te le jure, voilà ce que je ferai.

— Oui, et l'on dira de par le monde que j'avais une sœur que j'ai sacrifiée à ma fortune, et dont j'ai hérité pendant qu'elle vivait encore ! Allons donc ! tu es folle !

— Écoute, Emmanuel, dit Marguerite s'appuyant au dossier de la chaise qui se trouvait près d'elle.

— Eh bien ? répondit Emmanuel.

— Lorsque tu as donné une parole, tu la tiens, n'est-ce pas ?

— Je suis gentilhomme.

— Eh bien ! regarde ce bracelet...

— Je le vois à merveille ; après ?

— Il est fermé par une clef ; la clef qui l'ouvre est à une bague, et cette bague, je l'ai donnée avec ma parole que je ne me croirais dégagée de ma promesse que lorsqu'elle me serait rapportée et remise.

— Et celui qui en a la clef ?

— Grâce à toi et à ma mère, Emmanuel, il est trop loin d'ici pour que nous la lui fassions redemander : il est à Cayenne.

— Je ne te donne pas deux mois de mariage, répondit Emmanuel avec un sourire d'ironie, pour que ce bracelet te gêne au point que tu sois la première à vouloir t'en débarrasser.

— Je croyais t'avoir dit qu'il était scellé à mon bras.

— Tu sais ce qu'on fait quand on a perdu une clef et qu'on ne peut rentrer chez soi ? on envoie chercher le serrurier !

— Eh bien ! pour moi, Emmanuel, répondit Marguerite en élevant la voix et en étendant le bras avec un geste ferme et solennel, ce sera le bourreau qu'on enverra chercher, car on coupera cette main avant que je ne la donne à un autre.

— Silence ! silence ! dit Emmanuel en se levant et en regardant avec inquiétude vers la porte du cabinet.

— Et maintenant tout est dit, ajouta Marguerite. Je n'avais d'espoir qu'en toi, Emmanuel, car, quoique tu ne comprennes aucun sentiment profond, tu n'es pas méchant. Je suis venue en larmes, — regarde si je mens ! — te dire :

— Mon frère, ce mariage, c'est le malheur, c'est le désespoir de ma vie ; j'aime mieux le couvent, j'aime mieux la misère, j'aime mieux la mort ! Et tu ne m'as pas écoutée, ou, si tu m'as écoutée, tu ne m'as pas comprise. Eh bien ! je m'adresserai à cet homme, je ferai un appel à son honneur, à sa délicatesse. Si cela ne suffit pas, je lui raconterai tout : mon amour pour un autre, ma faiblesse, ma faute, mon crime ; je lui dirai que j'ai un enfant, car, quoique l'on me l'ait enlevé, quoique je ne l'aie pas revu, quoique j'ignore où il est, mon enfant existe. Un enfant ne meurt pas ainsi sans que sa mort retentisse au cœur de sa mère. Enfin je lui dirai, s'il le faut, je lui dirai que j'en aime un autre, que je ne puis l'aimer, lui, et que je ne l'aimerai jamais.

— Eh bien ! dis-lui tout cela, s'écria Emmanuel, impatienté de tant d'insistance, et le soir nous signerons le contrat, et le lendemain tu seras baronne de Lectoure.

— Et alors, répondit Marguerite, alors je serai véritablement la femme la plus malheureuse qu'il y ait au monde, car j'aurai un frère pour lequel je n'aurai plus d'amour, et un mari pour lequel je n'aurai plus d'estime !

Lorsqu'elle vit, entre elle et le jour mourant, apparaître. — PAGE 19...

Adieu, Emmanuel ; crois-moi, ce contrat n'est pas encore signé !

A ces mots, Marguerite sortit avec ce désespoir lent et profond à l'expression duquel il n'y a point à se méprendre. Aussi Emmanuel, convaincu que c'était, non pas comme il l'avait cru, une victoire remportée, mais une lutte à soutenir, la regarda-t-il s'éloigner avec une inquiétude qui n'était pas exempte d'attendrissement. Au bout d'un instant de silence et d'immobilité, il se retourna, et aperçut derrière lui le capitaine Paul, qu'il avait complètement oublié et qui se tenait debout à la porte du cabinet. Aussitôt, songeant de quelle nécessité était pour lui dans une telle circonstance, la possession des papiers qu'était venu lui offrir le capitaine Paul, il s'assit vivement à une table, prit une plume et du papier, et se tournant vers lui :

— Maintenant, monsieur, lui dit-il, nous voilà seuls, et rien n'empêche plus que nous terminions l'affaire. Dans quels termes désirez-vous que la promesse soit rédigée ? Dictez, je suis prêt à écrire.

— C'est inutile, monsieur, répondit froidement le capitaine.

— Et pourquoi ?

— J'ai changé d'avis.

— Comment cela ? dit Emmanuel en se levant, effrayé

2

les conséquences qu'il entrevoyait dans ces paroles auxquelles il était loin de s'attendre.

— Je donnerai, répondit Paul avec le calme de la résolution prise, les cent mille livres à l'enfant, et je trouverai un mari à votre sœur.

— Mais qui êtes-vous donc, s'écria Emmanuel en faisant
un pas vers lui; qui êtes-vous donc, monsieur, pour disposer ainsi d'une jeune fille qui est ma sœur, et qui ne
vous a jamais vu, et qui ne vous connaît pas?

— Qui je suis? répondit Paul en souriant. Sur mon
honneur, je ne suis pas plus avancé que vous sur ce point,
car ma naissance est un secret qui ne doit m'être révélé
que lorsque j'aurai vingt-cinq ans.

— Et vous les aurez?...

— Ce soir, monsieur. Je me mets à votre disposition, à
compter de demain, pour tous les renseignements que vous
aurez à me demander. A ces mots Paul s'inclina.

— Je vous laisse sortir, monsieur, dit Emmanuel; mais
vous comprenez que c'est à la condition de vous revoir.

— J'allais vous faire cette condition, monsieur, répondit
Paul, et je vous remercie de m'avoir prévenu.

A ces mots, il salua une seconde fois Emmanuel, et sortit de l'appartement.

A la porte du château, Paul retrouva son domestique et
son cheval, et reprit la route de Port-Louis. Arrivé hors
de la vue du château, il descendit de sa monture, et
s'achemina vers une petite maison de pêcheur bâtie sur la
grève. A la porte de cette maison, assis sur un banc et
revêtu d'un costume de matelot, était un jeune homme tellement absorbé dans ses pensées, qu'il n'entendit pas
Paul s'approcher de lui. Le capitaine lui posa la main sur
l'épaule; le jeune homme tressaillit, le regarda, et pâlit
affreusement, quoique le visage ouvert et joyeux de Paul
indiquât qu'il était loin d'être porteur d'une mauvaise nouvelle.

— Eh bien! lui dit Paul, je l'ai vue.

— Qui cela? murmura le jeune homme.

— Marguerite, pardieu!

— Après?

— Elle est charmante!

— Je ne te demande pas cela, mon Dieu!

— Elle t'aime toujours.

— O mon Dieu!!! s'écria le jeune homme en se jetant
dans ses bras et en éclatant en sanglots.

VII

Quoique nos lecteurs doivent comprendre facilement,
d'après ce que nous venons de leur raconter, ce qui
s'était passé pendant les six mois où nous avons perdu de
vue nos héros, quelques détails sont cependant nécessaires
pour l'intelligence parfaite des nouveaux événements qui
vont s'accomplir.

Le soir même du combat que, malgré notre ignorance
en marine, nous avons tenté de mettre sous les yeux de
nos lecteurs, Lusignan avait raconté à Paul l'histoire de
sa vie tout entière: elle était simple et peu accidentée;
l'amour en avait été le principal événement, et, après en
avoir fait toute la joie, il en faisait toute la douleur. L'existence libre et aventureuse de Paul, sa position en dehors
de toutes les exigences, son caprice au-dessus de toutes
les lois, ses habitudes de royauté à bord, lui avaient inspiré un sentiment trop juste du droit naturel pour qu'il
suivît à l'égard de Lusignan l'ordre qui lui avait été donné.
D'ailleurs, quoique à l'ancre sous le pavillon français, Paul,
comme nous l'avons vu, appartenait à la marine américaine, dont il avait adopté la cause avec enthousiasme. Il
continua donc sa croisière dans la Manche, mais, ne trouvant rien à faire sur l'Océan, il débarqua à White-Haven,
petit port du comté de Cumberland, à la tête d'une ving-

taine d'hommes parmi lesquels était Lusignan, s'empara
du fort, encloua les canons, et ne se remit en mer qu'après
avoir brûlé des vaisseaux marchands qui étaient dans la
rade. De là il avait fait voile pour les côtes d'Écosse, dans
le but d'enlever le comte de Selkirk et de l'emmener en
otage aux États-Unis; mais ce projet avait échoué par une
circonstance imprévue, ce seigneur étant alors à Londres.
Dans cette entreprise comme dans l'autre, Lusignan l'avait
secondé avec le courage que nous lui avons vu déployer
dans le combat de l'Indienne contre le Drake; de sorte
que, plus que jamais, Paul s'était félicité du hasard qui
l'avait choisi pour s'opposer à une injustice. Mais ce
n'était pas le tout que d'avoir sauvé Lusignan de la déportation: il fallait lui rendre l'honneur; et, pour notre jeune
aventurier, dans lequel nos lecteurs ont sans doute reconnu
le fameux corsaire Paul Jones, c'était chose plus facile
que pour tout autre; car, ayant reçu des lettres de marque
du roi Louis XVI pour courir sus aux Anglais, il devait
revenir à Versailles rendre compte de sa croisière.

Paul choisit le port de Lorient, y vint jeter une seconde
fois l'ancre, afin d'être à portée du château d'Auray. La
première réponse qu'obtinrent les jeunes gens aux questions qu'ils firent, fut la nouvelle du mariage de Marguerite d'Auray et de monsieur de Lectoure. Lusignan se
crut oublié, et, dans son premier mouvement de désespoir,
il voulait, au risque de tomber aux mains de ses persécu-
teurs, revoir encore une fois Marguerite, ne fût-ce que
pour lui reprocher son ingratitude; mais Paul, plus calme
et moins crédule, lui fit donner sa parole de ne point
mettre pied à terre avant qu'il eût reçu de ses nouvelles;
puis, s'étant assuré que le mariage ne pouvait pas avoir
lieu avant quinze jours, il partit pour Paris, et fut reçu
par le roi, qui lui donna une épée avec une poignée d'or,
et le décora de l'ordre du Mérite militaire. Paul avait profité de cette bienveillance pour raconter au roi Louis XVI
l'aventure de Lusignan, et avait obtenu, non-seulement sa
grâce, mais encore, en récompense de ses services, le
titre de gouverneur de la Guadeloupe. Tous ces soins ne
lui avaient pas fait perdre de vue Emmanuel. Prévenu du
départ de ce dernier, il était parti de Paris, et ayant fait
dire à Lusignan de l'attendre, il était arrivé à Auray une
heure avant le jeune comte. Nous avons vu ensuite comment il avait été détrompé sur le compte de Marguerite,
comment il avait assisté à la scène où celle-ci avait inutilement supplié son frère de prendre pitié d'elle et de ne
pas la forcer d'épouser le baron de Lectoure, et comment
enfin, en sortant du château, il avait rejoint au bord de
la mer Lusignan, qui l'y attendait, prévenu par une lettre
qu'il lui avait écrite la veille.

Les deux jeunes gens restèrent ensemble jusqu'au moment où le jour commença à tomber. Alors Paul, qui,
comme il l'avait dit à Emmanuel, avait une révélation personnelle à entendre, quitta son ami et reprit à pied le
chemin d'Auray. Cette fois, il n'entra point au château,
et, longeant les murs du parc, il se dirigea vers une grille
qui donnait entrée dans leur enceinte et qui s'ouvrait sur
un bois appartenant au domaine d'Auray.

Cependant, une heure à peu près avant que Paul quittât
la cabane du pêcheur où il avait retrouvé Lusignan, une
autre personne le précédait vers celui à qui il allait demander la révélation de sa naissance; cette autre personne,
c'était la marquise d'Auray, la hautaine héritière du nom
de Sablé, que nous avons vue apparaître une seule fois
dans ce récit pour y dessiner sa figure pâle et sévère.
Elle était vêtue de son même costume noir; seulement elle
avait jeté sur son front un long voile de deuil qui l'enveloppait des pieds à la tête. Du reste, le but que cherchait,
avec l'hésitation de l'ignorance, notre brave et insoucieux
capitaine, lui était familier, à elle: c'était une espèce de
maison de garde située à quelques pas de l'entrée du parc,
et habitée par un vieillard auprès duquel la marquise d'Au-

ray accomplissait depuis vingt ans une de ces œuvres de bienfaisance laborieuse et continue qui lui avaient valu, dans une partie de la Basse-Bretagne, la réputation de sainteté rigide dont elle jouissait. Ces soins à la vieillesse étaient rendus, il est vrai, avec ce même visage sombre et solennel que nous lui avons vu, et que ne venaient jamais éclairer les douces émotions de la pitié; mais ils n'en étaient pas moins rendus, et chacun le savait, avec une exactitude qui remplaçait l'abandon et le charme de la bienfaisance par la ponctualité du devoir.

La figure de la marquise d'Auray était plus grave encore que de coutume, lorsqu'elle traversa lentement le parc de son château pour se rendre à cette petite garderie qu'habitait, à ce que l'on disait, un vieux serviteur de sa famille. La porte en était ouverte comme pour laisser pénétrer dans l'intérieur de la chambre les derniers rayons du soleil couchant, si doux au mois de mai et si réchauffants pour les vieillards. Cependant elle était vide. La marquise d'Auray entra, regardant autour d'elle, et, comme si elle eût été certaine que celui qu'elle y venait chercher ne pouvait tarder longtemps, elle résolut de l'attendre. Elle s'assit, mais hors de l'atteinte des rayons du soleil, pareille à ces statues sculptées sur les tombes, et qui ne sont à l'aise qu'à l'ombre mortuaire de leurs humides caveaux.

Elle était là depuis une demi-heure à peu près, immobile et plongée dans ses réflexions, lorsqu'elle vit, entre elle et le jour mourant, apparaître une ombre sur la porte; elle leva lentement les yeux, et se trouva en face de celui qu'elle attendait. Tous deux tressaillirent, comme s'ils se rencontraient par hasard et comme s'ils n'avaient pas l'habitude de se voir chaque jour.

— C'est vous, Achard, dit la marquise rompant le silence la première. Je vous attends depuis une demi-heure. Où donc étiez-vous?

— Si madame la marquise avait voulu faire cinquante pas de plus, elle m'aurait trouvé sous le grand chêne, à la lisière de la forêt.

— Vous savez que je ne vais jamais de ce côté, répondit la marquise avec un frissonnement visible.

— Et vous avez tort, madame; il y a quelqu'un au ciel qui a droit à nos prières communes, et qui s'étonne peut-être de ne l'entendre que celles du vieil Achard.

— Et qui vous dit que je ne prie pas de mon côté? dit la marquise avec une certaine agitation fébrile. Croyez-vous que les morts exigent que l'on soit sans cesse agenouillé sur leurs tombes?

— Non, répondit le vieillard avec un sentiment de profonde tristesse; non, je ne crois pas les morts si exigeants, madame; mais je crois que, si quelque chose de nous vit encore sur la terre, ce quelque chose tressaille au bruit des pas de ceux que nous avons aimés pendant notre vie.

— Mais, dit la marquise d'une voix basse et creuse, si cet amour fut un amour coupable!

— Si coupable qu'il ait été, madame, répondit le vieillard, baissant sa voix à l'unisson de celle de la marquise, croyez-vous que le sang et les pleurs ne l'aient pas expié? Dieu fut alors, croyez-moi, un juge trop sévère pour n'être pas aujourd'hui un père indulgent.

— Oui, Dieu a pardonné peut-être, murmura la marquise; mais si le monde savait ce que Dieu sait, pardonnerait-il comme Dieu?

— Le monde! s'écria le vieillard, le monde!... Oui, voilà le grand mot sorti de votre bouche! Le monde!... c'est à lui, c'est à ce fantôme que vous avez tout sacrifié, madame: sentiment d'amante, sentiment d'épouse, sentiment de mère! bonheur personnel, bonheur d'autrui!... Le monde! c'est la crainte du monde qui vous a habillée de ce vêtement de deuil derrière lequel vous avez espéré lui cacher vos remords! et vous avez eu raison, car vous

êtes parvenue à le tromper, et il a pris vos remords pour des vertus!

La marquise releva la tête avec inquiétude, et écarta les plis de son voile pour regarder celui qui lui tenait cet étrange discours; puis, après un instant de silence, n'ayant rien pu démêler sur la figure calme du vieillard:

— Vous me parlez, lui dit-elle, avec une amertume qui me ferait croire que vous avez personnellement quelque chose à me reprocher. Ai-je manqué à quelques-unes de mes promesses? les gens qui vous sont confiés n'ont-ils pas pour vous le respect et l'obéissance que je leur recommande? Vous savez que, s'il en est ainsi, vous n'avez qu'à dire un mot.

— Pardonnez-moi, madame, c'est de la tristesse et non de l'amertume; c'est l'effet de l'isolement et de la vieillesse. Vous devez savoir, vous, ce que c'est que des peines qu'on ne peut communiquer! ce que c'est que des larmes qui ne doivent pas sortir, et qui retombent, goutte à goutte, sur le cœur! Non, je n'ai à me plaindre de personne, madame. Depuis que, par un sentiment dont je vous suis reconnaissant sans chercher à l'approfondir, vous vous êtes chargée de veiller vous-même à ce qu'il ne me manquât rien, vous n'avez pas un seul jour oublié votre promesse, et, comme le vieux prophète, j'ai même parfois vu venir un ange pour messager!

— Oui, répondit la marquise, je sais que Marguerite accompagne souvent le domestique chargé de votre service, et j'ai vu avec plaisir les soins qu'elle vous rendait et l'amitié qu'elle avait pour vous.

— Mais, à mon tour, je n'ai pas manqué non plus à mes promesses, je l'espère. Depuis vingt ans, j'ai vécu loin des hommes, j'ai écarté tout être vivant de cette maison, tant je craignais pour vous le délire de mes veilles et l'indiscrétion de mes nuits!

— Certes, certes, et le secret heureusement a été bien gardé, dit la marquise en posant la main sur le bras d'Achard; mais ce n'est pour moi qu'un motif de plus pour ne point perdre en un jour le fruit de vingt années plus sombres, plus isolées, plus terribles encore que les vôtres!

— Oui, je comprends: vous avez tressailli plus d'une fois en songeant tout à coup qu'il y avait, de par le monde, un homme qui viendrait peut-être un jour me demander ce secret, et qu'à cet homme je n'avais le droit de rien taire. Ah! vous frissonnez à cette seule idée, n'est-ce pas? Rassurez-vous. Cet homme s'est sauvé, enfant encore, du collège où nous le faisions élever en Écosse, et depuis dix ans nul n'en a entendu parler. Enfant voué à l'obscurité, il a été au-devant de son destin; il est perdu maintenant par le vaste monde, sans que personne sache où il est: perdu, pauvre unité sans nom, parmi ces millions d'hommes qui naissent, souffrent et meurent sur la surface du globe! Il aura perdu la lettre de son père, il aura égaré le signe à l'aide duquel je dois le reconnaître; ou mieux encore, peut-être n'existe-t-il plus!

— Vous êtes cruel, Achard, répondit la marquise, de dire une pareille chose à une mère! Vous ne connaissez pas tout ce que le cœur d'une femme renferme en lui de secrets bizarres et de contradictions étranges! Car, enfin, ne puis-je donc être tranquille si mon enfant n'est mort? Voyons, mon vieil ami, ce secret qu'il a ignoré vingt-cinq ans devient-il, à vingt-cinq ans, si nécessaire à son existence, qu'il ne puisse vivre si ce secret ne lui est révélé? Croyez-moi, Achard, pour lui-même, mieux vaut qu'il ignore comme il l'a fait jusqu'aujourd'hui. Jusqu'aujourd'hui, je suis sûre qu'il a été heureux. Vieillard, ne change pas son existence; ne lui met pas au cœur des pensées qui peuvent le pousser à une action mauvaise. Non, dis-lui, au lieu de ce que tu as à lui dire, dis-lui que sa mère est allée rejoindre son père au ciel, et plût à Dieu que cela fût! mais qu'en mourant (car je veux le voir, quoi que tu en dises; je veux, ne fût-ce qu'une fois, e presser contre mon cœur), qu'en mourant, ai-je dit, sa mère l'a légué à son amie la marquise d'Auray, dans laquelle il retrouvera une seconde mère.

— Je vous comprends, madame, dit Achard en souriant. Ce n'est pas la première fois que vous ouvrez cette voie où vous voulez m'égarer. Seulement, aujourd'hui, madame, vous abordez plus franchement la question; et, si vous l'osiez, n'est-ce pas, ou si vous me connaissiez moins, vous m'offririez quelque récompense pour me déterminer à trahir les dernières volontés de celui qui dort si près de nous?

La marquise fit un mouvement pour l'interrompre.

— Écoutez, madame, reprit le vieillard en étendant la main, et que la chose reste dans votre esprit comme irrévocable et sainte. Aussi fidèle que j'ai été aux promesses faites à madame la comtesse d'Auray, aussi fidèle serai-je à celles faites au comte de Morlaix. Le jour où son fils, viendra me présenter le gage de reconnaissance et réclamer son secret, je le lui dirai, madame. Quant aux papiers qui le constatent, vous savez qu'ils ne doivent lui être remis qu'après la mort du marquis d'Auray. Le secret est là. (Le vieillard montra son cœur.) Nul pouvoir humain n'a pu le forcer d'en sortir avant le temps, nul pouvoir humain ne pourra l'empêcher d'en sortir, le temps venu. Les papiers sont là, dans cette armoire dont la clef ne me quitte jamais, et il n'y a qu'un vol ou un assassinat qui me les puisse enlever.

— Mais, dit la marquise en se soulevant à demi, appuyée sur le bras de son fauteuil, vous pouvez mourir avant mon mari, vieillard; car, s'il est plus malade que vous, vous êtes plus âgé que lui, et alors que deviendront ces papiers?

— Le prêtre qui m'assistera à mes derniers moments les recevra sous le sceau de la confession.

— C'est cela, dit la marquise en se levant; et ainsi la chaîne de mes craintes se prolongera jusqu'à ma mort! et le dernier anneau en sera pour l'éternité scellé à mon cercueil! Il y a dans le monde un homme, un seul peut-être, qui est inébranlable comme un rocher, et il faut que Dieu le place sur ma route, non-seulement comme un remords, mais comme une vengeance! Et il faut qu'un orage me pousse sur lui jusqu'à ce que je me brise!... Tu tiens mon secret entre tes mains, vieillard; c'est bien! fais-en ce que tu voudras! tu es le maître, et moi je suis l'esclave! Adieu.

A ces mots, la marquise sortit et reprit le chemin du château.

VIII

— Oui, dit le vieillard en regardant s'éloigner la marquise; oui, je sais que vous avez un cœur de bronze, madame, insensible à toute espèce de crainte, hormis celle que Dieu vous a mise dans l'âme pour remplacer le remords. Mais celle-là suffit, n'est-ce pas? et c'est acheter bien cher une réputation de vertu que la payer le prix que vous la vend votre éternelle terreur! Il est vrai que celle de la marquise d'Auray est si bien établie que, si la vérité sortait de terre ou descendait du ciel, elle serait traitée de calomnie! Enfin, Dieu veut ce qu'il veut, et ce qu'il fait est écrit longtemps d'avance dans sa sagesse.

— Bien pensé, dit une voix jeune et sonore, répondant à la maxime religieuse que la résignation du vieillard venait de laisser échapper. Sur ma parole, mon père, vous parlez comme l'Ecclésiaste!

Achard se retourna et aperçut Paul, qui était arrivé comme la marquise s'éloignait, si préoccupée de la scène que nous venons de raconter, qu'elle n'avait pas aperçu le jeune capitaine. Celui-ci s'approchait à son tour, voyant le vieillard seul, lorsqu'il entendit les derniers mots auxquels il répondit avec sa bonne humeur habituelle.

Achard, étonné de cette apparition inattendue, le regard comme pour le prier de répéter.

— Je dis, continua Paul, qu'il y a plus de grandeur dans la résignation qui plie que dans la philosophie qui doute. C'est une maxime de nos quakers que, pour mon bonheur éternel, j'aurais voulu avoir moins souvent à la bouche et plus souvent dans le cœur.

— Pardon, monsieur, dit le vieillard en voyant notre aventurier qui le regardait immobile, un pied posé sur le seuil de la porte; mais puis-je savoir qui vous êtes?

— Pour le moment, répondit Paul, donnant comme d'habitude l'essor à sa poétique et insoucieuse gaieté, je suis un enfant de la république de Platon, ayant le genre humain pour frère, le monde pour patrie, et ne possédant sur la terre que la place que je m'y suis faite moi-même.

— Et que cherchez-vous? continua le vieillard, souriant malgré lui à cet air de joyeuse humeur répandu sur tout le visage du jeune homme.

— Je cherche, répondit Paul, à trois heures de Lorient, cinq cents pas du château d'Auray, une maisonnette qui ressemble diablement à celle-ci, et dans laquelle je dois trouver un vieillard qui pourrait bien être vous.

— Et comment se nomme ce vieillard?

— Louis Achard.

— C'est moi-même.

— Alors que la bénédiction du ciel descende sur vos cheveux blancs! dit Paul d'une voix qui, changeant aussitôt d'accent, prit celui du sentiment et du respect; car voici une lettre que je crois de mon père, et qui dit que vous êtes un honnête homme.

— Cette lettre ne renferme-t-elle rien? s'écria le vieillard, les yeux étincelants et faisant un pas pour se rapprocher du capitaine.

— Si fait, répondit celui-ci l'ouvrant et en tirant un sequin de Venise brisé par le milieu; quelque chose comme la moitié d'une pièce d'or dont j'ai un morceau et dont vous devez avoir l'autre.

Achard tendit machinalement la main en regardant le jeune homme.

— Oui, oui, dit le vieillard, et à chaque parole ses yeux se mouillaient de plus en plus de larmes; oui, c'est bien cela, et plus encore, c'est la ressemblance extraordinaire... Il ouvrit ses bras. Enfant!... ô mon Dieu! mon Dieu!

— Qu'avez-vous? s'écria Paul étendant à son tour les bras pour soutenir le vieillard qui faiblissait sous le poids de son émotion.

— Oh! ne comprenez-vous pas, répondit celui-ci, ne comprenez-vous pas que vous êtes le portrait vivant de votre père, et que votre père, je l'aimais à lui donner mon sang, ma vie, comme je le ferais maintenant pour toi, si tu me les demandais, jeune homme!

— Alors, embrasse-moi, mon vieil ami, dit Paul en prenant le vieillard dans ses bras, car la chaîne des sentiments n'est pas rompue, crois-moi, entre la tombe du père et le berceau du fils. Quel qu'ait été mon père, s'il faut pour lui ressembler, qu'une conscience sans reproche, un courage à toute épreuve et une mémoire qui se souvienne toujours du bienfait, quoiqu'elle oublie parfois l'injure, je suis, as-tu dit, je suis son portrait vivant, et plus encore par l'âme que par le visage.

— Oui, il avait tout cela, votre père, répondit lentement le vieillard en serrant dans ses bras l'enfant qui lui revenait et en le regardant tendrement à travers ses larmes: oui, il avait la même fierté dans la voix, la même flamme dans les yeux, la même noblesse dans le cœur. Mais pourquoi ne t'ai-je pas revu plus tôt, jeune homme? Il y a eu dans ma vie des heures bien sombres que tu eusses éclairées par ta présence.

— Pourquoi?... parce que cette lettre me disait de venir te trouver quand j'aurais vingt-cinq ans, et que je les ai eus il n'y a pas longtemps: il y a une heure.

Le vieillard baissa la tête d'un air pensif et garda un instant le silence, abîmé dans le souvenir du passé.

— Déjà, dit-il en relevant enfin la tête, il y a déjà vingt-cinq ans ! et il me semble, mon Dieu ! que ce fut hier que vous naquîtes dans cette maison, que vous ouvrîtes les yeux dans cette chambre !

Et le vieillard étendait la main vers une porte qui donnait dans un autre appartement.

Paul à son tour parut réfléchir ; puis regardant autour de lui pour renforcer par la vue des objets qui s'offraient à ses yeux les souvenirs qui se présentaient en foule à sa mémoire :

— Dans cette chaumière? dans cette chambre répéta-t-il ; et je les ai habitées jusqu'à l'âge de cinq ans, n'est-ce pas ?...

— Oui, murmura le vieillard comme tremblant de l'arracher aux sensations qui commençaient à s'emparer de lui.

— Eh bien ! continua Paul en appuyant ses deux mains sur ses yeux pour concentrer tous ses souvenirs, laisse-moi un instant regarder à mon tour dans le passé, car je me rappelle une chambre que je croyais avoir vue en rêve. Si c'est celle-là... Écoute !... Oh ! c'est étrange comme tout me revient.

— Parle, mon enfant, parle ! dit le vieillard.

— Si c'est celle-là, il doit y avoir à droite... en entrant... au fond... un lit... avec des tentures vertes ?

— Oui.

— Un crucifix au chevet de ce lit ?

— Oui.

— Une armoire en face, où il y avait des livres... une grande Bible, entre autres... avec des gravures allemandes ?

— La voilà, dit le vieillard montrant le livre saint ouvert sur un prie-Dieu.

— Oh ! c'est elle ; c'est elle ! s'écria Paul en appuyant ses lèvres contre les feuillets.

— Oh ! brave cœur ! brave cœur ! murmura le vieillard, Merci, mon Dieu, merci !

— Puis, dit Paul en se relevant, dans cette chambre, une fenêtre d'où l'on distinguait la mer, et sur la mer, trois îles ?

— Oui, celles d'Houat, d'Hœdic et de Belle-Isle-en-Mer...

— C'est donc bien cela ! s'écria Paul en s'élançant dans la chambre ; puis, voyant que le vieillard voulait l'y suivre : Non, non, lui dit-il en l'arrêtant, seul... laisse-moi y entrer seul. J'ai besoin d'y être seul. Et il entra, refermant la porte derrière lui.

Alors il s'arrêta un instant saisi de ce saint respect qui entoure les souvenirs d'enfance. La chambre était bien telle qu'il l'avait décrite, car la religion dévouée du vieux serviteur l'avait conservée pure de tout changement. Paul, chez qui un regard étranger eût sans doute arrêté la manifestation des sentiments qu'il éprouvait, certain d'être seul, s'y abandonna tout entier : il s'avança lentement et les mains croisées vers le crucifix d'ivoire, et, se laissant tomber à genoux comme il avait l'habitude de le faire soir et matin autrefois, il essaya de se rappeler une de ces naïves prières où l'enfant, sur le seuil de la vie encore, prie Dieu pour ceux qui lui en ont ouvert les portes. Que d'événements s'étaient succédé entre ces deux agenouillements, répétés à vingt ans de distance ! Quels horizons variés et imprévus avaient succédé à ces horizons que caresse d'un si doux regard le soleil riant de nos jeunes années ! Comme ce vent capricieux qui soufflait dans les voiles de son vaisseau l'avait, en l'éloignant des passions privées, poussé au milieu des passions politiques ! Et voilà que croyant, insoucieux jeune homme, avoir oublié tout ce qui existait sur la terre, il se souvenait que sa vie, libre et puissante comme l'Océan qui le berçait, allait se rattacher à des liens inconnus jusqu'alors qui le retiendraient peut-être en tel ou tel lieu, comme un vaisseau à l'ancre qui appelle le vent et que le vent appelle, et qui cependant se sent en-

chaîné, esclave captif de la veille, à qui la liberté passée rend plus amère encore sa servitude à venir ! Paul s'abîma longtemps dans ces pensées, puis se releva lentement et alla s'accouder à la fenêtre. La nuit était calme et belle, la lune brillait au ciel et argentait le sommet des vagues. Les trois îles apparaissaient à l'horizon, bleuâtres comme des vapeurs flottant sur l'Océan. Il se rappela combien de fois, dans sa jeunesse, il s'était appuyé à la même place, regardant le même spectacle, suivant des yeux quelque barque à la voile blanche, qui glissait silencieusement sur la mer, comme l'aile d'un oiseau de nuit. Alors son cœur se gonfla de souvenirs doux et tendres ; il laissa tomber sa tête sur sa poitrine, et des larmes muettes coulèrent le long de ses joues. En ce moment il sentit qu'on lui prenait la main : c'était le vieillard ; il voulut cacher son émotion ; mais, se repentant aussitôt de ne pas oser être homme, il se retourna de son côté, et lui montra franchement son visage mouillé de larmes.

— Tu pleures, enfant ! dit le vieillard.

— Oui, je pleure, répondit Paul, et pourquoi le cacherais-je ? oui, regarde-moi. J'ai cependant vu de terribles choses dans ma vie ! J'ai vu l'ouragan faire tourbillonner mon vaisseau au sommet des vagues et au fond des abîmes, et j'ai senti qu'il ne pesait pas plus à l'aile de la tempête qu'une feuille sèche à la brise du soir ! J'ai vu les hommes tomber autour de moi comme les épis mûrs sous la faucille du moissonneur ! J'ai entendu les cris de détresse et de mort de ceux dont la veille j'avais partagé le repas ! Pour aller recevoir leur dernier soupir, j'ai marché à travers une grêle de boulets et de balles, sur un plancher où je glissais à chaque pas dans le sang ! Eh bien ! mon âme est restée calme ; mes yeux ne se sont pas mouillés. Mais cette chambre, vois-tu, cette chambre dont j'avais si saintement gardé le souvenir, cette chambre où j'ai reçu les premières caresses d'un père que je ne verrai plus, et les derniers baisers d'une mère qui ne voudra peut-être plus me revoir ; cette chambre, c'est quelque chose de sacré comme un berceau et comme une tombe. Je ne puis la reconnaître sans me laisser aller à mes émotions : il faut que je pleure ou j'étoufferais !

Le vieillard le serra dans ses bras, Paul posa la tête sur son épaule, et, pendant un instant, on n'entendit que ses sanglots. Enfin le vieux serviteur reprit :

— Oui, tu as raison : cette chambre, c'est à la fois un berceau et une tombe ; car c'est là que tu es né ; il étendit le bras, et c'est là que tu as reçu les derniers adieux de ton père, continua-t-il en désignant du geste l'angle parallèle de l'appartement.

— Il est donc mort ? dit Paul.

— Il est mort.

— Tu me diras comment.

— Je vous dirai tout !

— Dans un instant, ajouta Paul en cherchant de la main une chaise et s'asseyant. Maintenant, je n'ai pas la force de t'écouter. Laisse-moi me remettre. Il appuya son coude sur la croisée, posa sa tête sur sa main, et jeta de nouveau les yeux sur la mer. La belle chose qu'une nuit de l'Océan lorsque la lune l'éclaire, comme elle le fait à cette heure ! continua-t-il avec cet accent doux et mélancolique qui lui était habituel. Cela est calme comme Dieu ; cela est grand comme l'éternité. Je ne crois pas qu'un homme qui a souvent étudié ce spectacle craigne de mourir. Mon père l'avait avec courage, n'est-ce pas ?

— Oh ! certes ! répondit Achard avec fierté.

— Cela devait être ainsi, continua Paul. Je me le rappelle, mon père, quoique je n'eusse que quatre ans lorsque je le vis pour la dernière fois.

— C'était un beau jeune homme comme vous, dit Achard regardant Paul avec tristesse ; et justement de votre âge.

— Comment l'appelait-on.

— Le comte de Morlaix.

— Ainsi, moi aussi, je suis d'une noble et vieille famille! Moi aussi, j'ai mes armoiries et mon blason, comme tous ces jeunes seigneurs insolents qui me demandaient mes parchemins quand je leur montrais mes blessures!

— Attends, jeune homme, attends! ne te laisse pas prendre ainsi à l'orgueil! car je ne t'ai pas dit encore le nom de celle à qui tu dois le jour, et tu ignores le terrible-secret de ta naissance.

— Eh bien! soit! Je n'en entendrai pas moins avec respect et recueillement le nom de ma mère. Comment s'appelait ma mère?

— La marquise d'Auray, répondit lentement et comme à regret le vieillard.

— Que dis-tu là? s'écria Paul en se levant d'un seul bond et en lui saisissant les mains.

— La vérité, répondit-il avec tristesse.

— Alors, Emmanuel est mon frère! Alors, Marguerite est ma sœur!

— Les connaissez-vous donc déjà? s'écria à son tour le vieux serviteur étonné.

— Oh! tu avais bien raison, vieillard, dit le jeune marin en retombant sur sa chaise. Dieu veut ce qu'il veut, et ce qu'il fait est écrit longtemps d'avance dans sa sagesse.

Il y eut un moment de silence, et enfin Paul, relevant la tête, fixa des yeux résolus sur le vieillard.

— Et maintenant, lui dit-il, je suis prêt à tout entendre. Tu peux parler.

IX

Le vieillard se recueillit un instant, puis il commença.

— Ils· étaient fiancés l'un à l'autre. Je ne sais quelle haine mortelle divisa tout à coup leurs familles et les sépara. Le comte de Morlaix, le cœur brisé, ne put rester en France. Il partit pour Saint-Domingue, où son père possédait une. habitation. Je l'accompagnai, car le marquis de Morlaix avait toute confiance en moi: j'étais le fils de celle qui l'avait nourri; j'avais reçu la même éducation que lui; il m'appelait son frère, et moi seul me souvenais de la distance que la nature avait mise entre nous. Le marquis se reposa sur moi du soin de veiller sur son fils, car je l'aimais de tout l'amour d'un père. Nous restâmes deux ans sous le ciel des tropiques. Pendant deux ans, votre père, perdu dans les solitudes de cette île magnifique, voyageur sans projet et sans but, chasseur à la course ardente et infatigable, essaya de guérir les douleurs de l'âme par les fatigues du corps. Mais, loin de réussir, on eût dit que son cœur s'allumait encore à ce soleil ardent. Enfin, après deux ans de combats et de lutte, son amour insensé l'emporta: il fallait qu'il la revît ou qu'il mourût. Je cédai; nous partîmes. Jamais traversée ne fut plus belle et plus heureuse: la mer et le ciel nous souriaient: c'était à croire aux présages heureux. Six semaines après· notre départ du Port-au-Prince, nous débarquions au Havre. Mademoiselle de Sablé était mariée; le marquis d'Auray était à Versailles, remplissant près du roi Louis XV les devoirs de sa charge, et sa femme, trop souffrante pour le suivre, était restée dans ce vieux château d'Auray dont vous voyez d'ici les tourelles.

— Oui, oui, murmura Paul, je le connais; c'est bien: continuez.

— Quant à moi, reprit le vieillard, pendant notre voyage, un de mes oncles, ancien serviteur de la maison d'Auray, était mort et m'avait laissé cette petite maison et les terres qui en font partie. J'en pris possession. Quant à votre père, il m'avait quitté à Vannes en me disant qu'il partait pour Paris, et, depuis un an que j'habitais cette maison, je ne l'avais pas revu.

Une nuit (il y a aujourd'hui vingt-cinq ans de cette nuit), on frappa à ma porte; j'allai ouvrir: votre père parut, portant dans ses bras une femme dont le visage était voilé; il entra dans cette chambre et la déposa sur ce lit; puis, revenant dans l'autre pièce où je l'attendais muet et immobile d'étonnement: Louis, me dit-il en me mettant la main sur l'épaule et en me regardant en homme qui implore, quoiqu'il sache qu'il a le droit de commander; Louis, tu peux faire plus que me sauver la vie et l'honneur, tu peux sauver la vie et l'honneur à celle que j'aime; monte à cheval, cours à la·ville, et dans une heure sois ici avec un médecin. Il me parlait avec cette voix brève et puissante qui indique qu'il n'y a pas un instant à perdre: J'obéis. Le jour commençait à paraître lorsque nous revînmes. Le docteur fut introduit par le comte de Morlaix dans cette chambre, dont la porte se referma sur eux; ils y restèrent toute la journée; vers les.cinq heures du soir, le médecin partit, et, la nuit venue, votre père sortit de la chambre à son tour, emportant de nouveau entre ses bras, et toujours voilée, cette femme mystérieuse qu'il avait apportée la veille. Je rentrai derrière eux dans la chambre, et je vous y trouvai: vous veniez de naître.

— Et comment sûtes-vous que cette femme était la marquise d'Auray? interrompit Paul, comme s'il cherchait à douter encore.

— Oh! répondit le vieillard, d'une manière aussi terrible qu'inattendue: j'avais offert au comte de Morlaix de vous garder avec moi; il avait accepté cette offre, et de temps en temps il venait passer une heure auprès de vous.

— Seul? demanda Paul avec anxiété.

— Toujours, répondit Achard. Seulement j'avais la permission de me·promener avec vous dans le parc; alors il arrivait parfois que la marquise apparaissait au détour de quelque allée, comme si le hasard l'y eût conduite; elle vous faisait signe d'aller à elle, et elle vous embrassait comme un enfant étranger que l'on a plaisir à voir parce qu'il est beau. Quatre ans se passèrent ainsi; puis, une nuit, on frappa de nouveau à cette porte: c'était encore votre père. Il était plus calme, mais plus sombre peut-être que la première fois. « Louis, me dit-il, je me bats demain au point du jour avec le marquis d'Auray; c'est un duel à mort et qui n'aura de témoin que toi seul; la chose est convenue. Donne-moi donc l'hospitalité pour cette nuit et tout ce qu'il me faut pour écrire. » Il s'assit devant cette table, sur cette chaise où vous êtes (Paul se leva et continua de s'appuyer sur la chaise sans s'y asseoir davantage), et veilla toute la nuit. Au point du jour, il entra dans ma chambre et me trouva debout. Je ne m'étais point couché. Quant à vous, pauvre enfant insoucieux encore des passions et des misères humaines, vous dormiez dans votre berceau.

— Après, après?

— Votre père se baissa lentement vers vous, s'appuyant. contre le mur un moment regardant tristement: « Louis, me dit-il d'une voix sourde, si je suis tué, comme il pourrait arriver malheur à cet enfant, tu le remettras avec cette lettre à Fild, mon valet de chambre, qui est chargé de le conduire à Selkirk, en Écosse, et de le laisser entre les mains sûres. A vingt-cinq ans, il t'apportera l'autre moitié de cette pièce d'or, et te demandera le secret de sa naissance; tu le lui diras, car peut-être alors sa mère sera-t-elle seule et isolée. Quant à ces papiers qui la constatent, tu ne les lui remettras qu'après la mort du marquis. Maintenant, tout est convenu; partons, me dit-il, car il est l'heure. » Alors il s'appuya sur votre berceau, se pencha vers vous, et, quoique ce fût un homme, je vous le dis, je vis une larme tomber sur votre joue.

— Continuez, murmura Paul d'une voix étouffée.

— Le rendez-vous était dans une allée même du parc, à cent pas d'ici. En arrivant, nous trouvâmes le marquis; il nous attendait depuis quelques minutes. Auprès de lui, sur un banc, étaient des pistolets chargés : les adversaires se saluèrent sans échanger une parole. Le marquis montra du doigt les armes ; chacun s'empara de la sienne, et tous deux, car les conditions avaient été réglées d'avance, ainsi que me l'avait dit votre père, allèrent se placer, muets et sombres, à trente pas de distance, et commencèrent à marcher l'un contre l'autre. Oh ! ce fut un moment terrible pour moi, je vous le jure, continua le vieillard aussi ému que s'il revoyait cette scène, que celui où je vis la distance diminuer graduellement entre ces deux hommes. Lorsqu'il n'y eut plus que dix pas d'intervalle, le marquis s'arrêta et fit feu... Je regardai votre père. Pas un muscle de son visage ne bougea, de sorte que je crus qu'il était sain et sauf ; il continua de marcher jusqu'au marquis ; et, lui appuyant le canon du pistolet sur le cœur...

— Il ne le tua pas, j'espère ! s'écria Paul en saisissant le bras du vieillard.

— Il lui dit : « Vos jours sont à moi, monsieur, et je pourrais les prendre ; mais je veux que vous viviez pour me pardonner comme je vous pardonne. » A ces mots, il tomba mort : la balle du marquis lui avait traversé la poitrine.

— Oh ! mon père ! mon père ! s'écria le jeune marin en se tordant les bras. Et il vit, cet homme qui a tué mon père ! il vit, n'est-ce pas ? il est encore jeune ; il a encore la force de lever une épée ou un pistolet. Nous l'irons trouver... aujourd'hui, tout à l'heure. Tu lui diras : « C'est son fils, il faut que vous vous battiez avec lui. » Oh ! cet homme... cet homme... Malheur à cet homme !

— Dieu s'est chargé de la vengeance, répondit Achard : cet homme est fou.

— C'est vrai, murmura Paul ; je l'avais oublié.

— Et dans sa folie, continua Achard, il voit éternellement cette scène sanglante, et répète dix fois par jour ces paroles suprêmes qui lui furent adressées par votre père.

— Ah ! voilà donc pourquoi la marquise ne le quitte pas d'une minute.

— Et voilà pourquoi, sous prétexte qu'il ne veut pas voir ses enfants, elle a éloigné de lui Emmanuel et Marguerite.

— Pauvre sœur ! dit Paul avec un accent de tendresse infinie. Et maintenant elle veut la sacrifier en la mariant malgré elle à ce misérable Lectoure !

— Oui, mais ce misérable Lectoure, reprit Achard, emmène Marguerite à Paris, donne un régiment de dragons à son frère : la marquise ne craint plus la présence de ses enfants, son secret reste désormais entre elle et deux vieillards qui, demain, cette nuit, peuvent mourir... La tombe est muette.

— Mais, moi, moi !

— Vous ! sait-on si vous existez même ? avez-vous donné de vos nouvelles depuis quinze ans que vous vous êtes échappé de Selkirk ? ne pouvez-vous pas, vous aussi, avoir rencontré sur votre chemin quelque accident qui vous empêche de vous trouver au rendez-vous où vous êtes heureusement venu ? Certes, elle ne vous a pas oublié... mais elle espère...

— Oh ! crois-tu que ma mère ?...

— Pardon ! c'est vrai, répondit Achard, je ne crois rien ; j'ai tort ; oubliez ce que j'ai dit.

— Oui, oui, parlons de toi, mon ami : parlons de mon père.

— Ai-je besoin d'ajouter que ses dernières volontés furent exécutées ? Fild vint vous chercher dans la journée. Vous partîtes. Vingt et un ans se sont passés depuis cette époque, et pas un jour ne s'est écoulé sans que j'aie fait des vœux pour vous revoir au jour dit. Ces vœux sont accomplis, continua le vieillard. Dieu merci ! vous voilà, votre père revit en vous... Je le revois, je lui parle... je ne pleure plus, je suis consolé !...

— Et il était mort ?... mort sans souffle, sans vie, sans espoir ? mort sur le coup ?

— Oui, mort !... Je l'apportai ici... Je le déposai sur ce lit où vous étiez né. Je fermai la porte pour que personne n'entrât, et je m'en allai creuser sa tombe. Je passai toute la journée à ce pénible devoir ; car, d'après le vœu même de votre père, personne ne devait être mis dans cette terrible confidence. Le soir, je revins chercher le cadavre. C'est une étrange chose que le cœur de l'homme, et combien l'espérance que Dieu y met est difficile à l'abandonner. Je l'avais vu tomber... j'avais senti ses mains se refroidir... j'avais baisé son visage glacé... je l'avais quitté pour aller creuser sa tombe, et, cette tombe creusée, ce devoir de mort accompli, je revenais le chercher, car il me semblait qu'en mon absence, quoiqu'il fallût pour cela un miracle de Dieu, la vie était revenue, et qu'il allait se soulever sur son lit et me parler. Je rentrai... Hélas ! hélas ! les temps évangéliques étaient passés..... Lazare resta étendu sur sa couche... mort ! mort ! mort !

Et le vieillard resta un instant abattu, sans parole, sans voix ; seulement des larmes coulaient silencieusement sur son visage ridé.

— Oui, oui, s'écria Paul éclatant en sanglots de son côté ; oui, n'est-ce pas, et tu accomplis ta sainte mission ! Noble cœur ! laisse-moi baiser ces mains qui ont rendu le corps de mon père à la demeure éternelle. Et tu es demeuré fidèle à la tombe comme tu l'as été à la vie. Pauvre gardien du sépulcre ! tu es resté près de lui pour que quelques larmes arrosassent l'herbe qui poussait sur la fosse ignorée. Oh ! que ceux qui se croient grands, parce que leur nom retentit dans la tempête et dans la guerre plus haut que l'ouragan et la bataille, sont petits près de toi, vieillard au dévouement silencieux !... Oh ! bénis-moi, bénis-moi ! s'écria Paul en tombant à genoux, puisque mon père n'est plus là pour me bénir.

— Dans mes bras, mon enfant, dans mes bras ! dit le vieillard ; car tu exagères cette action si simple et si naturelle. Puis, crois-moi, ce que tu appelles ma piété n'a pas été sans enseignements pour moi ; j'ai vu combien l'homme tenait peu de place sur la terre, et combien il était vite perdu dans le monde lorsque le Seigneur détournait les yeux de lui. Ton père était le dernier descendant d'une vieille lignée, il portait un noble nom, on eût cru voir d'avance son chemin tout tracé vers les honneurs de la terre... il avait une famille, des amis... Eh bien ! ton père disparut tout à coup, comme si la terre avait manqué sous ses pieds. Je ne sais si quelque regard en larmes chercha sa trace jusqu'à ce qu'il le perdît ; mais ce que je sais, c'est que depuis vingt et un ans nul n'est venu sur cette tombe ; nul ne sait qu'il est couché à l'endroit où l'herbe est plus verte et plus touffue. Et cependant, orgueilleux et insensé qu'il est, l'homme se croit quelque chose !

— Oh ! ma mère n'y est jamais venue ?

Le vieillard ne répondit pas.

— Eh bien ! continua Paul, nous serons deux maintenant qui connaîtrons cette place. Viens me la montrer ; car j'y retournerai, je te jure, toutes les fois que mon vaisseau touchera les côtes de France.

A ces mots, il entraîna Achard dans la première chambre ; mais, comme ils ouvraient la porte, ils entendirent un léger bruit du côté du parc : c'était un domestique du château qui venait avec Marguerite. Paul rentra précipitamment.

— C'est ma sœur, dit-il à Achard... J'ai un mot à lui dire qui lui fera passer une nuit heureuse. Prenons pitié de ceux qui veillent et pleurent.

— Songez, dit Achard, que le secret que je viens de vous révéler est aussi celui de votre mère.

— Sois tranquille, mon vieil ami, dit-il en poussant Achard dans la seconde chambre. Sois tranquille, je ne lui parlerai que du sien.

En ce moment Marguerite entra.

X

Marguerite venait, selon son habitude, apporter quelques provisions au vieillard, et ce ne fut pas sans étonnement qu'elle vit dans la première pièce, où depuis dix ans elle ne trouvait jamais qu'Achard, un beau jeune homme qui la regardait d'un œil doux et avec un sourire bienveillant. Elle fit signe au domestique de déposer le panier dans un coin de la chambre; il obéit, puis il alla attendre sa maîtresse en dehors de la porte. Quant à elle, s'avançant vers Paul: « Pardon, monsieur, lui dit-elle; mais je croyais trouver ici mon vieil ami, Louis Achard... et je venais lui apporter de la part de ma mère... »

Paul étendit la main vers la seconde chambre, pour indiquer que là était celui qu'elle cherchait, car il ne put lui répondre, tant il sentait que l'accent de sa voix trahirait son émotion. La jeune fille remercia par une inclination de tête presque imperceptible, et entra.

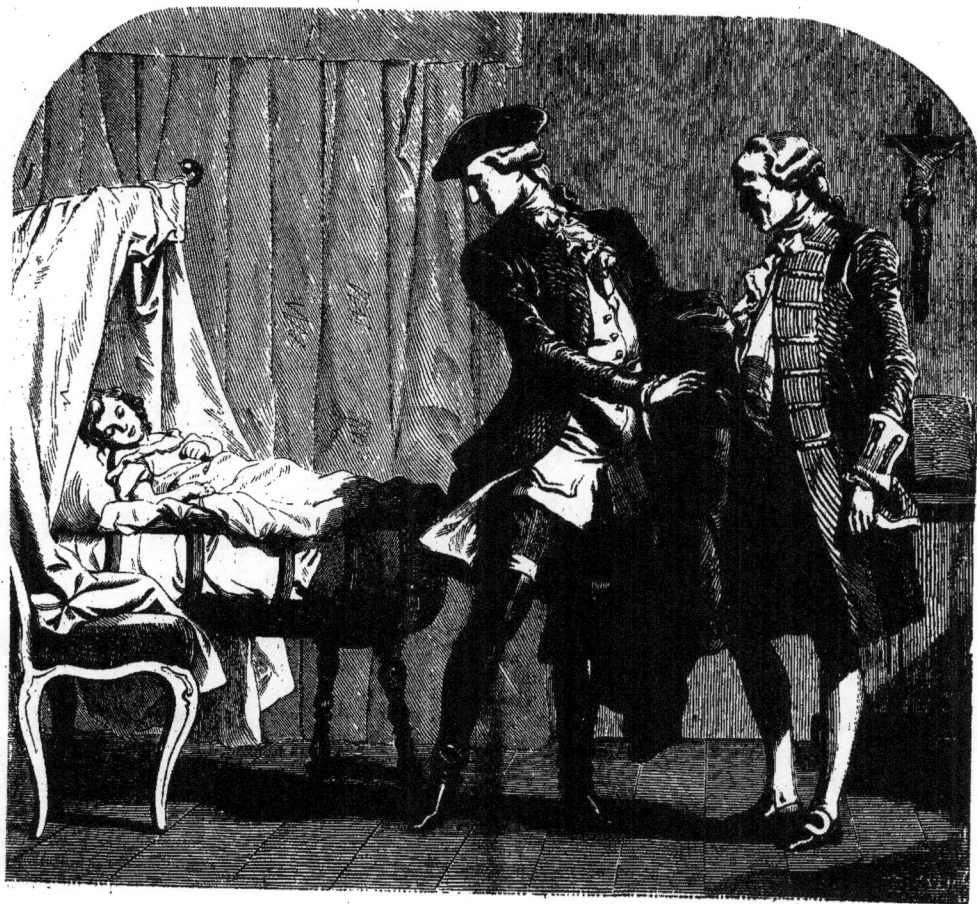

Vous dormiez dans votre berceau. — PAGE 23.

Paul la suivit des yeux la main appuyée sur son cœur. Cette âme vierge où l'amour n'était jamais entré s'ouvrait, dans sa sainte virginité, aux premières émotions de famille. Isolé comme il l'avait toujours été, n'ayant pour amis que ces rudes enfants de l'Océan, tout ce qu'il avait de doux et de tendre en son cœur, il l'avait tourné vers Dieu, et quoiqu'aux regards d'un chrétien rigoriste sa religion n'eût peut-être pas paru parfaitement orthodoxe, il n'en était pas moins vrai que cette poésie qui débordait dans toutes ses paroles n'était autre chose qu'une immense et éternelle prière. Il n'était donc pas étonnant que les premières sensations qui entraient dans son cœur, bien que toutes fraternelles, fussent désordonnées et bondissantes comme des émotions d'amour.

— Oh! murmura-t-il, lorsque la jeune fille eut disparu, pauvre isolé que je suis, comment ferai-je, lorsque tu vas sortir, pour ne pas te prendre et te serrer dans mes bras, pour ne pas te dire: Marguerite, ma sœur, nulle femme ne m'a jamais aimé d'aucun amour; aime-moi d'amour fraternel! Oh! ma mère! oh! ma mère! en me privant de vos caresses, vous m'avez privé aussi de celles de cet ange. Dieu vous rende dans l'éternité le bonheur que vous avez éloigné de vous... et des autres.

— Adieu! dit, en rouvrant la porte, Marguerite au vieillard ; adieu ; j'ai voulu venir ce soir même, car je ne sais plus maintenant quand je pourrai vous revoir.

Et elle s'achemina vers la porte, pensive et la tête baissée, sans voir Paul, sans se souvenir qu'il y avait là un jeune homme lorsqu'elle était entrée. Le jeune marin la suivait des yeux, les bras tendus vers elle comme pour l'arrêter, la poitrine oppressée et les yeux humides. Enfin lorsqu'il lui vit poser la main sur la clef de la porte :

— Marguerite ! s'écria-t-il.

La jeune fille se retourna étonnée ; mais ne compre-

nant rien à cette familiarité étrange de la part d'un homme qui lui était complétement inconnu, elle entr'ouvrit la porte pour sortir.

— Marguerite ! répéta Paul en faisant un pas vers sa sœur ; Marguerite, n'entendez-vous pas que je vous appelle ?...

— Il est vrai que Marguerite est mon nom, monsieur, répondit avec dignité la jeune fille, mais je ne pouvais penser que ce mot me fût adressé seul par une personne que je n'ai pas l'honneur de connaître.

— Mais je vous connais, moi ! s'écria Paul en allant à

Dites-moi, reprit Marguerite. — PAGE 26.

elle, en fermant la porte et en la ramenant dans la chambre. Je sais que vous êtes malheureuse, que vous n'avez pas une âme où verser votre peine, pas un bras à qui demander un appui.

— Vous oubliez celui qui est là-haut, répondit Marguerite en levant d'un même mouvement la tête et la main vers le ciel.

— Non, non, Marguerite, je n'oublie pas, car je suis envoyé par lui pour vous offrir ce qui vous manque ; pour vous dire, quand toutes les bouches et tous les cœurs se ferment autour de vous : Je suis votre ami, moi, votre ami dévoué, éternel !

— Oh ! monsieur, répondit Marguerite, ce sont des mots bien solennels et bien sacrés que ceux que vous murmurez là ! des mots auxquels, malheureusement, il est difficile que je croie sans preuve.

— Et si je vous en donnais une, dit Paul.

— Impossible ! murmura Marguerite.

— Irrécusable ! continua Paul.

— Oh ! alors !... dit Marguerite avec un accent indéfinissable dans lequel le doute commençait de faire place à l'espoir.

— Eh bien ! alors...

— Oh ! alors ! mais non, non !

— Connaissez-vous cette bague ? dit Paul, lui montrant l'anneau qui ouvrait le bracelet.

— Clémence de Dieu ! s'écria Marguerite, ayez pitié de moi ! il est mort !

— Il est vivant !

— Mais il ne m'aime donc plus ?

— Il vous aime !

— S'il est vivant ! s'il m'aime, oh ! c'est à en devenir folle !... Qu'est-ce que je disais donc ? S'il est vivant, s'il m'aime, comment cette bague se trouve-t-elle entre vos mains !

— Il me l'a confiée comme un gage de reconnaissance.

— Ai-je confié ce bracelet à personne, moi ? dit Marguerite relevant la manche de sa robe, voyez !

— Oui, mais vous, Marguerite, vous n'êtes pas proscrite, déshonorée aux yeux du monde, jetée au milieu d'une race perdue !

— Qu'importe ! n'est-il pas innocent ? n'est-il pas aimé ?

— Puis il a pensé, continua Paul voulant voir jusqu'où allaient le dévouement et l'amour de sa sœur, il a pensé qu'il était de sa délicatesse, séparé à jamais de la société comme il l'est, de vous offrir, sinon de vous rendre, la liberté de disposer de votre main...

— Lorsqu'une femme a fait pour un homme ce que j'ai fait pour lui, répondit avec fermeté Marguerite, elle n'a, croyez-moi, d'excuse qu'en l'aimant éternellement, et c'est ce que je ferai.

— Oh ! vous êtes un ange ! s'écria Paul.

— Dites-moi, reprit Marguerite, saisissant à son tour les mains du jeune homme et le regardant d'un air suppliant.

— Quoi ?

— Vous l'avez donc vu ?

— Je suis son ami, son frère...

— Oh ! parlez-moi de lui, alors ! s'écria-t-elle, s'abandonnant tout entière à son amour et oubliant qu'elle voyait pour la première fois celui à qui elle adressait de pareilles questions. Que fait-il, qu'espère-t-il ? le malheureux !

— Il vous aime, il espère vous revoir.

— Alors, alors, murmura Marguerite s'éloignant de Paul, il vous a donc dit ?

— Tout.

— Oh ! s'écria-t-elle en baissant son front sur lequel une rougeur subite passa, remplaçant, comme le vif reflet d'une flamme, la pâleur habituelle qui y était empreinte.

Paul s'approcha d'elle et la serra contre son cœur.

— Vous êtes une sainte fille, lui dit-il.

— Vous ne me méprisez donc pas, monsieur ! murmura Marguerite, se hasardant à lever les yeux.

— Marguerite, dit Paul, si j'avais une sœur, je prierais Dieu qu'elle vous ressemblât.

— Oh ! vous auriez une sœur bien malheureuse ! répondit la jeune fille en s'appuyant sur son bras et fondant en larmes.

— Peut-être, répondit Paul en souriant.

— Vous ne savez donc pas ?

— Dites.

— Que monsieur de Lectoure doit arriver demain matin ?

— Je le sais.

— Et que demain on signe le contrat ?

— Je le sais.

— Eh bien ! que voulez-vous donc que j'espère dans une pareille extrémité ? A qui voulez-vous que je m'adresse ? Qui voulez-vous que j'implore ?... Mon frère ? Dieu sait que je lui pardonne, mais il ne peut me comprendre. Ma mère ?... Oh ! monsieur, vous ne connaissez pas ma mère ! C'est une femme d'une réputation intacte, d'une vertu sévère, d'une volonté inflexible ; car n'ayant jamais failli, elle ne croit pas que l'on puisse faillir ; et lorsqu'elle a dit : je veux ! » il n'y a plus qu'à courber la tête, à pleurer et

à obéir. Mon père !... Oui... il faudra, je le sais, que mon père sorte de la chambre où il est enfermé depuis vingt ans pour signer le contrat. Mon père !... Pour toute autre moins malheureuse et moins condamnée que moi, ce serait une ressource. Mais vous ignorez qu'il est insensé, qu'il a perdu la raison, et avec elle tout sentiment d'amour paternel. Et puis, il y a dix ans que je ne l'ai vu, mon père ; il y a dix ans que je n'ai pressé ses mains tremblantes, que je n'ai baisé ses cheveux blancs ! Il ne sait plus s'il a une fille ; il ne sait plus s'il a un cœur ; il ne me reconnaîtra même pas ! et, me reconnût-il, eût-il pitié de moi, ma mère lui mettra une plume entre les mains et lui dira : « Signez ! je le veux, » et il signera, le pauvre et faible vieillard ! et sa fille sera condamnée !

— Oui, oui, je sais tout cela aussi bien que vous, mon enfant, dit Paul ; mais rassurez-vous : ce contrat ne sera point signé.

— Qui l'empêchera ?

— Moi !

— Vous ?

— Soyez tranquille, je serai demain à l'assemblée de famille.

— Qui vous y introduira ?

— J'ai un moyen.

— Mon frère est violent, emporté ! Oh ! mon Dieu ! mon Dieu !... prenez garde de me perdre encore davantage en voulant me sauver !

— Votre frère m'est aussi sacré que vous-même, Marguerite. Ne craignez rien, et reposez-vous sur moi.

— Oh ! je vous crois, monsieur, et me repose sur vous, dit Marguerite, accablée par sa longue incrédulité ; car, que vous reviendrait-il de me tromper ? quel intérêt auriez-vous à me trahir ?

— Aucun, vous avez raison ; mais passons à autre chose. Que comptez-vous faire avec le baron de Lectoure ?

— Lui tout dire.

— Oh ! dit Paul en s'inclinant, laissez-moi vous adorer.

— Monsieur, murmura Marguerite.

— Comme une sœur ! comme une sœur !

— Oui, vous êtes bon, s'écria Marguerite ; je crois que c'est Dieu qui vous envoie.

— Croyez, répondit Paul.

— Donc, demain soir.

— Ne vous étonnez, ne vous effrayez de rien. Seulement, tâchez de me faire comprendre par une lettre, par un mot, par un signe, le résultat de votre entretien avec Lectoure.

— Je tâcherai.

— Et maintenant il est tard, le domestique pourrait s'étonner de la longueur de notre entretien ; rentrez au château et ne parlez de moi à personne. Adieu.

— Adieu ! dit Marguerite, vous à qui je ne sais quel nom donner.

— Nommez-moi votre frère.

— Adieu, mon frère.

— Oh ! ma sœur ! ma sœur ! s'écria Paul en la serrant convulsivement entre ses bras, tu es la première qui m'ait fait entendre une aussi douce parole. Dieu t'en récompensera.

La jeune fille, étonnée, se recula ; puis, revenant à Paul, elle lui tendit la main. Paul la serra une dernière fois, et Marguerite sortit. Alors, le jeune marin revint à la porte de communication et l'ouvrit.

— Et maintenant, vieillard, dit-il, conduis-moi à la tombe de mon père.

XI

Le lendemain du jour où Paul avait appris le secret de sa naissance, les habitants du château d'Auray se réveillèrent préoccupés plus que jamais des craintes et des espérances que leurs intérêts divers faisaient naître, car ce jour devait être pour tous un jour décisif. La marquise, que nos lecteurs connaissent maintenant pour une femme non point perverse et méchante, mais hautaine et inflexible, y voyait le terme de ses angoisses renouvelées chaque jour, car c'était surtout aux yeux de ses enfants qu'elle voulait conserver cette réputation sans tâche dont l'usurpation lui coûtait si cher. Pour elle, Lectoure était non-seulement un gendre convenable et portant un nom digne du sien, mais encore un homme ou plutôt un bon génie qui, du même coup, éloignait d'elle sa fille, qu'il emmenait comme épouse, et son fils, à qui le ministre, grâce à cette alliance, avait promis de donner un régiment. Une fois ces deux enfants partis, vienne le premier né, et le secret révélé n'avait pas d'écho. D'ailleurs, il y avait mille moyens de lui fermer la bouche. La fortune de la marquise était immense, et l'or était une de ces ressources qu'elle croyait en pareil cas d'un effet infaillible. Elle était donc ardente à cette union de toute la force de sa crainte : de sorte que, non-seulement elle secondait l'empressement de Lectoure, mais encore elle excitait celui d'Emmanuel. Pour celui-ci, las de vivre inconnu à Paris ou enterré en Bretagne, perdu au milieu de cette jeunesse élégante qui formait la maison du roi, ou relégué dans l'antique château de ses aïeux, en compagnie des vieux portraits de sa famille, il frappait avec empressement à cette porte dorée que promettait de lui ouvrir, à Versailles, son futur beau-frère.

Les chagrins et les larmes de sa sœur l'avaient bien affligé un instant, car il était ambitieux plus encore par la crainte de l'ennui qui l'attendait dans son manoir et par désir de parader à la tête d'un régiment, et de séduire l'esprit des femmes par la richesse et le bon goût de son uniforme, que par orgueil et sécheresse de cœur ; mais incapable lui-même d'une passion sérieuse, malgré les suites fatales que l'amour de sa sœur avaient eues, il regardait cet amour comme un attachement d'enfance que le tumulte et les plaisirs du monde effaceraient bientôt de sa mémoire, et il croyait être certain qu'un an ne se passerait pas sans qu'elle le remerciât la première d'avoir fait violence à ses sentiments. Quant à Marguerite, pauvre victime condamnée si irrévocablement à être immolée aux craintes de l'une et à l'ambition de l'autre, la scène de la veille avait laissé dans son esprit un souvenir profond ; elle ne pouvait se rendre compte du sentiment étrange qu'avait fait naître en elle ce beau jeune homme qui lui avait transmis les paroles de Lusignan, qui l'avait rassurée sur le sort du pauvre proscrit, et qui avait fini par la presser sur sa poitrine en l'appelant sa sœur. Une espérance vague et instinctive lui murmurait au cœur que cet homme, ainsi qu'il le lui avait dit, avait reçu de Dieu mission de la protéger ; mais, comme elle ignorait quel lien l'attachait à lui, quel secret le faisait maître de la volonté de sa mère, quelle influence enfin il pouvait exercer sur son avenir, elle n'osait s'arrêter à des idées de bonheur, habituée était, depuis six mois, à regarder la mort comme l'unique terme possible à ses malheurs. Le marquis seul, au milieu des diverses émotions qui palpitaient autour de lui, était resté dans son impassible et inerte indifférence, car pour lui le monde avait cessé de marcher depuis le jour terrible où sa raison s'était perdue ; constamment absorbé dans un seul souvenir, celui de ce duel mortel et sans témoin, murmurant pour toutes paroles celles qu'avait prononcées en lui faisant grâce, le comte de Morlaix, c'était un vieillard faible comme un enfant, à qui sa femme commandait d'un geste, et qui recevait de sa volonté froide et continue toutes les impulsions auxquelles obéissait, depuis vingt ans, l'instinct végétatif qui survivait en lui au libre arbitre et à la raison. Ce jour-là, cependant, une espèce de révolution avait été opérée dans ses habitudes. Un valet de chambre était entré dans son appartement et avait remplacé la marquise dans les soins de sa toilette ; on lui avait fait endosser son uniforme de mestre-de-camp, on l'avait revêtu des différents ordres dont il était décoré ; puis la marquise, lui mettant une plume à la main, lui avait ordonné de signer son nom comme par essai, et il avait obéi, passif et insouciant, sans se douter qu'il étudiait un rôle de bourreau.

Vers les trois heures du soir, une chaise de poste, dont le roulement avait retenti bien différemment dans le cœur de trois personnes qui l'attendaient, était entrée dans la cour du château. Emmanuel s'était empressé de courir au perron pour recevoir son futur beau-frère, car c'était lui qui arrivait. Lectoure descendit légèrement de sa voiture. Il s'était arrêté à la dernière poste pour faire sa toilette de présentation, de sorte qu'il arrivait dans toute l'élégance des dernières modes de la cour. Emmanuel sourit de cette précaution, car il était évident que Lectoure n'avait voulu perdre aucun des avantages de sa personne en se présentant dans un costume de voyage. Son habitude des femmes lui avait appris que presque toujours elles jugent au premier coup d'œil, et que rien n'efface l'impression bonne ou mauvaise qu'il a transmise à leur esprit ou à leur cœur. Au reste, justice sous ce rapport doit être rendue au baron : son aspect plein de grâce et d'élégance eût été dangereux pour toute femme dont le cœur n'eût point été prévenu pour un autre.

— Permettez, mon cher baron, dit Emmanuel en s'avançant vers lui, qu'en l'absence momentanée de ces dames, je vous fasse les honneurs du manoir de mes ancêtres. Voyez, continua-t-il en s'arrêtant au haut du perron, et en montrant du doigt les tourelles et les bastions, cela date de Philippe-Auguste comme architecture, et de Henri IV comme décoration.

— C'est, sur mon honneur, répondit le baron avec l'accent affecté qu'avaient adopté les jeunes gens de cette époque, une charmante forteresse, et qui répand à trois lieues à la ronde une odeur de baronnie à parfumer un fournisseur. Si jamais, continua-t-il en entrant dans le vestibule et de là dans une galerie ornée de chaque côté des portraits de la famille, il me prenait fantaisie d'entrer en rébellion contre Sa Majesté Très-Chrétienne, je vous prierais de me prêter ce bijou ; et, ajouta-t-il en levant les yeux vers cette longue file d'ancêtres qui se déroulait devant lui, et la garnison avec.

— Trente-trois quartiers ! je ne dirai pas en chair et en os, répondit Emmanuel, car il y a longtemps que tout cela n'est plus que poussière, mais en peinture, comme vous voyez. Cela commence à un chevalier Hugues d'Auray, qui accompagna le roi Louis VII à la croisade ; cela passe par ma tante Déborah, que vous voyez en costume de Judith, et cela vient définitivement aboutir, sans interruption dans la branche masculine, au dernier membre de cette illustre famille, votre très-humble et très-obéissant serviteur, Emmanuel d'Auray.

— C'est tout à fait respectable, et l'on ne peut pas plus authentique.

— Oui ; mais comme je ne me sens pas assez patriarche, reprit Emmanuel en passant devant le baron afin de lui montrer le chemin de sa chambre, pour perdre ma vie dans cette formidable société, j'espère, baron, que vous avez pensé à m'en tirer ?

— Sans doute, mon cher comte, répondit Lectoure en le suivant, je voulais même vous apporter votre commission, comme mon cadeau de noces. Je savais une lieutenance vacante aux dragons de la reine, et j'allais hier chez monsieur de Maurepas la solliciter pour vous, lorsque j'appris que la chose était accordée à la requête de /je ne sais quel amiral mystérieux, une espèce de corsaire, de pirate, d'être fantastique, que la reine a mis à la mode en lui donnant sa main à baiser, et que le roi a pris en affection parce qu'il a battu les Anglais, je ne sais où... De sorte que, pour cet exploit, Sa Majesté l'a décoré de l'ordre du Mérite militaire, et lui a donné une epée avec une garde en or, comme il aurait pu faire à quelqu'un de noblesse. Bref, c'est partie perdue de ce côté; mais, soyez tranquille, nous nous tournerons d'un autre.

— Très-bien, répondit Emmanuel. Peu m'importe l'arme; ce que je veux, c'est un grade qui aille à mon nom, une position qui cadre avec notre fortune.

— Parfaitement; vous les aurez.

— Et comment, dit Emmanuel changeant la conversation, comment vous êtes-vous tiré des mille engagements que vous deviez avoir?

— Mais, dit le baron avec un accent de laisser-aller qui n'appartenait qu'à cette classe privilégiée et en s'étendant sur une chaise longue, car il était enfin arrivé à l'appartement qui lui était destiné; mais, en racontant franchement la chose; j'ai annoncé, au jeu de la reine, que je me mariais.

— Ah! bon Dieu! mais c'est de l'héroïsme! surtout si vous avez avoué que vous preniez une femme au fond de la Basse-Bretagne.

— Je l'ai avoué.

— Et alors, dit Emmanuel en souriant, la compassion a fait place à la colère?

— Dame! vous comprenez, mon cher comte, dit Lectoure passant une jambe sur l'autre, et la balançant d'un mouvement régulier comme celui d'un pendule, nos femmes de la cour croient que le soleil se lève à Paris et se couche à Versailles. Tout le reste de la France, c'est pour elles de la Laponie, du Groënland, de la Nouvelle-Zemble! De sorte qu'on s'attend, vous l'avez dit, mon cher comte, à voir ramener, de mon voyage au pôle, quelque chose d'inconnu, avec des mains terribles et des pieds formidables! Heureusement que l'on se trompe, ajouta-t-il avec un accent moitié craintif, moitié interrogateur, n'est-ce pas, Emmanuel? et vous m'avez dit, au contraire, que votre sœur...

— Vous la verrez, répondit Emmanuel.

— Ce sera un grand désappointement pour cette pauvre madame de Chaulne. Enfin... il faudra bien qu'elle s'en console...

— Qu'est-ce?

Cette interrogation était motivée par la présence du valet de chambre d'Emmanuel, qui venait d'ouvrir la porte et se tenait debout sur le seuil, attendant, en domestique de bonne maison, que son maître lui adressât la parole.

— Qu'est-ce? répéta Emmanuel.

— Mademoiselle Marguerite d'Auray fait demander à monsieur le baron de Lectoure l'honneur d'un entretien particulier.

— A moi? dit Lectoure en se soulevant; mais avec le plus grand plaisir!

— Mais, non! c'est une erreur! s'écria Emmanuel. Vous vous trompez, Célestin.

— J'ai l'honneur d'assurer à monsieur le comte, répondit le valet de chambre en insistant, que je m'acquitte exactement et fidèlement de l'ordre qui m'a été donné.

— Impossible! dit Emmanuel, inquiet au plus haut degré de la démarche hasardée de sa sœur. Baron, si vous m'en croyez, envoyez promener cette petite folle.

— Pas du tout! pas du tout! répondit Lectoure en se levant. Qu'est-ce donc qu'un Barbe-Bleue de frère comme celui-là? Célestin!... N'est-ce pas Célestin que vous appelez ce garçon? — Emmanuel fit avec impatience un geste affirmatif. — Eh bien! Célestin, dites à ma belle fiancée que je suis à ses pieds, à ses genoux, et que je demande ses ordres pour l'attendre ou l'aller trouver. Tenez, voilà pour vos frais d'ambassade. — Il lui donna une bourse. — Et vous, comte, j'espère que vous aurez assez de confiance en moi pour me permettre le tête-à-tête.

— Mais c'est d'un ridicule achevé!

— Point! répondit Lectoure, c'est au contraire parfaitement convenable. Je ne suis pas une tête couronnée, moi,

pour épouser une femme sur un portrait et par procuration. Je désire la voir en personne. Allons, Emmanuel, continua le baron en poussant son ami vers une porte latérale afin qu'il ne rencontrât point sa sœur. Voyons, de vous à moi, est-ce qu'il y a.. difformité?

— Eh! non, pardieu! répondit le jeune comte; au contraire, elle est jolie comme un ange!

— Eh bien! alors, dit le baron, qu'est-ce que cela signifie? Voyons!... encore... faut-il que j'appelle mes gardes?

— Non; mais sur ma parole! j'ai peur que cette petite sotte, qui n'a aucune idée du monde, ne vienne détruire tout ce que nous avons arrêté.

— Oh! si ce n'est que cela, répondit Lectoure en ouvrant la porte, rassurez-vous. J'aime trop le frère pour ne point passer quelque caprice... quelque bizarrerie à la sœur, et je vous donne ma foi de gentilhomme qu'à moins que le diable ne s'en mêle, — et pour le moment, je l'espère, il est occupé dans une autre partie du monde, — mademoiselle Marguerite d'Auray sera, dans trois jours, madame la baronne de Lectoure, et que, dans un mois, vous aurez votre régiment.

Cette promesse parut rassurer quelque peu Emmanuel qui se laissa mettre à la porte sans faire plus de difficultés. Lectoure courut aussitôt à une glace pour réparer les légères traces de désordre qu'avaient apportées dans sa toilette les cahots des trois dernières lieues. Il venait à peine de faire reprendre à ses cheveux et à ses habits le tour et le pli convenables, lorsque la porte se rouvrit et que Célestin annonça:

— Mademoiselle Marguerite d'Auray!

Le baron se retourna et aperçut sa fiancée tremblante et pâle sur le seuil de la porte. Quelque espoir que lui eussent donné les promesses d'Emmanuel, il lui était resté au fond du cœur certains doutes, sinon sur la beauté, du moins sur la tournure et les manières de celle qui allait devenir sa femme. Son étonnement fut donc merveilleux lorsqu'il vit apparaître cette frêle et gracieuse créature, à qui la critique la plus sévère de la forme n'aurait pu reprocher qu'un peu de pâleur. Les mariages comme celui qu'allait contracter Lectoure n'étaient point rares dans un temps où les questions de rang et les convenances de fortune décidaient en général des alliances entre maisons nobles; mais ce qui devait se présenter à peine une fois sur mille, c'était, dans la position du baron, de trouver au fond d'une province, riche d'une fortune immense, une femme qu'au premier aspect il pouvait juger digne, à son maintien, son élégance et sa beauté, de figurer au milieu des cercles les plus brillants de la cour. Il s'avança donc vers elle, non plus avec cette supériorité d'un courtisan sur une provinciale, mais avec toute l'aisance respectueuse qui formait le cachet de la bonne compagnie de cette époque de transition.

— Pardon, mademoiselle, lui dit-il en lui offrant, pour la conduire à un fauteuil, une main qu'elle n'accepta pas, c'était à moi à solliciter la faveur que vous m'accordez, et la seule crainte d'être indiscret, croyez-le bien, me donne le tort apparent de m'être laissé prévenir.

— Je vous sais gré de cette délicatesse, monsieur le baron, répondit d'une voix tremblante Marguerite faisant un mouvement en arrière et restant debout, elle m'enhardit encore dans la confiance que, sans vous avoir vu, sans vous connaître, j'ai mise dans votre honneur et votre loyauté.

— Quelque but que se soit proposé cette confiance, elle m'honore, mademoiselle, et je tâcherai de m'en rendre digne; mais qu'avez-vous donc? mon Dieu!...

— Rien, monsieur, rien, répondit Marguerite en tâchant de comprimer son émotion; mais c'est que... ce que j'ai à vous dire... pardon... mais... je ne suis pas maîtresse...

Elle chancela; le baron s'élança vers elle et voulut la soutenir; mais à peine l'eut-il touchée, qu'une rougeur ardente passa comme une flamme sur les joues de la jeune fille, et qu'avec un sentiment qui pouvait appartenir aussi bien à la pudeur qu'à la répugnance, elle se dégagea de ses bras. Lectoure lui avait pris la main, et il la conduisit à un fauteuil contre lequel elle s'appuya, ne voulant point s'y asseoir.

— Bon Dieu ! dit le baron retenant toujours la main dont il s'était emparé ; mais c'est donc une chose bien difficile à dire que celle qui vous amène ? ou bien, sans m'en douter, mon titre de fiancé me donnerait-il déjà l'air imposant d'un mari ?

Marguerite fit un nouveau mouvement pour dégager sa main de celle de Lectoure, ce qui força celui-ci d'y porter les yeux.

— Comment ! s'écria-t-il, ce n'est point assez d'une figure adorable, d'une taille de fée ! des mains charmantes !... des mains royales ! mais c'est vouloir que j'en meure !

— J'espère, monsieur le baron, dit Marguerite faisant un dernier effort en retirant sa main, que les paroles que vous m'adressez sont des paroles de pure galanterie.

— Non, sur mon âme ! répondit Lectoure, c'est la vérité tout entière.

— Eh bien ! j'espère, monsieur, qu'alors même, ce dont je doute, que vous penseriez ce que vous croyez devoir me dire, ce ne seraient point de pareils motifs qui vous feraient attacher un plus grand prix à l'union projetée entre nous.

— Mais si fait ! je vous jure.

— Et cependant, continua Marguerite en reprenant haleine, tant sa poitrine était oppressée, cependant, monsieur, vous regardez le mariage comme une chose... sérieuse.

— C'est selon, répondit en souriant Lectoure ; si j'épousais une douairière, par exemple...

— Enfin, répondit Marguerite avec un accent plus résolu, pardon, monsieur, si je me suis trompée, j'ai pensé que parfois d'avance vous vous étiez fait, peut-être, sur l'alliance proposée entre nous, des idées de réciprocité de sentiments.

— Jamais ! interrompit Lectoure qui semblait mettre autant de soin à éviter une explication franche et désirée que Marguerite mettait d'insistance à la provoquer ; jamais ! non, depuis que je vous ai vue surtout, je n'ai point espéré être digne de votre amour ; et, cependant, mon nom, ma position sociale, à défaut d'influence sur votre cœur, peuvent me donner des droits à votre main.

— Mais comment, monsieur, dit Marguerite avec crainte, comment séparez-vous donc l'un de l'autre ?

— Comme font les trois quarts de ceux qui se marient, mademoiselle, répondit Lectoure avec un laisser-aller qui eût arrêté à l'instant la confidence sur les lèvres d'une femme moins candide que Marguerite. On épouse, l'homme pour avoir une femme, la femme pour avoir un mari ; c'est une position, un arrangement social. Que voulez-vous, mademoiselle, que le sentiment et l'amour aient à faire dans tout cela ?

— Pardon, je m'explique peut-être mal, continua Marguerite se faisant violence à elle-même afin de cacher aux yeux de l'homme de qui dépendait son avenir l'impression douloureuse que lui faisaient ses paroles ; mais il faut attribuer mon hésitation, monsieur, à la timidité d'une jeune fille forcée par des circonstances impérieuses à parler d'un pareil sujet.

— Point ! répondit Lectoure, en s'inclinant et en donnant à sa voix un accent qui touchait à la raillerie ; au contraire, mademoiselle, vous parlez comme Clarisse Harlowe, et c'est clair comme le jour. Dieu m'a fait l'esprit assez subtil pour que, croyez-moi, je comprenne à merveille même ce que l'on ne me dit qu'à demi-mot.

— Comment, monsieur, s'écria Marguerite, vous comprenez ce que j'ai voulu vous dire et vous me laissez continuer ! Comment, si, en descendant au fond de mon cœur,

si, en interrogeant mes sentiments, j'y voyais l'impossibilité d'aimer... jamais... celui que l'on me présente pour mari...

— Eh bien ! mais, répondit Lectoure avec le même accent, il ne faudrait pas le lui dire.

— Et pourquoi cela, monsieur ?

— Parce que... mais... parce que... parce que ce serait trop naïf.

— Et si cet aveu, je ne le faisais point par naïveté, monsieur ; si je le faisais par délicatesse? Si j'ajoutais... et que la honte de cet aveu retombe sur ceux qui me forcent à le faire ! si j'ajoutais, monsieur, que... j'ai aimé... que j'aime encore !

— Oh ! quelque petit cousin, n'est-ce pas ? dit négligemment Lectoure croisant une jambe sur l'autre et jouant avec son jabot. C'est une race maudite, ma parole d'honneur ! que ces petits cousins. Mais heureusement on sait ce que c'est que de pareils attachements, et il n'y a pas une pensionnaire qui, à la fin des vacances, ne rentre au couvent avec une passion dans le cœur.

— Malheureusement pour moi, répondit Marguerite d'une voix aussi triste et aussi grave que celle de son interlocuteur était railleuse et légère, malheureusement je ne suis plus une pensionnaire, monsieur, et, quoique jeune encore, j'ai depuis longtemps passé l'âge des jeux puérils et des attachements enfantins. Lorsque je parle à l'homme qui me fait l'honneur de solliciter ma main et de m'offrir son nom, de mon amour pour un autre, il doit penser que je lui parle d'un amour grave, profond, éternel ! d'un de ces amours enfin qui laissent leur trace dans le cœur et creusent leur passage dans la vie.

— Diable ! fit Lectoure comme s'il commençait à donner plus d'importance à la révélation ; mais c'est de la bergerie, cela ! Voyons. Est-ce un jeune homme que l'on puisse recevoir ?

— Oh ! monsieur, s'écria Marguerite se reprenant à l'espoir que semblaient lui donner ces paroles ; oh ! croyez-moi bien, c'est l'être le meilleur, l'âme la plus dévouée !

— Mais je ne vous demande pas cela, et je ne parle pas des qualités du cœur. Il les a toutes, c'est convenu. Je vous demande s'il est de noblesse, s'il est de race, si une femme comme il faut peut l'avouer enfin, et cela sans faire tort à son mari.

— Son père, qu'il a perdu encore jeune, et qui était un ami d'enfance de mon père, était conseiller à la cour de Rennes.

— Noblesse de robe ! murmura Lectoure en laissant tomber la lèvre inférieure en signe de mépris. J'aimerais mieux autre chose. Est-il chevalier de Malte, au moins ?

— Il se destinait aux armes.

— Eh bien ! alors, on lui aura un régiment pour lui faire une position. Voilà qui est arrangé. C'est bien. Écoutez. Il laissera passer six mois pour les convenances, obtiendra un congé, ce qui ne sera pas difficile, puisque nous n'avons pas de guerre, se fera présenter chez vous par un ami commun, et tout sera dit.

— Je ne vous comprends pas, monsieur, répondit Marguerite en regardant le baron avec l'expression d'un profond étonnement.

— C'est pourtant limpide ce que je vous dis, reprit celui-ci avec quelque impatience. Vous avez des engagements de votre côté, j'en ai du mien, cela ne doit pas empêcher de s'accomplir une union convenable sous tous les rapports ; et une fois accomplie, eh bien ! mais il me semble qu'il faut la rendre tolérable. Comprenez-vous, enfin ?

— Oh ! pardon, pardon, monsieur ! s'écria Marguerite en reculant devant ces paroles comme si elles eussent eu une main pour la repousser. J'ai été bien imprudente, bien coupable peut-être ; mais, tenu que j'étais enfin, je ne croyais pas encore mériter une pareille injure ! Oh !...

monsieur... le rouge de la honte me brûle le visage, plus encore pour vous que pour moi. Oui, je comprends. Un amour apparent et un amour caché ! le visage du vice et le masque de la vertu ! Et c'est à moi, à moi, la fille de la marquise d'Auray, que l'on propose ce marché honteux, avilissant, infâme ! Oh ! continua-t-elle en se laissant tomber dans un fauteuil et en se cachant le visage entre ses mains, il faut donc que je sois une créature bien malheureuse, bien méprisable et bien perdue ! Oh ! mon Dieu ! mon Dieu !

— Emmanuel ! Emmanuel ! dit le baron ouvrant la porte derrière laquelle il se doutait qu'était resté le frère de Marguerite. Eh ? venez donc, mon cher, votre sœur a des spasmes ! il faut faire attention à ces choses, ou elles deviennent chroniques !... Madame de Meulan en est morte !... Tenez, comte, voilà mon flacon, faites-le lui respirer ; quant à moi, je descends dans le parc. Si vous n'avez rien à faire, venez m'y joindre, et donnez-moi, je vous prie, des nouvelles de votre sœur.

A ces mots, le baron de Lectoure sortit avec une aisance miraculeuse, laissant Marguerite et Emmanuel en face l'un de l'autre.

XII

Le même jour où avait lieu l'entrevue de Marguerite et de Lectoure, entrevue dont nous avons raconté les détails et qui eut un résultat tout contraire à celui qu'avait espéré la jeune fille, ce jour-là même, à quatre heures, la cloche du dîner rappela le baron au château. Emmanuel faisait les honneurs de la table, car la marquise était restée auprès de son mari, et Marguerite avait demandé la permission de ne pas descendre. Les autres convives étaient le notaire, les parents et les témoins. Le repas fut triste, malgré l'imperturbable entrain de Lectoure ; mais il était visible que, par cette joyeuse humeur, si active qu'elle ressemblait à une fièvre, il avait l'intention de s'étourdir lui-même. De temps en temps, en effet, cette âcre gaieté tombait tout à coup comme s'éteint une lampe à laquelle l'huile fait défaut ; puis elle jaillissait de nouveau, jetant des lueurs plus vives, comme fait la flamme lorsqu'elle dévore son dernier aliment. A sept heures on se leva pour passer dans le salon.

Il est difficile de se faire une idée de l'aspect étrange que présentait ce vieux château, dont les vastes appartements étaient tendus d'étoffes de damas aux dessins gothiques, et garnis de meubles du temps de Louis XIII ; fermés qu'ils avaient été depuis si longtemps, ils semblaient s'être déshabitués de la vie. Aussi, malgré le luxe de lumières que les valets avaient déployé, la lueur faible et tremblante des bougies était insuffisante à ces chambres immenses dont tous les rentrants restaient sombres, et dans lesquelles la voix retentissait comme sous les arceaux d'une cathédrale. Le petit nombre des convives, auxquels devaient se joindre à peine, dans la soirée, trois ou quatre gentilshommes des environs, augmentait encore la tristesse qui semblait planer sous les voûtes blasonnées du vieux manoir. Au centre de l'un des salons, celui-là même où Emmanuel, au moment de son arrivée à Paris, avait reçu la veille le capitaine Paul, une table s'élevait, solennellement préparée, supportant un portefeuille fermé, qui, aux yeux d'un étranger ignorant ce qui se préparait, pouvait aussi bien renfermer une sentence de mort qu'un contrat de mariage. Au milieu de ces aspects tristes et de ces impressions sombres, de temps en temps un éclat de rire moqueur, strident, arrivait à un groupe de personnes parlant bas ; c'était Lectoure qui s'amusait aux dépens de quelque honnête campagnard, sans pitié pour Emmanuel sur qui retombait en quelque sorte une partie de la raillerie. Parfois cependant, le fiancé regardait avec anxiété d'une extrémité à l'autre de l'appartement ; puis tout à coup un nuage rapide passait sur son front, car il ne voyait paraître ni son beau-père, ni la marquise, ni Marguerite. Les deux premiers, comme nous l'avons dit, n'étaient point descendus au dîner, et son entrevue d'un instant avec la dernière ne l'avait pas, tout insoucieux qu'il s'efforçait de paraître, laissé sans inquiétude sur ce qui se passerait à la signature du contrat qui devait avoir lieu dans la soirée.

Emmanuel n'était pas non plus exempt de quelques craintes, et il venait de se décider à monter chez sa sœur, lorsqu'en passant dans sa chambre il croisa Lectoure qui l'appela d'un signe de la main.

— Pardieu ! vous nous arrivez à merveille, mon cher comte, lui dit-il tout en ayant l'air de prêter une attention profonde à ce que lui racontait un brave gentilhomme avec lequel il paraissait dans les termes d'une parfaite amitié. Voilà monsieur de Nozay qui me raconte une chose fort curieuse, sur ma parole ! Mais savez-vous, continua-t-il en se retournant vers le narrateur, que c'est une chasse charmante et tout à fait de bonne compagnie ! Moi aussi j'ai des marais et des étangs ; il faudra que je demande à mon intendant, en arrivant à Paris, où tout cela est situé. Et prenez-vous beaucoup de canards de cette manière ?

— Immensément ! répondit le gentilhomme avec un accent de parfaite bonhomie qui prouvait que Lectoure pouvait sans inconvénient soutenir la conversation quelque temps encore sur le même ton.

— Qu'est-ce donc, dit Emmanuel, que cette chasse miraculeuse ?

— Imaginez-vous, mon cher, reprit Lectoure avec le plus grand sang-froid, que monsieur se met dans l'eau jusqu'au cou.

— A quelle époque, sans indiscrétion ?

— Mais, répondit le gentilhomme, au mois de décembre ou de janvier.

— C'est on ne peut plus pittoresque. Je disais donc que monsieur se met dans l'eau jusqu'au cou, se coiffe la tête d'un potiron et se faufile dans les roseaux. Cela le change au point que les canards ne le reconnaissent aucunement et le laissent approcher à portée. N'est-ce point cela ?

— Comme d'ici à vous.

— Bah ! vraiment ? s'écria Emmanuel.

— Et monsieur en tue autant qu'il veut, continua Lectoure.

— Des douzaines ! reprit le gentilhomme, enchanté de l'attention que les deux jeunes gens lui prêtaient.

— Cela doit faire grand plaisir à votre femme, si elle aime les canards, dit Emmanuel.

— Elle les adore, répondit monsieur de Nozay.

— J'espère que vous me ferez l'honneur de me présenter à une personne si intéressante, reprit en s'inclinant Lectoure.

— Comment donc, monsieur le baron !

— Je vous jure que, de retour à Versailles, la première chose que je ferai sera de parler de cette chasse au petit lever, et je suis convaincu que Sa Majesté en fera l'essai dans les pièces d'eau des Suisses.

— Pardon, cher baron, dit Emmanuel en prenant le bras de Lectoure et en se penchant à son oreille ; mais c'est un voisin de campagne qu'il était impossible de ne pas recevoir dans une solennité comme celle-ci.

— Comment donc ! répondit Lectoure en employant la même précaution pour ne pas être entendu de celui dont il était question : mais vous auriez eu grand tort de m'en priver. Il entre de droit dans la dot de ma future épouse, et j'aurais été désolé de ne pas faire sa connaissance.

— Monsieur de Lajarry ! annonça le domestique.

— Un compagnon de chasse ? dit Lectoure.

— Non, répondit monsieur de Nozay, c'est un voyageur.

— Ah ! ah ! fit Lectoure avec un accent qui annonçait que le nouveau venu n'avait que juste le temps de se mettre en garde. A peine cette exclamation fut-elle échappée, que le nouveau venu entra, revêtu d'une polonaise garnie de fourrures.

— Eh ! mon cher Lajarry, s'écria Emmanuel en allant au devant de lui et en lui donnant la main, comme vous voilà garni ! Sur mon honneur ! vous avez l'air du czar Pierre.

— C'est que, répondit Lajarry en frissonnant, quoiqu'il ne fît pas autrement froid, voyez-vous, mon cher comte, lorsqu'on arrive de Naples, prrrrou !

— Ah ! monsieur arrive de Naples ! dit Lectoure en se mêlant à la conversation.

— En droiture, monsieur.

— Monsieur est monté sur le Vésuve.

— Non : je me suis contenté de le regarder de ma fenêtre. Et puis, continua le gentilhomme voyageur avec un accent de mépris très-humiliant pour le volcan, ce n'est pas ce qu'il y a de plus curieux à Naples, le Vésuve ! Une montagne qui fume ! Ma cheminée en fait autant quand le vent vient de Belle-Isle. Et puis madame Lajarry avait une peur effroyable des éruptions !

— Mais vous avez visité la *Grotte du Chien* ? continua Lectoure.

— Pour quoi faire ? reprit Lajarry ; pour voir une bête qui a des vapeurs ! donnez des boulettes au premier caniche qui passe, il en fera autant. Et puis madame Lajarry a la passion des chiens, et cela lui aurait fait de la peine.

— J'espère au moins, dit Emmanuel en s'inclinant, qu'un savant comme vous n'aura pas négligé le Solfatare ?

— Moi ! je n'y ai pas mis le pied ! je me figure pardieu bien ce que c'est que trois ou quatre arpents de soufre, qui ne rapportent absolument rien que des allumettes ! D'ailleurs madame Lajarry ne peut pas sentir l'odeur du soufre.

— Comment trouvez-vous celui-là ? dit Emmanuel conduisant Lectoure dans la salle du contrat.

— Je ne sais si c'est parce que j'ai eu l'autre le premier, répondit Lectoure, mais je le préfère.

— Monsieur Paul ! annonça tout à coup le domestique.

— Hein ! fit Emmanuel en se retournant.

— Qu'est-ce ! dit Lectoure en se dandinant. Encore un voisin de campagne ?

— Non ; celui-là, c'est autre chose ! répondit Emmanuel avec inquiétude. Comment cet homme ose-t-il se présenter ici !

— Ah ! ah !... roturier, hein ? vilain, n'est-ce pas ?... mais riche ? Non ? Poète ?... musicien ?... peintre ?... Eh bien ! je vous assure, Emmanuel, que l'on commence à recevoir cette espèce. La philosophie maudite a tout confondu. Que voulez-vous, mon cher, il faut en prendre bravement son parti. On est arrivé là. Un artiste s'assied près d'un grand seigneur, le coudoie, le salue du coin du chapeau, reste sur son siège quand ils parlent ensemble des choses de la cour, ils ricanent, ils plaisantent, ils chamaillent. C'est un mauvais goût de très-bon ton.

— Vous vous trompez, Lectoure, répondit Emmanuel ; ce n'est ni un poète, ni un peintre, ni un musicien, c'est un homme à qui je dois parler seul. Écartez donc Nozay, tandis que j'écarterai Lajarry.

A ces mots, les deux jeunes gens prirent chacun le bras d'un des deux campagnards, et s'éloignèrent en parlant chasse et voyages. A peine les portes latérales s'étaient-elles refermées derrière eux, que Paul parut à celle du milieu.

Il entra dans cette chambre qu'il connaissait déjà, et dont chaque angle cachait une porte, l'une donnant dans la bibliothèque et l'autre dans le cabinet où il avait attendu, lors de sa première visite, le résultat de la conférence entre Marguerite et Emmanuel. Puis, s'approchant de la table, il resta un instant debout, regardant alternativement ces deux portes, comme s'il se fût attendu à voir ouvrir l'une ou l'autre. Son espérance ne fut pas trompée. Au bout d'un instant, celle de la bibliothèque s'entr'ouvrit, et il aperçut dans l'ombre une forme blanche. Il s'élança vers elle.

— Est-ce vous, Marguerite ? lui dit-il.

— Oui, répondit une voix tremblante.

— Eh bien ?

— Je lui ai tout dit.

— Et ?

— Et dans dix minutes on signe le contrat !

— Je m'en doutais : c'est un misérable !

— Que faire ? s'écria la jeune fille.

— Du courage, Marguerite !

— Du courage ? Oh ! je n'en ai plus.

— Voilà qui vous en rendra, lui dit Paul en lui remettant un billet.

— Que contient cette lettre ?

— Le nom du village où vous attend votre fils et le nom de la femme chez qui on l'a caché.

— Mon fils !... Oh ! vous êtes donc un ange ! s'écria Marguerite, essayant de baiser la main qui lui tendait le papier.

— Silence ! on vient, dit Paul. Quelque chose qui arrive, vous me trouverez chez Achard.

Marguerite referma vivement la porte sans lui répondre, car elle avait reconnu le bruit des pas de son frère. Paul se retourna et marcha à sa rencontre ; les deux jeunes gens se joignirent près de la table.

— Je vous attendais à une autre heure, monsieur, et devant plus nombreuse compagnie, dit Emmanuel, rompant le premier le silence.

— Mais nous sommes seuls, ce me semble, répondit Paul en jetant les yeux autour de lui.

— Oui, mais c'est ici que l'on signe le contrat, et dans un instant le salon sera plein.

— On dit bien des choses en un instant, monsieur le comte !

— Vous avez raison, répondit Emmanuel ; mais il faut rencontrer un homme qui n'ait pas besoin de plus d'un instant pour le comprendre.

— J'écoute, dit Paul.

— Vous m'avez parlé des lettres, continua Emmanuel se rapprochant encore de son interlocuteur et baissant la voix.

— C'est vrai, répondit Paul avec le même calme.

— Vous avez fixé un prix à ces lettres ?

— C'est encore vrai.

— Eh bien ! si vous êtes homme d'honneur, pour cette somme renfermée dans ce portefeuille vous devez être prêt à me les rendre.

— Oui, répondit Paul, oui, monsieur ; il en était ainsi tant que j'ai cru que votre sœur, oubliant les serments faits, la faute commise et jusqu'à l'enfant qu'elle avait mis au jour, secondait votre ambition de son parjure. Alors je pensai que c'était un baptême de larmes assez amer d'entrer dans le monde sans nom et sans famille, pour ne pas du moins y entrer sans fortune. Et je vous avais demandé, il est vrai, cette somme en échange de ces lettres. Mais aujourd'hui la position est changée, monsieur. J'ai vu votre sœur se jeter à vos genoux, je l'ai entendue vous supplier de ne point la forcer à ce mariage infâme, et ni prières, ni supplications, ni larmes n'ont eu de pouvoir sur votre cœur. C'est donc aujourd'hui à moi, qui tiens votre honneur et celui de votre famille entre mes mains, c'est donc à moi de sauver la mère du désespoir, comme je voulais sauver l'enfant de la misère. Ces lettres, monsieur, vous seront remises lorsque, sur cette table, au lieu du contrat de mariage de votre sœur avec le baron de Leccoure, nous signerons celui de mademoiselle Marguerite d'Auray avec monsieur Anatole de Lusignan.

— Jamais, monsieur, jamais.

— Vous ne les aurez cependant qu'à cette condition, comte.

— Oh! peut-être y a-t-il bien quelque moyen de vous forcer à les rendre.

— Je n'en connais pas, répondit froidement Paul.

— Voulez-vous me rendre ces lettres, monsieur?

— Comte, dit Paul regardant Emmanuel avec une ex-pression de physionomie inexplicable pour le jeune homme, comte, écoutez-moi.

— Voulez-vous me rendre ces lettres, monsieur?

— Comte...

— Oui, ou non!

— Deux mots...

— Oui, ou non!

— Non, dit froidement Paul.

— Eh bien! monsieur, vous avez votre épée au côté, comme moi la mienne; nous sommes gentilshommes tous

Oh! continua-t-elle en se laissant tomber dans un fauteuil. — PAGE 30.

deux, ou je veux bien croire que vous l'êtes. Sortons, monsieur, sortons; que l'un de nous deux rentre seul, et que celui-là, libre et fort de la mort de l'autre, fasse alors ce qu'il voudra.

— Je regrette de ne pouvoir accepter l'offre, monsieur le comte.

— Comment! vous avez sur le corps cet uniforme, au cou cette croix, au côté cette épée, et vous refusez un duel!

— Oui, Emmanuel, je le refuse.

— Et pourquoi cela?

— Parce que je ne puis me battre avec vous, comte. Croyez ce que je vous dis.

— Vous ne pouvez vous battre avec moi?

— Sur l'honneur!

— Vous ne pouvez vous battre avec moi, dites-vous?

En ce moment un éclat de rire se fit entendre derrière les deux jeunes gens; Paul et Emmanuel se retournèrent; Lectoure était derrière eux.

— Mais, continua Paul en étendant la main vers le baron, je puis me battre avec monsieur, qui est un misérable et un infâme!

Une rougeur brûlante passa sur le visage de Lectoure comme le reflet d'une flamme. Il fit un mouvement pour marcher à Paul, puis il s'arrêta.

— C'est bien, monsieur, lui dit-il, envoyez votre témoin à Emmanuel; ils arrangeront toute l'affaire.

— Vous comprenez que ce n'est entre nous que partie remise, dit Emmanuel.

— Silence! répondit Paul, on annonce votre mère.

— Oui, silence, et à demain! Lectoure, ajouta Emmanuel, allons au devant de ma mère.

Paul regarda en silence s'éloigner ces deux jeunes gens, puis il rentra dans le cabinet qu'il connaissait déjà pour s'y être enfermé une première fois.

XIII

Au moment où le capitaine Paul entrait dans le cabinet, la marquise se présentait à la porte du salon, suivie du notaire et des différentes personnes invitées à la signature du contrat. Quelque solennelle que fût la circonstance, la marquise n'avait pas cru devoir renoncer à ses habits de deuil, et, vêtue de noir comme d'habitude, elle précédait de quelques instants le marquis, qu'aucun de ceux qui se trouvaient là, même son fils, n'avait vu depuis des années. Telle était la puissance des traditions de l'étiquette, que la marquise n'avait point voulu que l'on signât le contrat de sa fille sans que le chef de la famille, tout insensé qu'il était, présidât à cette cérémonie. Quelque peu disposé que fût Lectoure à se laisser intimider, la marquise produisit sur lui son effet habituel, et, la voyant entrer si grave et si digne, il s'inclina avec un sentiment de profond respect.

— Je suis reconnaissante, messieurs, dit la marquise en saluant ceux qui l'accompagnaient, de l'honneur que vous voulez bien me faire en assistant aux fiançailles de mademoiselle Marguerite d'Auray avec monsieur le baron de Lectoure. Aussi ai-je désiré que le marquis, tout souffrant qu'il est, assistât à cette réunion et vous remerciât, du moins par sa présence, s'il ne peut le faire par ses paroles. Vous connaissez sa situation, vous ne vous étonnerez donc point si quelques mots sans suite...

— Oui, madame, interrompit Lectoure, nous savons le malheur qui l'a frappé, et nous admirons la femme dévouée qui, depuis vingt ans, supporte la moitié de ce malheur.

— Vous le voyez, madame, dit Emmanuel en s'approchant à son tour et baisant la main de sa mère, tout le monde est à genoux devant votre piété conjugale.

— Où est Marguerite? murmura la marquise à demi-voix.

— Elle était là il n'y a qu'un instant, répondit Emmanuel.

— Faites-la prévenir, continua la marquise sur le même ton.

— Le marquis d'Auray! annonça alors le domestique.

Chacun s'écarta de manière à démasquer la porte, et tous les yeux se tournèrent du côté où ce nouveau personnage devait apparaître. Cette curiosité ne tarda point à être satisfaite; le marquis s'avança presque aussitôt, soutenu par deux domestiques.

C'était un vieillard dont la figure, malgré les traces de souffrances qui l'avaient sillonnée, conservait encore l'aspect de noblesse et de dignité qui en avait fait un des hommes les plus distingués de la cour. Ses grands yeux caves et fiévreux se promenaient sur toute l'assemblée avec une expression étrange d'étonnement. Il avait son costume de mestre-de-camp, l'ordre du Saint-Esprit au cou, et celui de Saint-Louis à sa boutonnière. Il s'avança lentement, sans prononcer une parole. Les deux valets le conduisirent, au milieu d'un profond silence, vers un fauteuil sur lequel il s'assit; après quoi ils se retirèrent. La marquise se plaça à sa droite. Le notaire tira le contrat du portefeuille et le lut à haute voix. Le marquis et la marquise reconnaissaient cinq cent mille francs à Lectoure, et constituaient en dot la même somme à Marguerite.

Pendant toute cette lecture, la marquise, malgré son ap-

parente impassibilité, avait donné quelques marques d'inquiétude. Enfin, comme le notaire reposait le contrat sur la table, Emmanuel rentra et se rapprocha de sa mère:

— Et Marguerite? dit la marquise.

— Elle me suit, répondit Emmanuel.

— Madame! murmura Marguerite entr'ouvrant la porte et en joignant les mains.

La marquise fit semblant de ne pas l'entendre, et montrant du doigt la plume:

— A vous, monsieur le baron, dit-elle.

Lectoure s'approcha de la table, prit la plume et signa.

— Madame! dit une seconde fois Marguerite d'une voix suppliante et faisant un pas vers sa mère.

— Passez la plume à votre fiancée, monsieur de Lectoure, dit la marquise.

Le baron fit le tour de la table et s'approcha de Marguerite.

— Madame! dit une troisième fois celle-ci avec un accent de voix si plein de larmes, qu'il retentit jusqu'au fond de tous les cœurs et que le marquis lui-même leva la tête.

— Signez, dit la marquise en indiquant du doigt le contrat de mariage.

— Oh! mon père! mon père! s'écria Marguerite en se jetant aux pieds du marquis.

— Que faites-vous? dit la marquise s'appuyant sur le bras du fauteuil de son mari et se penchant devant lui. Etes-vous folle, mademoiselle?

— Mon père! mon père! dit Marguerite entourant le marquis de ses bras; mon père, prenez pitié de moi!... mon père, sauvez votre fille!

— Marguerite! murmura la marquise avec un accent terrible de menace.

— Madame, répondit celle-ci, je ne puis m'adresser à vous. Laissez-moi donc implorer mon père. A moins, continua-t-elle en montrant le notaire avec un geste ferme et décidé, que vous n'aimiez mieux que j'invoque la loi.

— Allons, dit la marquise en se relevant et avec un accent d'amère ironie, c'est une scène de famille, et ces sortes de choses, fort attendrissantes pour les grands parents, sont en général assez fastidieuses aux étrangers. Messieurs, vous trouverez des rafraîchissements dans les chambres voisines. Mon fils, faites les honneurs. Monsieur le baron, pardonnez...

Emmanuel et Lectoure s'inclinèrent en silence et se retirèrent, suivis de toute l'assemblée. La marquise demeura immobile jusqu'à ce que le dernier assistant fût éloigné, puis elle alla fermer les portes, et revenant près du marquis que Marguerite tenait toujours embrassé:

— Maintenant, dit-elle, qu'il n'y a plus ici que ceux qui ont le droit de vous donner des ordres, signez ou sortez, mademoiselle.

— Par pitié, madame, par pitié! dit Marguerite, n'exigez pas de moi cette infamie!

— Ne m'avez-vous pas entendue? dit la marquise donnant à sa voix un accent impératif auquel il semblait impossible que l'on pût résister, et faut-il que je le répète? Signez ou sortez!

— Oh! mon père! mon père! s'écria Marguerite; grâce pour moi! grâce! Non, non, il ne sera pas dit que, depuis dix ans que je n'ai vu mon père, on m'arrachera de ses bras au moment où je le revois! et cela sans qu'il m'ait reconnue, sans qu'il m'ait embrassée! Mon père! c'est moi... c'est votre fille!...

— Qu'est-ce que cette voix qui m'implore? murmura le marquis. Qu'est-ce que cette enfant qui m'appelle son père?

— Cette voix, dit la marquise saisissant le bras de sa fille, c'est une voix qui s'élève contre les droits de la nature! Cette enfant, c'est une fille rebelle!

— Mon père, s'écria Marguerite, regardez-moi!... sauvez-moi!... défendez-moi!... Je suis Marguerite!

— Marguerite?... Marguerite?... balbutia le marquis, j'ai eu autrefois un enfant de ce nom.

— C'est moi !... c'est moi !... reprit Marguerite ; c'est moi qui suis votre enfant ! c'est moi qui suis votre fille !

— Il n'y a d'enfants que ceux qui obéissent ! dit la marquise. Obéissez, et vous aurez le droit de dire que vous êtes notre fille.

— Oh ! à vous, mon père !... oui, à vous, je suis prête à obéir. Mais vous ne l'ordonnez pas, vous !... Vous ne voulez pas que je sois malheureuse !... malheureuse à désespérer !... malheureuse à mourir !

— Viens ! viens ! dit le marquis, la retenant et la pressant à son tour dans ses bras. Oh ! c'est une sensation inconnue et délicieuse que celle que j'éprouve ! Et maintenant... attends !... attends !... Il porta la main à son front. Il me semble que je me souviens !

— Monsieur, s'écria la marquise, dites-lui qu'elle doit obéir, que Dieu maudit les enfants rebelles, dites-lui cela plutôt que de l'encourager dans son impiété !

Le marquis releva lentement la tête et fixa ses yeux ardents sur sa femme ; puis d'une voix lente :

— Prenez garde, madame, lui dit-il, prenez garde ! Ne vous ai-je pas dit que je commençais à me souvenir ? Puis, laissant retomber son front sur celui de Marguerite, de manière à ce que ses cheveux blancs se mêlassent aux cheveux noirs de la jeune fille : Parle ! parle ! continua-t-il. Qu'as-tu, mon enfant ? dis-moi cela.

— Oh ! je suis bien malheureuse !

— Tout le monde est donc malheureux ici ! s'écria le marquis. Cheveux noirs et cheveux blancs !... enfant et vieillard !... Oh ! moi aussi, moi aussi... je suis bien malheureux, va !

— Monsieur, remontez dans votre appartement ! il le faut, dit la marquise.

— Oui, pour que je me retrouve encore face à face avec vous !... enfermé comme un prisonnier !... C'est bon quand je suis fou, madame !

— Oui, oui, mon père, vous avez raison, il y a bien assez longtemps que ma mère se dévoue. Il est temps que ce soit votre fille. Mon père, prenez-moi, je ne vous quitterai ni jour ni nuit. Vous n'aurez qu'à faire un geste, qu'à dire une parole : je vous servirai à genoux !...

— Oh ! tu n'aurais pas le courage de le faire !

— Si, mon père ; si ! je le ferai. Aussi vrai que je suis votre fille !

La marquise se tordit les bras d'impatience.

— Si tu es ma fille, reprit le marquis, pourquoi, depuis dix ans, ne t'ai-je pas vue !

— Parce qu'on m'a dit que vous ne vouliez pas me voir, mon père ; parce qu'on m'a dit que vous ne m'aimiez pas.

— On t'a dit que je ne voulais pas te voir, figure d'ange ! s'écria le marquis lui prenant la tête entre les mains et la regardant avec amour ; on t'a dit cela ! on t'a dit qu'un pauvre damné ne voulait pas du ciel ! Eh ! qui donc a dit qu'un père ne voulait pas voir sa fille ? qui donc a osé dire à un enfant : « Enfant, ton père ne t'aime pas ! »

— Moi, dit la marquise en essayant une dernière fois d'arracher Marguerite des bras de son père.

— Vous ! interrompit le marquis ; c'est vous ! Mais vous avez donc reçu la mission fatale de me tromper dans toutes mes affections ! Il faut donc que toutes mes douleurs prennent leur source en vous ! il faut donc que vous brisiez aujourd'hui le cœur du père comme vous avez brisé il y a vingt ans le cœur de l'époux !

— Vous délirez, monsieur, dit la marquise, lâchant sa fille et passant à la droite du marquis. Taisez-vous, taisez-vous !

— Non, madame, non, je ne délire pas ! répondit le marquis ; non !... non !... dites plutôt... dites, et ce sera la vérité, dites que je suis entre un ange qui veut me rappeler à la raison et un démon qui veut me rendre à la folie ! Non ! je ne suis plus insensé !... faut-il que je vous la

prouve ? Il se souleva en appuyant les mains sur les bras de son fauteuil. Faut-il que je vous parle de lettres ! d'adultère ? de duel ?

— Je vous dis, répondit la marquise en lui saisissant le bras, je vous dis que vous êtes plus abandonné de Dieu que jamais, lorsque vous dites de pareilles choses, sans songer aux oreilles qui nous écoutent !... Baissez les yeux, monsieur ; regardez qui est là, et osez dire que vous n'êtes pas fou !

— Vous avez raison, dit le marquis en retombant sur son fauteuil. Elle a raison, ta mère, continua-t-il en s'adressant à Marguerite ; c'est moi qui suis un insensé ; et il faut croire, non à ce que je dis, mais à ce qu'elle dit, elle. Ta mère ! c'est le dévouement, c'est la vertu. Aussi, elle n'a ni insomnie, ni remords, ni délire. Que veut-elle, ta mère ?

— Mon malheur, mon père ! s'écria Marguerite ; mon malheur éternel !

— Et comment puis-je l'empêcher, ce malheur, moi ? dit avec un accent déchirant le malheureux vieillard. Comment puis-je empêcher, moi, pauvre fou, qui crois toujours voir du sang couler d'une blessure ! qui crois toujours entendre une tombe qui parle !

— Oh ! vous pouvez tout ! Dites un mot, et je suis sauvée ! On veut me marier. — Le marquis renversa la tête en arrière. — Écoutez-moi donc !... On veut me marier à un homme que je n'aime pas !... comprenez-vous ?... à un misérable !... et l'on vous a amené ici... dans ce fauteuil... devant cette table... vous, vous, mon père... pour signer ce contrat infâme ! là... là... tenez... ce contrat que voici ;

— Sans me consulter ! répondit le marquis en prenant le contrat ; sans me demander si je veux ou si je ne veux pas ! Me croit-on mort ?... et si l'on me croit mort, me craint-on moins qu'un spectre ?... Ce mariage ferait ton malheur, as-tu dit ?

— Éternel ! éternel ! s'écria Marguerite.

— Eh bien ! ce mariage ne se fera pas !

— J'ai engagé votre parole et la mienne, votre nom et le mien, dit la marquise avec d'autant plus de force qu'elle sentait le pouvoir lui échapper.

— Ce mariage ne se fera pas, vous dis-je, répondit le marquis d'une voix qui couvrait la sienne. C'est une chose trop terrible, continua-t-il d'un accent sombre et caverneux, qu'un mariage où une femme n'aime point son mari ! cela rend fou... Moi, la marquise m'a toujours aimé... aimé fidèlement. Ce qui me rend fou... moi, c'est autre chose.

Un éclair de joie infernale brilla dans les yeux de la marquise, car elle vit à l'exaltation des paroles du marquis et à la terreur peinte dans ses yeux que la folie était près de revenir.

— Ce contrat ? continua le marquis... Et il s'apprêta à le déchirer. La marquise y porta vivement la main. Marguerite semblait suspendue par un fil entre le ciel et l'enfer.

— Ce qui me rend fou, moi, c'est le marquis, c'est une tombe qui se rouvre ! c'est un spectre qui sort de terre ! c'est un fantôme qui vient ! qui me parle ! qui me dit !...

— « Vos jours sont à moi ! » murmura à l'oreille de son mari la marquise, répétant les dernières paroles de Morlaix mourant, « je pourrais les prendre. »

— L'entends-tu ? l'entends-tu ! s'écria le marquis, tremblant affreusement et se levant comme pour fuir.

— Mon père ! Mon père ! revenez à vous ! Il n'y a pas de tombe, il n'y a pas de spectre, il n'y a pas de fantôme. Ces paroles... c'est la marquise...

— « Mais je veux que vous viviez, » continua celle-ci, achevant l'œuvre qu'elle avait commencée, pour me pardonner comme je vous pardonne. »

— Grâce ! Morlaix, grâce ! cria le marquis retombant sur son fauteuil, les cheveux dressés de terreur et la sueur de l'effroi sur le front.

— Mon père ! Mon père !

— Vous voyez que votre père est insensé, dit la marquise triomphante. Laissez-le !...

— Oh ! dit Marguerite, oh ! Dieu fera un miracle, je l'espère. Mon amour, mes caresses, mes larmes, le rendront à la raison.

— Essayez ! répondit froidement la marquise, abandonnant à sa fille le marquis sans volonté, sans voix et presque sans connaissance.

— Mon père !... dit Marguerite d'une voix déchirante Le marquis resta impassible.

— Monsieur ! dit la marquise d'un ton impératif.

— Hein !... hein !... fit le marquis frissonnant.

— Mon père ! mon père !... cria Marguerite en se tordant les bras et se renversant de désespoir ; mon père, à moi ! à moi !

— Prenez cette plume et signez, dit la marquise, lui mettant la plume à la main et la main sur le contrat. Il le faut !... je le veux !

— Oh ! maintenant je suis perdue !... s'écria Marguerite, écrasée de la lutte et se sentant sans force pour la soutenir.

Mais au moment où le marquis, vaincu, allait signer ; où la marquise, triomphante, se félicitait de sa victoire ; où Marguerite, désespérée, était près de fuir, un incident inattendu vint changer tout à coup la face des choses. La porte du cabinet s'ouvrit, et Paul, qui avait assisté, invisible, à cette scène, apparut tout à coup.

— Madame la marquise d'Auray, dit-il, avant que ce contrat ne se signe, un mot !

— Qui m'appelle ? dit la marquise, essayant de distinguer celui qui lui parlait dans l'éloignement, et par conséquent dans l'ombre.

— Je connais cette voix ! s'écria le marquis, tressaillant comme un fer rouge l'eût touché.

Paul fit trois pas et entra dans le cercle de lumière que répandait le lustre.

— Est-ce un spectre ? s'écria à son tour la marquise, frappée de la ressemblance du jeune homme avec son ancien amant.

— Je connais ce visage ! murmura le marquis, croyant revoir l'homme qu'il avait tué.

— Mon Dieu ! mon Dieu ! protégez-moi ! balbutia Marguerite, à genoux et les bras vers le ciel.

— Morlaix !...... Morlaix !.... dit le marquis, se levant et marchant à Paul. Morlaix ! Morlaix ! pardon !... grâce !..

Et il tomba sur sa poitrine, évanoui, sur le plancher.

— Mon père ! s'écria Marguerite en se précipitant vers lui.

En ce moment un domestique entra tout effaré, et s'adressant à la marquise :

— Madame, lui dit-il, Achard fait demander le prêtre et le médecin du château. Il se meurt !

— Dites-lui, répondit la marquise, lui montrant le corps que sa fille était inutilement occupée à rappeler à la vie, dites-lui que tous deux sont retenus auprès du marquis.

XIV

Comme on l'a vu à la fin du chapitre précédent, Dieu, par une de ces combinaisons étranges de sa providence que les hommes aveugles attribuent presque toujours au hasard, rappelait à lui en même temps, pour qu'ils lui rendissent le même compte le noble marquis d'Auray et le pauvre Achard. Nous avons vu le premier, frappé à la vue de Paul, portrait vivant de son père, comme d'un coup de foudre, tomber sans connaissance aux pieds du jeune homme, épouvanté lui-même de l'effet terrible qu'il avait produit. Quant à Achard, les circonstances, qui avaient amené son agonie en même temps que celle du marquis, ressortaient, quoique différentes, du même drame et de la même situation. La vue de Paul, sur l'un comme sur l'autre, avait causé une émotion funeste à celui-ci par l'excès de la terreur, à celui-là par l'excès de la joie. Pendant la journée qui avait

précédé la signature du contrat, Achard s'était donc senti plus faible que d'habitude. Toutefois, le soir, il n'en était pas moins sorti pour aller faire sa prière ordinaire à la tombe de son maître. De là il avait vu, avec une piété plus profonde que jamais, ce spectacle toujours nouveau et toujours splendide du soleil qui se couche dans l'Océan ; il avait suivi la dégradation de sa lumière pourprée : et comme si ce flambeau du monde attirait à lui son âme, il avait senti s'éteindre ses forces avec le dernier rayon du jour ; de sorte que, quand le domestique du château vint le soir, comme d'habitude, afin de prendre ses ordres, ne le rencontrant pas dans sa chambre, il s'était mis à le chercher au dehors ; et comme la promenade ordinaire était connue, il l'avait bientôt trouvé au pied du grand chêne, évanoui sur la fosse de son maître, fidèle jusqu'à la fin à cette religion de la tombe qui avait été le sentiment exclusif des dernières années de sa vie. Alors le domestique l'avait pris dans ses bras et l'avait rapporté chez lui ; puis, tout effrayé de cet accident inattendu, il était accouru réclamer auprès de la marquise les derniers secours du médecin et du prêtre, que celle-ci avait refusés, sous le prétexte qu'à cette heure ils étaient aussi nécessaires au marquis qu'au vieux serviteur, et que la hiérarchie des rangs, puissante jusqu'en face de la mort, donnait à son époux le privilège d'en user le premier.

Mais cette nouvelle, annoncée à la marquise dans ce moment de paroxysme suprême où les différents intérêts et les différentes passions jetaient les acteurs de ce drame intime dont nous sommes fait l'historien, cette nouvelle avait été entendue de Paul. Jugeant impossible la signature du contrat dans l'état où était le marquis, il n'avait pris que le temps de rappeler une seconde fois à Marguerite qu'elle le retrouverait chez Achard, si elle avait besoin de lui : après quoi il s'était élancé dans le parc, et s'orientant au milieu de ses allées et de ses massifs avec cette habitude du marin qui lit tout chemin au ciel, il avait retrouvé la maison et était entré tout haletant dans la chambre du vieillard au moment où celui-ci commençait à reprendre ses sens, et s'était jeté dans ses bras. Alors la joie avait rendu quelque force au vieux serviteur, sûr au moins de mourir sur le cœur d'un ami.

— Oh ! c'est toi ! c'est toi ! s'écria le vieillard, je n'espérais pas te revoir.

— Et tu as pu penser que j'apprendrais ton état, s'écria Paul, et que je n'accourrais pas à l'instant !

— Mais je ne savais où te chercher, moi, où te faire dire que je voulais te voir une dernière fois avant de mourir.

— J'étais au château, père ; j'ai tout appris et je suis accouru.

— Et comment étais-tu au château ? dit le vieillard étonné.

Paul lui raconta tout.

— Providence de Dieu ! murmura Achard lorsque Paul eut terminé son récit, que tes décrets sont cachés et inévitables ! toi qui au bout de vingt années ramènes le jeune homme au berceau de l'enfant, et qui tues l'assassin du père par le seul aspect du fils !

— Oui, oui, c'est passé ainsi, répondit Paul ; et c'est cette même Providence qui me conduit à toi pour que je te sauve. Car, je le sais, ils t'ont refusé le médecin et le prêtre.

— Nous aurions dû cependant partager, en bonne justice, répondit Achard. Le marquis, puisqu'il craint la mort, n'avait qu'à garder le médecin, et à moi, qui suis las de la vie, m'envoyer le prêtre.

— Je puis monter à cheval, s'écria Paul, et avant une heure...

— Dans une heure il sera trop tard, dit le mourant d'une voix affaiblie. Un prêtre !... un prêtre seul !... je ne demande qu'un prêtre.

— Père, répondit Paul, je ne puis le remplacer, je le
sais, dans ses fonctions sacrées; mais nous parlerons de
Dieu ensemble, de sa grandeur, de sa bonté.

— Oui, mais terminons d'abord avec les choses de la
terre, pour ne plus penser qu'à celles du ciel. Tu dis que,
comme moi, le marquis se meurt?

— Je l'ai laissé agonisant.

— Tu sais qu'aussitôt après sa mort, les papiers ren-
fermés dans cette armoire, et qui constatent ta naissance,
t'appartiennent de droit?

— Je le sais.

— Si je meurs avant lui, si je meurs sans prêtre, à qui
confier ce dépôt? Le vieillard se souleva, et lui montra
sous le chevet de son lit une clef.

— Tu prendras cette clef : elle ouvre cette armoire; tu y
trouveras une cassette. Tu es homme d'honneur, jure-moi
que tu n'ouvriras cette cassette que lorsque le marquis sera
mort.

— Je vous le jure ! dit Paul en étendant solennellement
la main vers le crucifix cloué au-dessus du chevet.

Mon frère, s'écria Marguerite. — PAGE 43.

— C'est bien, répondit Achard. Maintenant je mourrai
tranquille.

— Vous le pouvez, car le fils vous tient la main dans ce
monde, et le père vous la tend dans le ciel.

— Crois-tu, enfant, qu'il sera content de ma fidélité?

— Jamais roi n'a été obéi pendant sa vie comme lui
l'aura été après sa mort.

— Oui, murmura le vieillard d'une voix sombre, oui, je
n'ai été que trop exact à suivre ses commandements. J'aurais dû ne pas souffrir ce duel, j'aurais dû me refuser à
en être le témoin. Écoute, Paul : voilà ce que je voulais
dire un prêtre, car c'est la seule chose qui charge ma

conscience; écoute : il y a des moments de doute où j'ai
regardé ce duel solitaire comme un assassinat. Alors...
alors, comprends-tu, Paul? c'est que je ne serais plus
témoin, je serais complice !

— Mon père, répondit Paul, je ne sais si les lois de la
terre sont toujours d'accord avec les lois du ciel, et si
l'honneur selon les hommes est la vertu selon le Seigneur;
je ne sais si notre Église, ennemie du sang, permet que
l'offensé tente de venger lui-même son injure sur l'offen-
seur, et si, dans ce cas, le jugement de Dieu dirige toujours ou la balle du pistolet ou la pointe de l'épée. Ce
sont là des questions qu'on décide, non pas avec le rai-

sonnement, mais avec la conscience. Eh bien! ma conscience me dit qu'à ta place j'aurai fait ce que tu as fait.
Si la conscience, qui me trompe, t'a trompé aussi, plus
qu'un prêtre, j'ai, dans cette circonstance, le droit de te
pardonner; et, en mon nom et en celui de mon père, je
te pardonne!

— Merci! merci! s'écria le vieillard en pressant les
mains du jeune homme; merci car voilà des paroles comme
il en faut à l'âme d'un mourant. Un remords est une chose
terrible, vois-tu! un remords conduit à douter de Dieu.
Car, une fois qu'il n'y a plus de juge, il n'y a plus de jugement.

Écoute, dit Paul avec cet accent poétique et solennel
qui lui était particulier; moi aussi j'ai souvent douté de
Dieu. Car, isolé et perdu comme je l'étais dans le monde,
sans famille et sans appui sur la terre, je cherchais un
appui dans le Seigneur, et je demandais à tout ce qui m'entourait une preuve de son existence. Souvent je m'arrê-
tais au pied de l'une de ces croix qui bordent le chemin,
et, les yeux fixés sur le Sauveur des hommes, je demandais
en pleurant une certitude de son existence et de sa mission;
je demandais que son œil s'abaissât vers moi; je demandais
qu'une goutte de sang tombât de sa blessure, ou qu'un soupir sortît de sa bouche. Le crucifix restait immobile, et je
me relevais le désespoir dans le cœur en disant : Si je
savais où trouver la tombe de mon père, je l'interrogerais
comme Hamlet le fantôme, et elle me répondrait peut-être!

— Pauvre enfant!

— Alors, j'entrais dans une église, continua Paul, dans
une de ces églises du Nord, tu sais, sombre, religieuse,
chrétienne. Et je me sentais inondé de tristesse; mais la
tristesse n'est pas la foi! Je m'approchais de l'autel, je
m'agenouillais devant le tabernacle où l'on dit que Dieu
habite; j'appuyais mon front contre le marbre des marches; et lorsque j'étais resté prosterné, perdu dans mon
doute pendant des heures, je relevais la tête, espérant que
ce Dieu que je cherchais se manifesterait enfin à moi par
un rayon de sa gloire ou par un éclair de sa puissance.
Mais l'église restait sombre comme le crucifix était resté
immobile, et je me précipitais sous son portique comme un
insensé, en disant : « Seigneur! Seigneur! si tu existais,
tu te révélerais aux hommes. Tu veux donc que les hommes
doutent de toi, puisque tu peux te révéler à eux, et que tu
ne le fais pas. »

— Prends garde à ce que tu me dis, Paul, s'écria le
vieillard, prends garde que le doute de ton cœur n'atteigne
le mien! Tu as du temps pour croire, toi, tandis que moi...
je vais mourir!

— Attends, père, attends, continua Paul avec une voix
douce et un visage calme, je n'ai pas fini. C'est alors que
je me suis dit : « Le crucifix du chemin, l'église des villes,
sont l'œuvre de l'homme. Cherchons Dieu dans l'œuvre
de Dieu. » Dès ce moment, mon père, a commencé cette
vie errante qui restera un mystère éternel entre le ciel, la
mer et moi... Elle m'a égaré dans les solitudes de l'Amérique, car je pensais que plus un monde était nouveau,
plus il avait dû garder l'empreinte la main de Dieu. Je ne
m'étais pas trompé. Là, souvent, dans ces forêts vierges
où le premier peut être parmi les hommes j'avais pénétré,
sans autre abri que le ciel, sans autre couche que la terre,
abîmé dans une seule pensée, j'écoutais ces mille bruits
divers du monde qui s'endort et de la nature qui s'éveille.
Longtemps encore je suis resté sans comprendre cette langue inconnue que forment en se mêlant ensemble le murmure des fleuves, la vapeur des lacs, le bruissement des
forêts et le parfum des fleurs. Enfin peu à peu se souleva
le voile qui couvrait mes yeux, et le poids qui oppressait
mon cœur. Dès lors je commençai à croire que ces ru-
meurs du soir et ces bruits du crépuscule n'étaient qu'un
hymne universel par lequel les choses créées rendaient
grâces au Créateur.

— Mon Dieu! dit le mourant, joignant les mains et
levant les yeux au ciel avec l'expression de la foi; mon
Dieu! j'ai crié vers vous du fond de l'abîme, et vous
m'avez entendu dans ma détresse! mon Dieu, je vous remercie!

— Alors, continua Paul avec une exaltation croissante,
alors j'ai cherché sur l'Océan ce reste de conviction que
me refusait la terre. La terre, ce n'est que l'espace.
l'Océan, c'est l'immensité. L'Océan, c'est ce qu'il y a de
plus grand, de plus fort et de plus puissant après Dieu!
L'Océan, je l'ai entendu rugir comme un lion irrité, puis,
à la voix de son maître, se coucher comme un chien soumis;
je l'ai senti se dresser comme un Titan qui veut escalader
le ciel, puis, sous le fouet de l'orage, je l'ai entendu se
plaindre comme un enfant qui pleure. Je l'ai vu lancer des
vagues au-devant de l'éclair, et essayer d'éteindre la foudre
avec son écume, puis s'aplanir comme un miroir, et réfléchir
jusqu'à la dernière étoile du ciel. Sur la terre, j'avais reconnu l'existence de Dieu; sur l'Océan, je reconnus son
pouvoir. Dans la solitude, comme Moïse, j'avais entendu la
voix du Seigneur; mais, pendant l'orage, je le vis, comme
Ézéchiel, passer avec la tempête. Dès lors, mon père, dès
lors, le doute fut à jamais chassé loin de moi, et, le soir
du premier ouragan, je crus et je priai.

— Je crois en Dieu tout-puissant, créateur du ciel et de
la terre, dit le vieillard d'une voix ardente de foi; et i
continua ainsi le Symbole des apôtres jusqu'à sa dernière
ligne. Paul l'écouta en silence et les yeux au ciel; puis,
lorsque le mourant eut fini :

— Ce n'est point ainsi qu'un prêtre t'eût parlé, père,
dit-il en secouant la tête; car, moi, je t'ai parlé en marin
et avec une voix plus habituée à prononcer des paroles
de mort que de consolation. Pardonne-moi, père, pardonne-moi.

— Tu m'as fait prier et croire comme toi, répondit le
vieillard; dis-moi, qu'aurai donc fait de plus un prêtre?
Ce que tu m'as dit est simple et grand : laisse-moi penser
à ce que tu m'as dit.

— Écoute! dit Paul en tressaillant.

— Quoi?

— N'as-tu pas entendu?...

— Non.

— Il m'a semblé qu'une voix en détresse... m'appelait...
Entends-tu? entends-tu?... C'est la voix de Marguerite!...

— Va au devant d'elle, lui dit le vieillard j'ai besoin
d'être seul.

Paul s'élança dans la chambre voisine, et, comme il y
mettait le pied, il entendit son nom répété une troisième
fois tout auprès de l'entrée. Courant alors à la porte, il
l'ouvrit avec empressement, et, sur le seuil, il trouva
Marguerite, à qui la force avait manqué pour aller plus
loin, et qui était tombée à genoux.

— A moi! à moi! cria-t-elle avec l'expression de la plus
profonde terreur, en apercevant Paul et en se traînant vers
lui.

XV

Paul s'élança vers Marguerite et la prit dans ses bras;
elle était pâle et glacée. Il l'emporta dans la première
chambre, la déposa sur un fauteuil, retourna fermer la
porte, qui était restée ouverte, puis revenant près d'elle :

— Que craignez-vous? dit-il; qui vous poursuit, et
comment venez-vous à cette heure?

— Oh! s'écria Marguerite, à toute heure du jour et de
la nuit, j'aurais fui tant que la terre aurait pu me porter!
J'aurais fui jusqu'à ce que je trouvasse un cœur pour y
pleurer, un bras pour me défendre! J'aurais fui!... Paul!
Paul! mon père est mort.

— Pauvre enfant! dit Paul en serrant la jeune fille dans ses bras. Pauvre enfant! qui s'échappe d'une maison mortuaire pour retomber dans une autre! qui laisse la mort au château et qui la retrouve dans la chaumière!

— Oui, oui, dit Marguerite, se levant, frémissante encore de terreur et se pressant contre Paul. La mort là-bas, la mort ici. Mais là-bas on meurt dans le désespoir, tandis qu'ici... ici l'on meurt tranquille. O Paul! Paul! oh! si vous aviez vu ce que j'ai vu!

— Dites-moi cela.

— Vous savez, continua la jeune fille, quelle influence terrible ont eue sur mon père votre voix et votre présence?

— Je le sais.

— On l'a emporté évanoui et sans parole dans son appartement.

— C'était à votre mère que je parlais, dit Paul; c'est lui qui a entendu : ce n'est point ma faute.

— Eh bien! vous comprenez, Paul, puisque vous avez dû tout entendre du cabinet où vous étiez. Mon père, mon pauvre père m'avait reconnue; et moi, le voyant ainsi, je n'ai pu résister à mon inquiétude; et, au risque d'irriter ma mère, je suis montée pour le voir une fois encore. La porte était fermée; je frappai doucement : il était revenu à lui, car j'entendis sa voix affaiblie demandant qui était là.

— Et votre mère? demanda Paul.

— Ma mère? dit Marguerite; elle était absente et l'avait enfermé en sortant, comme elle aurait fait d'un enfant. Mais lorsqu'il m'eut reconnue, ma voix, quand je lui eus répondu que j'étais Marguerite, que j'étais sa fille, il me dit de prendre un escalier dérobé, qui, par un cabinet, montait dans sa chambre. Une minute après, j'étais à genoux devant son lit, et il me donnait sa bénédiction; car il m'a donné sa bénédiction avant de mourir, la bénédiction paternelle, qui, je l'espère, appellera celle de Dieu.

— Oui, dit Paul, Dieu te pardonnera, sois tranquille. Pleure sur ton père, mon enfant, mais ne pleure plus sur toi, car tu es sauvée.

— Vous n'avez rien entendu encore, Paul! s'écria Marguerite; écoutez! écoutez!

— Parle.

— Voilà qu'en ce moment, comme j'étais agenouillée, comme je baisais sa main, en ce moment j'entendis les pas de ma mère; elle montait l'escalier; je reconnus sa voix et mon père la reconnut aussi, car il m'embrassa une dernière fois, et me fit signe de fuir. J'obéis, mais j'avais la tête si perdue, si troublée, que je me trompai de porte, et qu'au lieu de prendre l'escalier par lequel j'étais venue, je me jetai dans un cabinet sans issue. Je tâtai de tous les côtés, c'est vous dire que j'étais enfermée. En ce moment, la porte de la chambre s'ouvrait : je m'arrêtai, retenant mon haleine; ma mère entra avec le prêtre. Je vous le dis, Paul, elle était plus pâle que celui qui allait mourir.

— Mon Dieu! murmura Paul.

— Le prêtre s'assit au chevet du lit, continua Marguerite se pressant toujours plus effrayée contre Paul. Ma mère se tint debout au pied. Comprenez-vous? J'étais là, moi, en face de ce spectacle funèbre! ne pouvant fuir! Une fille forcée d'entendre la confession de son père! n'est-ce pas affreux? dites. Je tombai à genoux, fermant les yeux pour ne pas voir, priant pour ne pas entendre; et cependant, malgré moi, oh! bien malgré moi, Paul, je vous le jure, je vis... et j'entendis! Ce que je vis et entendis ne sortira jamais de ma mémoire! Je vis mon père, retrouvant dans ses souvenirs une force fiévreuse, se soulever sur son lit, la pâleur de la mort empreinte sur son visage. Je l'entendis! je l'entendis prononcer les mots de duel, d'adultère et d'assassinat!... et à chacun de ces mots, je vis ma mère plus pâle, toujours plus pâle, et je l'entendis, haussant la voix pour couvrir la voix du mourant, et disant au

prêtre : « Ne le croyez pas! ne le croyez pas, mon père!... Il ment! ou plutôt... c'est un fou, c'est un insensé! ne le croyez pas! » Paul, c'était un spectacle horrible, sacrilège, impie!... Une sueur froide me passa sur le front, et je m'évanouis.

— Justice du ciel! s'écria Paul.

— Je ne sais combien de temps je restai sans connaissance. Lorsque je revins à moi, la chambre était silencieuse comme une tombe. Ma mère et le prêtre avaient disparu, et deux cierges brûlaient près de mon père. J'ouvris la porte, je jetai les yeux sur le lit, et il me sembla, sous le drap qui le recouvrait tout entier, voir se dessiner la forme roidie d'un cadavre. Je devinai que tout était fini! Je restai immobile, partagée entre la crainte funèbre que me causait cette vue, et le désir pieux de soulever le drap et de baiser une fois encore, avant qu'on le scellât dans le cercueil, le front vénérable de mon père. Enfin, la crainte l'emporta; une terreur glaçante, invincible, mortelle, me poussa hors de l'appartement; je descendis l'escalier, je ne sais comment, sans en toucher une marche, je crois; je traversai des chambres, des galeries, et enfin je sentis à la fraîcheur de l'air que j'étais dehors. Je courais comme une folle. Je me rappelai que vous m'aviez dit que vous seriez ici. Un instinct, dites-moi lequel, car je ne le connais pas moi-même, me poussait de ce côté. Il me semblait que j'étais poursuivie par des ombres, par des fantômes. Au détour d'une allée... étais-je insensée?... je crois voir ma mère... tout en noir... marchant sans bruit comme un spectre. Oh! alors, alors... la terreur me donna des ailes. Je courus d'abord sans suivre de chemin; puis les forces me manquèrent, et c'est alors que vous avez entendu mes cris. Je fis encore quelques pas, et je tombai près de cette porte; si elle ne s'était pas ouverte, oh! oui, j'expirais sur la place, car j'étais tellement troublée, qu'il me semblait toujours... Silence! murmura tout à coup Marguerite; silence!... entendez-vous?

— Oui, dit Paul soufflant la lampe; oui, oui, des pas!... Je les entends comme vous.

— Regardez... regardez!... continua Marguerite s'enveloppant dans les rideaux de la fenêtre, et y cachant Paul avec elle, regardez!... je ne m'étais pas trompée. C'était elle.

En effet, en ce moment la porte de la maison s'ouvrit, et la marquise, vêtue de noir, pâle comme une ombre, entra lentement, tira la porte derrière elle, la ferma à la clef, et, sans voir Paul ni Marguerite, traversa la première chambre et entra dans la seconde, où était couché le vieillard. Elle s'avança alors vers le lit d'Achard comme elle s'était avancée vers le lit du marquis. Seulement, cette fois, elle n'avait pas de prêtre avec elle.

— Qui va là? dit Achard, ouvrant un des rideaux de son lit.

— Moi! répondit la marquise en tirant l'autre.

— Vous, madame! s'écria le vieux serviteur avec effroi. Que venez-vous faire au lit d'un mourant?

— Je viens lui proposer un marché.

— Pour perdre son âme, n'est-ce pas?

— Pour la sauver, au contraire, Achard, tu n'as plus besoin que d'une chose en ce monde, continua la marquise en se baissant sur le lit du moribond, c'est d'un prêtre.

— Vous m'avez refusé celui du château.

— Dans cinq minutes, dit la marquise, il sera ici, si tu le veux!...

— Faites-le donc venir alors, répondit le vieillard; mais, croyez-moi, ne perdez pas de temps... hâtez-vous!...

— Mais... si je te donne la paix du ciel, reprit la marquise, me donneras-tu la paix de la terre, toi?

— Que puis-je pour vous? murmura le mourant, fermant les yeux pour ne pas voir cette femme dont le regard le glaçait.

— Tu as besoin d'un prêtre, pour mourir... tu sais ce dont j'ai besoin pour vivre...

— Vous voulez me fermer le ciel par un parjure !...

— Je veux te l'ouvrir par un pardon.

— Ce pardon... je l'ai reçu...

— Et de qui?...

— De celui qui seul, peut-être, avait le droit de me le donner.

— Morlaix est-il descendu du ciel? demanda la marquise avec un accent dans lequel il entrait presque autant de crainte que d'ironie.

— Non, répondit le vieillard; mais avez-vous oublié, madame, qu'il avait laissé un fils sur la terre?

— Tu l'as donc aussi vu, toi? s'écria la marquise.

— Oui, répondit Achard.

— Et tu lui as tout dit...

— Tout !

— Et les papiers qui constatent sa naissance? demanda la marquise avec anxiété.

— Le marquis n'était pas mort. Les papiers sont là.

— Achard, s'écria la marquise tombant à genoux devant le lit, Achard, tu auras pitié de moi !

— Vous à genoux devant moi, madame !

— Oui, vieillard, dit la marquise suppliante, oui, je suis à genoux devant toi, et je te prie, et je t'implore, car tu tiens entre tes mains l'honneur d'une des plus vieilles familles de France, ma vie passée, ma vie à venir !... Ces papiers, c'est mon cœur, c'est mon âme, c'est plus que tout cela, c'est mon nom ! le nom de mes aïeux, le nom de mes enfants; et tu sais ce que j'ai souffert pour garder ce nom sans tache ! Crois-tu que je n'avais pas au cœur, comme les autres femmes, des sentiments d'amante, d'épouse et de mère? Eh bien! je les ai étouffés tous les uns après les autres, et la lutte a été longue. J'ai vingt ans de moins que toi, vieillard; je suis pleine de vie, et tu vas mourir. Eh bien ! regarde mes cheveux : ils sont plus blancs que les tiens!

— Que dit-elle? murmura Marguerite, qui s'était approchée de manière à ce que son regard pût plonger d'une chambre dans l'autre. mon Dieu!

— Écoute, écoute, enfant, répondit Paul; c'est le Seigneur qui permet que tout soit révélé de cette manière !...

— Oui, oui, murmura Achard s'affaiblissant ; oui, vous avez douté de la bonté de Dieu, vous avez oublié qu'il avait pardonné à la femme adultère.

— Oui, mais lorsqu'ils rencontrèrent le Christ, les hommes allaient la lapider en attendant; les hommes qui, depuis vingt générations, se sont habitués à respecter mon nom et à honorer ma famille, et qui, s'ils apprenaient ce qui, Dieu merci! leur a été caché jusqu'à présent, n'auraient plus pour lui que du mépris et de la honte! Oh! oui... Dieu... j'ai tant souffert qu'il me pardonnera; mais les hommes... les hommes sont implacables, ils ne pardonnent pas, eux! D'ailleurs, suis-je seule exposée à leurs injures? Aux deux côtés de ma croix n'ai-je pas mes deux enfants, dont l'autre est l'aîné?... L'autre, c'est mon enfant, je le sais bien, comme Emmanuel, comme Marguerite; mais ai-je le droit de le leur donner pour frère?... Oublies-tu qu'aux yeux de la loi il est le fils du marquis d'Auray? oublies-tu qu'il est le premier né, le chef de la famille? ou-blies-tu que pour que tout lui appartienne, titre et fortune, il n'a qu'à invoquer cette loi? Et alors, que reste-t-il à Emmanuel? une croix de Malte! Que reste-t-il à Margue-rite? un couvent !

— Oh! oui, oui, dit Marguerite à demi-voix et tendant les bras vers la marquise; oui, un couvent où je puisse prier pour vous, ma mère.

— Silence ! silence ! lui dit Paul.

— Oh! vous ne le connaissez pas, madame, murmura le mourant d'une voix qui allait s'affaiblissant toujours.

— Non, mais je connais l'humanité, répondit la mar-quise. Il peut retrouver un nom, lui qui n'a pas de nom ; une fortune, lui qui n'a pas de fortune ; et tu crois qu'il renoncera à cette fortune et à son nom ?

— Si vous le lui demandiez.

— Et de quel droit le lui demanderais-je ? continua la marquise. De quel droit le prierais-je de m'épargner, d'épar-gner Emmanuel, d'épargner Marguerite? Il dira : « Je ne vous connais pas, madame, je ne vous ai jamais vue ! Vous êtes ma mère, voilà tout ce que je sais.

— En son nom, balbutia Achard, dont la mort commen-çait à glacer la langue, en son nom, madame, je m'en-gage... je jure... Oh ! mon Dieu ! mon Dieu !

La marquise se souleva, suivant sur le visage du mori-bond les progrès de l'agonie.

— Tu t'engages !... tu jures !... dit-elle. Est-il là pour ratifier l'engagement, lui? Tu t'engages !... tu jures !... Ah ! et sur ta parole tu veux que je joue les années qu'il me reste à vivre contre les minutes qui te restent à mourir ! Je t'ai prié, je t'ai imploré; une dernière fois je te prie et j'implore : rends-moi ces papiers !

— Ces papiers sont à lui.

— Il me les faut, te dis-je! continua la marquise pre-nant de la force à mesure que le mourant s'affaiblissait.

— Mon Dieu ! mon Dieu ! ayez pitié de moi ! murmura Achard.

— Nul ne peut venir, reprit la marquise. Cette clef ne te quitte jamais, m'as-tu dit?...

— L'arracherez-vous des mains d'un mourant?

— Non, répondit la marquise, j'attendrai.

— Laissez-moi mourir en paix ! s'écria le moribond ar-rachant le crucifix de son chevet et le levant entre lui et la marquise. Sortez ! sortez ! au nom du Christ !...

La marquise tomba à genoux, courbant la tête jusqu'à terre. Quant au vieillard, il resta un instant dans cette posture terrible ; puis, peu à peu ses forces l'abandonnè-rent ! il retomba sur le lit, mettant ses bras en croix et appuyant l'image du Sauveur sur sa poitrine.

La marquise prit le bas des rideaux du lit, et, sans rele-ver la tête, elle les croisa de manière à ce qu'ils renfer-massent l'agonie du mourant.

— Horreur ! horreur ! murmura Marguerite.

— A genoux et prions ! dit Paul.

Alors il y eût un moment solennel et terrible, qui n'était interrompu que par les derniers râles du moribond ; puis ces râles s'affaiblirent et cessèrent. Tout était fini : le vieillard était mort.

La marquise releva lentement la tête, écouta quelques minutes avec anxiété, puis introduisant, sans les ouvrir, la main à travers les rideaux, après quelques efforts elle la retira tenant la clef. Elle se leva alors en silence, et, la tête retournée du côté du lit, marcha vers l'armoire. Mais au moment où elle allait mettre la clef dans la serrure, Paul, qui suivait tous ses mouvements, s'élança dans la chambre, et, lui saisissant le bras :

— Donnez-moi cette clef, ma mère! lui dit-il, car le marquis est mort et ces papiers m'appartiennent.

— Justice de Dieu ! s'écria la marquise en reculant d'épouvante et tombant sur un fauteuil; justice de Dieu ! c'est mon fils !

— Bonté du ciel ! murmura Marguerite en tombant à genoux dans l'autre chambre; bonté du ciel ! c'est mon frère !

Paul ouvrit l'armoire et prit la cassette où étaient ren-fermés les papiers.

XVI

Cependant, au milieu des événements pressés de cette nuit, qui, en faisant assister Marguerite à deux agonies, l'avaient amenée si providentiellement à la découverte du secret de sa mère, Paul n'avait point oublié les paroles mortelles échangées la veille entre lui et Lectoure. Aussi, comme ce jeune gentilhomme n'aurait pas su sans doute où le retrouver, il jugea que c'était à lui de lui épargner les ennuis de la recherche, et, vers les six heures du matin, le lieutenant Walter se présenta au château d'Auray, venant, de la part de Paul, arrêter les conditions du combat. Il trouva Emmanuel chez Lectoure. Ce dernier, en apercevant l'officier, descendit dans le parc, afin de laisser les jeunes gens tout à fait libres dans leur discussion. Walter avait reçu de son chef l'ordre de tout accepter. Le débat préliminaire fut donc promptement terminé. Les jeunes gens convinrent que la rencontre aurait lieu le jour même à quatre heures du soir, sur le bord de la mer, près de la cabane du pêcheur située entre Port-Louis et le château d'Auray. Quant aux armes, on apporterait sur le terrain des pistolets et des épées ; on déciderait alors desquels les adversaires devraient se servir : bien entendu que, Lectoure étant l'insulté, le choix lui appartiendrait.

Quant à la marquise, écrasée comme nous l'avons vu

Donnez-moi cette clef, ma mère ! — PAGE 39.

d'abord par l'apparition inattendue de Paul, elle avait repris bientôt toute la fermeté de son caractère, et, tirant son voile sur sa figure, elle était sortie de la chambre mortuaire et avait traversé la première pièce, restée sombre, sans lumière. Elle n'y avait donc pas aperçu Marguerite agenouillée, et muette d'étonnement et de terreur. Elle avait ensuite traversé le parc et était rentrée dans le salon où s'était passée la scène du contrat ; et là, à la lueur mourante des bougies, les deux coudes appuyés sur la table, la tête posée sur ses mains, les yeux fixés sur le papier où Lectoure avait déjà signé son nom et le marquis écrit la moitié du sien, elle avait passé le reste de la nuit à mûrir une résolution nouvelle ; elle avait ainsi vu venir le jour sans avoir pensé à prendre le moindre repos, tant cette âme de bronze soutenait le corps où elle était renfermée. Cette résolution était d'éloigner au plus vite Emmanuel et Marguerite du château d'Auray, car c'était à ses enfants surtout qu'elle voulait cacher ce qui allait probablement se passer entre Paul et elle.

A sept heures, entendant le bruit que faisait le lieutenant Walter en se retirant, elle étendit la main, prit une clochette, et sonna. Un domestique se présenta à la porte avec la livrée de la veille ; on voyait que lui non plus il ne s'était point couché.

— Prévenez mademoiselle d'Auray que sa mère l'attend au salon, dit la marquise.

Le valet obéit, et la marquise reprit, morne et immobile, sa première attitude. Un instant après elle entendit un léger bruit derrière elle et se retourna. C'était Marguerite. La jeune fille, avec plus de respect qu'elle ne l'avait jamais fait peut-être, étendit la main vers sa mère, afin que celle-ci lui donnât la sienne à baiser. Mais la marquise resta sans mouvement, comme si elle n'eût pas compris l'intention de sa fille. Marguerite laissa retomber sa main et attendit en silence. Elle aussi portait le même vêtement que la veille. Le sommeil avait passé sur le monde, oubliant le château d'Auray et ses hôtes.

— Approchez, dit la marquise. Marguerite fit un pas.

— Pourquoi, continua la marquise, êtes-vous ainsi pâle et tremblante ?

— Madame ! murmura Marguerite.

— Parlez ! dit la marquise.

— La mort de mon père, si prompte, si inattendue ! balbutia Marguerite. Enfin j'ai beaucoup souffert cette nuit !

— Oui, oui, dit la marquise d'une voix sourde et en fixant sur Marguerite des regards où n'étaient pas dénués de tout intérêt ; oui, le jeune arbre plie et s'effeuille sous le vent. Il n'y a que le vieux chêne qui résiste à toutes les tempêtes. Moi aussi, Marguerite, j'ai souffert ! moi aussi, j'ai eu une nuit terrible ! Et cependant vous me voyez calme et ferme.

— Dieu vous a fait une âme forte et sévère, madame, dit Marguerite ; mais il ne faut pas demander la même force et la même sévérité aux âmes des autres. Vous les briseriez.

— Aussi, dit la marquise, laissant retomber sa main sur la table, je ne demande à la vôtre que l'obéissance. Marguerite, le marquis est mort. Emmanuel est maintenant le chef de la famille ; vous allez à l'instant même partir pour Rennes avec Emmanuel.

— Moi ! s'écria Marguerite ! moi, partir pour Rennes ! Et pourquoi ?...

— Parce que, répondit la marquise, la chapelle du château est trop étroite pour contenir à la fois les fiançailles de la fille et les funérailles du père.

— Ma mère, dit Marguerite avec un accent indéfinissable, ce serait une piété, ce me semble, que de mettre plus d'intervalle entre deux cérémonies aussi opposées.

— La véritable piété, reprit la marquise, c'est d'accomplir les dernières volontés des morts. Jetez les yeux sur ce contrat, et voyez-y les premières lettres du nom de votre père.

— Oh ! je vous le demande, madame, mon père, lorsqu'il a tracé ces lettres que la mort est venue interrompre, mon père avait-il bien toute sa raison, toute sa volonté ?

— Je l'ignore, mademoiselle, répondit la marquise avec ce ton impératif et glacé qui lui avait jusqu'alors soumis tout ce qui l'entourait ; je l'ignore ; mais ce que je sais, c'est que l'influence qui le faisait agir lui survit ; ce que je sais, c'est que les parents, tant qu'ils existent, représentent Dieu sur la terre. Or, Dieu m'a ordonné de terribles choses, et j'ai obéi. Faites comme moi, mademoiselle, obéissez !

— Madame, dit Marguerite, toujours debout, mais immobile cette fois et avec quelque chose de cet accent arrêté si terrible chez sa mère, et que celle-ci lui avait transmis avec son sang ; madame, il y a trois jours que, les larmes dans les yeux, le désespoir dans le cœur, je me traîne sur mes genoux, des pieds d'Emmanuel à ceux de cet homme, et des pieds de cet homme à ceux de mon père. Aucun n'a voulu ou n'a pu m'entendre, car l'ambition ardente ou la folie acharnée était là, couvrant ma voix. Enfin me voilà arrivée en face de vous, ma mère. Vous êtes la dernière que je puisse implorer, mais aussi vous êtes celle qui devez le mieux m'entendre. Écoutez donc bien ce que je vais vous dire. Si je n'avais à sacrifier à votre volonté que mon bonheur, je le sacrifierais ; que mon amour, je le sacrifierais encore ; mais j'ai à vous sacrifier... mon fils. Vous êtes mère ; et moi aussi, madame !

— Mère !... mère !... murmura la marquise ; mère... par une faute !

— Enfin je le suis, madame ; et le sentiment de la maternité n'a pas besoin d'être sanctifié pour être saint. Eh bien ! madame, dites-moi, — car mieux que moi vous devez savoir ces choses, — dites-moi : si ceux qui nous ont donné le jour ont reçu de Dieu une voix qui parle à notre cœur, ceux qui sont nés de nous n'ont-ils pas une voix pareille ? et quand ces deux voix se contredisent, à laquelle des deux faut-il obéir ?

— Vous n'entendrez jamais la voix de votre enfant, répondit la marquise, car vous ne le reverrez jamais.

— Je ne reverrai jamais mon fils !... s'écria Marguerite ; et qui peut me répondre, madame ?

— Lui-même ignorera qui il est.

— Et s'il le sait un jour !... dit Marguerite, vaincue dans son respect de fille par la dureté de sa mère ; et s'il vient alors me demander compte de sa naissance !... Cela peut arriver, madame !

Elle prit la plume.

— Et dans cette alternative, dites, faut-il que je signe ?

— Signez, dit la marquise.

— Mais, continua Marguerite en posant sa main crispée et tremblante sur le contrat, si mon mari apprend un jour l'existence de cet enfant ! s'il demande raison à mon amant de la tache faite à son nom et à son honneur !... si dans un duel acharné, solitaire et sans témoins... dans un duel à mort, il tuait cet amant, et que, tourmenté par sa conscience, poursuivi par une voix qui sortirait de la tombe, mon mari perdît la raison !

— Taisez-vous ! dit la marquise épouvantée, mais sans savoir encore si le hasard ou quelque révélation inconnue dictait les paroles de sa fille ! taisez-vous !

— Vous voulez donc, continua Marguerite, qui en avait trop dit pour s'arrêter, vous voulez donc que, pour conserver pur et sans tache mon nom et celui de mes autres enfants, je m'enferme avec un insensé ! Vous voulez donc que j'écarte de moi et de lui tout être vivant ! que je me fasse un cœur de fer pour ne plus sentir ! des yeux de bronze pour ne plus pleurer ! Vous voulez donc que je me couvre de deuil comme une veuve, avant que mon mari soit mort !... Vous voulez donc que mes cheveux blanchissent vingt ans avant l'âge !

— Taisez-vous ! taisez-vous !... interrompit la marquise d'une voix où l'on sentait que la menace commençait de céder à la crainte ; taisez-vous !

— Vous voulez donc, reprit Marguerite emportée par l'amertume de sa douleur, vous voulez donc, pour que ce terrible secret meure avec ceux qui le gardent, que j'écarte de leur lit funéraire les médecins et les prêtres !... Vous voulez donc enfin que j'aille d'agonie en agonie pour fermer moi-même, non pas les yeux, mais la bouche des moribonds !...

— Taisez-vous ! dit la marquise en se tordant les bras ; au nom du ciel, taisez-vous !

— Eh bien ! continua Marguerite, dites-moi donc encore de signer, ma mère, et tout cela sera. Et alors la malédiction du Seigneur sera accomplie : Et les fautes des pères retomberont sur leurs enfants jusqu'à la troisième et à la quatrième génération.

— O mon Dieu ! mon Dieu ! s'écria la marquise éclatant en sanglots, suis-je assez abaissée ! suis-je assez punie !

— Pardon, pardon, madame, dit Marguerite rendue à elle-même par les premières larmes de sa mère, en tombant à genoux ; pardon ! pardon !

— Oui, pardon, répondit la marquise marchant à Marguerite ; demande pardon, fille dénaturée, qui as pris le fouet des mains de la vengeance éternelle, et qui en as frappé ta mère au visage!

— Grâce! grâce! s'écria Marguerite; je ne savais pas ce que je disais, ma mère! Vous m'aviez fait perdre la raison! J'étais folle!...

— O mon Dieu! mon Dieu! dit la marquise, levant ses deux mains au-dessus de la tête de sa fille; vous avez entendu les paroles qui sont sorties de la bouche de mon enfant; je n'ose pas espérer que votre miséricorde ira jusqu'à les oublier, mon Dieu! mais au moment de la punir, souvenez-vous que je ne la maudis pas!

Alors elle s'avança vers la porte: sa fille essaya de la retenir, mais la marquise se retourna vers elle avec une expression si terrible, que, sans qu'elle eût besoin de le lui ordonner, Marguerite lâcha le bord de la robe de sa mère et resta les bras étendus vers elle, haletante et sans voix, jusqu'à ce que la marquise fût sortie; puis, aussitôt qu'elle eut cessé de la voir, elle se renversa en arrière avec un cri si douloureux, qu'on eût cru que cette âme qui avait tant souffert venait enfin de se briser.

XVII

Nos lecteurs s'étonneront peut-être qu'après la manière outrageuse dont Paul avait, la veille, provoqué le baron de Lectoure, la rencontre n'eût pas été fixée au matin même; mais le lieutenant Walter, qui s'était chargé de régler les conditions du duel avec le comte d'Auray, avait, comme nous l'avons dit, reçu de son chef l'ordre de faire toutes les concessions, excepté une seule: Paul ne voulait se battre qu'à la fin de la journée.

C'est que le jeune capitaine avait compris que, jusqu'au moment où il aurait dénoué ce drame étrange, dans lequel, mêlé d'abord comme étranger, il se trouvait enfin posé comme chef de famille, sa vie ne lui appartenait pas, et qu'il n'avait pas le droit de la risquer. Au reste, comme on le voit, le terme qu'il s'était accordé à lui-même n'était pas long, et Lectoure, qui ignorait dans quel but son adversaire s'était réservé ce délai, l'avait accepté sans trop se plaindre. Paul avait donc résolu de mettre à profit les instants. En conséquence, aussitôt qu'il crut l'heure convenable pour se présenter chez la marquise, il s'achemina vers le château.

Les événements de la veille et du jour même avaient répandu un si grand trouble dans la noble demeure, qu'il y entra sans trouver un domestique pour l'annoncer; il pénétra néanmoins dans les appartements, suivit le chemin qu'il avait déjà fait deux fois, et, en arrivant à la porte du salon, trouva sur le plancher Marguerite évanouie.

En voyant le contrat froissé sur la table et sa sœur sans connaissance, Paul devina facilement qu'une dernière scène plus terrible venait de se passer entre la mère et la fille. Il alla à sa sœur, la prit entre ses bras, et ouvrit la fenêtre pour lui donner de l'air. L'état de Marguerite était plutôt une simple prostration de forces qu'un évanouissement réel. Aussi, dès qu'elle se sentit secourue avec une attention qui ne laissait pas de doute sur les sentiments de celui qui venait à son aide, elle rouvrit les yeux et reconnut son frère, cette providence vivante que Dieu lui avait envoyée pour la soutenir chaque fois qu'elle s'était sentie près de succomber.

Marguerite lui raconta comment sa mère avait voulu la forcer de signer ce contrat, afin de l'éloigner d'elle avec son frère; et comment, vaincue par la douleur et emportée par la situation, elle lui avait laissé voir qu'elle savait tout. Paul comprit ce qui devait, à cette heure, se passer dans le cœur de la marquise, qui, après vingt ans de silence, d'isolement et d'angoisse, voyait, sans qu'elle pût deviner de quelle manière la chose s'était faite, son secret révélé à l'une des deux personnes à qui elle avait le plus d'intérêt

à le cacher. Aussi, prenant en pitié le supplice de sa mère, il résolut de le faire cesser au plus tôt, en hâtant l'entrevue qu'il était venu chercher, et qui devait l'éclairer sur les intentions de ce fils dont elle avait tout fait pour neutraliser le retour. Marguerite, de son côté, avait son pardon à obtenir; elle se chargea donc d'aller prévenir sa mère que le jeune capitaine attendait ses ordres.

Paul était resté seul, adossé contre la haute cheminée au-dessus de laquelle était sculpté le blason de sa famille, et commençait à se perdre dans les pensées que faisaient naître en lui les événements successifs et pressés qui venaient de le faire l'arbitre souverain de toute cette maison, lorsque la porte latérale s'ouvrit tout à coup, et que Emmanuel parut, une boîte de pistolets à la main. Paul tourna les yeux de son côté, et apercevant le jeune homme, il le salua de la tête avec cette expression douce et fraternelle qui reflétait sur son visage la douce sérénité de son âme. Emmanuel, au contraire, tout en répondant à ce salut comme l'exigeaient les convenances, laissa à l'instant même lire sur sa figure le sentiment hostile qu'éveillait en lui la présence de l'homme qu'il regardait comme un ennemi personnel et acharné.

— J'allais à votre recherche, monsieur, dit Emmanuel, posant les pistolets sur la table et s'arrêtant à quelque distance de Paul, et cela, cependant, continua-t-il, sans trop savoir où vous trouver: car, ainsi que les mauvais génies de nos traditions populaires, vous semblez avoir reçu le don d'être partout et de n'être nulle part. Enfin, un domestique m'a assuré vous avoir vu entrer au château. Je vous remercie de m'avoir épargné la peine que j'avais résolu de prendre, en venant, cette fois encore, au-devant de moi.

— Je suis heureux, répondit Paul, que mon désir, dans ce cas, quoique probablement inspiré par des causes différentes, ait été en harmonie avec le vôtre. Me voici, que voulez-vous de moi?

— Ne le devinez-vous pas, monsieur? répondit Emmanuel avec une émotion croissante. En ce cas, et permettez-moi de m'en étonner, vous connaissez bien mal les devoirs d'un gentilhomme et d'un officier, et c'est une nouvelle insulte que vous me faites!

— Croyez-moi, Emmanuel, reprit Paul d'une voix calme...

— Hier, je m'appelais le comte; aujourd'hui je m'appelle le marquis d'Auray, interrompit Emmanuel avec un mouvement méprisant et hautain; ne l'oubliez pas, je vous prie, monsieur!

Un sourire presque imperceptible passa sur les lèvres de Paul.

— Je disais donc, continua Emmanuel, que vous connaissiez bien peu les sentiments d'un gentilhomme, si vous aviez pu croire que je permettrais qu'un autre que moi vidât pour moi la querelle que vous êtes venu me chercher. Oui, monsieur, car c'est vous qui êtes venu vous jeter sur ma route, et non pas moi qui suis allé vous trouver.

— Monsieur le marquis d'Auray, dit en souriant Paul, oublie sa visite à bord de l'*Indienne*.

— Trêve d'arguties, monsieur! et venons au fait. Hier, je ne sais par quel sentiment étrange et inexplicable, lorsque je vous ai offert, je dirai non pas ce que tout gentilhomme, ce que tout officier, mais simplement ce que tout homme de cœur accepte à l'instant sans balancer, vous avez refusé, monsieur, et, déplaçant la provocation, vous êtes allé chercher derrière moi un adversaire, non pas précisément étranger à la querelle, mais que le bon goût défendait d'y mêler.

— Croyez qu'en cela, monsieur, répondit Paul avec le même calme et la même liberté d'esprit qu'il avait fait paraître jusqu'alors j'obéissais à des exigences qui ne me laissaient pas le choix de l'adversaire. Un duel m'était offert par vous, que je ne pouvais pas accepter avec vous, mais qui me devenait indifférent avec tout autre; j'ai trop l'habitude des rencontres, monsieur, et de rencontres bien autrement terribles et mortelles, pour qu'une pareille affaire soit à mes yeux autre chose qu'un des accidents habituels de mes aventureuses journées. Seulement, rappelez-vous que ce n'est pas moi qui ai cherché ce duel; que c'est vous qui êtes venu me l'offrir, et que ne pouvant pas, je vous le répète, me battre avec vous, j'ai pris monsieur de Lectoure, comme j'aurais pris monsieur de Nozay ou monsieur de Lajarry, parce qu'il se trouvait là, sous ma main, à ma portée, et que, s'il me fallait absolument tuer quelqu'un, j'aimais mieux tuer un fat inutile et insolent qu'un brave gentilhomme campagnard, qui se croirait déshonoré s'il rêvait qu'il accomplit en songe le marché infâme que le baron de Lectoure vous propose en réalité.

— C'est bien, monsieur! dit Emmanuel en riant; continuez à vous poser comme redresseur de torts, à vous constituer le chevalier des princesses opprimées, et à vous retrancher sous le bouclier fantastique de vos mystérieuses réponses! Tant que ce don-quichottisme suranné ne viendra pas se heurter à mes désirs, à mes intérêts, à mes engagements, je le laisserai parcourir terre et mer, aller d'un pôle à l'autre, et je me contenterai de sourire en le regardant passer, mais dès que cette folie viendra s'attaquer à moi, comme l'a fait la vôtre, monsieur, dès que, dans l'intérieur d'une famille dont je suis le chef, je rencontrerai un inconnu qui ordonne en maître là où moi seul ai le droit de parler haut, j'irai là, comme je viens à vous, si j'ai le bonheur de le rencontrer seul comme je vous rencontre, et là, certain que nul ne viendra nous déranger avant la fin d'une explication devenue nécessaire, je lui dirai: « Vous m'avez, sinon insulté, du moins blessé, monsieur, en venant chez moi me heurter dans mes intérêts et mes affections de famille. C'est donc avec moi, et non avec un autre, que vous devez vous battre, et vous vous battrez!

— Vous vous trompez, Emmanuel, répondit Paul, je ne me battrai pas, du moins avec vous. La chose est impossible.

— Eh! monsieur, le temps des énigmes est passé! s'écria Emmanuel avec impatience: nous vivons au milieu d'un monde où à chaque pas on coudoie une réalité. Laissons donc la poésie et le mystérieux aux auteurs de romans et de tragédies. Votre présence en ce château a été marquée par d'assez fatales circonstances pour que nous n'ayons plus besoin d'ajouter ce qui n'est pas à ce qui est. Lusignan, de retour malgré l'ordre qui le condamne à la déportation: ma sœur, pour la première fois rebelle aux volontés de sa mère; mon père tué par votre seule présence: voilà les malheurs que vous avez occasionnés, qui sont revenus de l'autre bout du monde avec vous, comme un cortège funèbre, et dont vous avez à me rendre compte! Ainsi, parlez monsieur: parlez comme un homme à un homme, en plein jour, face à face, et non pas en fantôme qui glisse dans l'ombre, échappe à la faveur de la nuit, en laissant tomber quelque mot de l'autre monde, prophétique et solennel, bon à effaroucher les nourrices et des enfants! Parlez, monsieur, parlez! voyez, voyez, je suis calme. Si vous avez quelque révélation à me faire, je vous écoute.

— Le secret que vous me demandez ne m'appartient pas, répondit Paul, dont le calme contrastait avec l'exaltation d'Emmanuel. Croyez à ce que je vous dis, et n'insistez pas davantage. Adieu.

A ces mots, Paul fit un mouvement pour se retirer.

— Oh! s'écria Emmanuel en s'élançant vers la porte et en lui barrant le passage, vous ne sortirez pas ainsi, monsieur! Je vous tiens seul à seul, dans cette chambre, où je ne vous ai pas attiré, mais où vous êtes venu. Faites donc attention à ce que je vais vous dire. Celui que vous avez insulté, c'est moi! celui à qui vous devez réparation, c'est moi! celui avec qui vous vous battrez, c'est...

— Vous êtes fou, monsieur! répondit Paul; je vous ai déjà dit que c'était impossible. Laissez-moi donc sortir.

— Prenez garde! s'écria Emmanuel, en étendant la main vers la boîte et en y prenant les deux pistolets, prenez garde, monsieur! Après avoir fait tout au monde pour vous forcer d'agir en gentilhomme, je puis vous traiter en brigand! Vous êtes ici dans une maison qui vous est étrangère; vous y êtes entré je ne sais ni pourquoi ni comment: si vous n'êtes pas venu pour y dérober notre or et nos bijoux, vous y êtes venu pour voler l'obéissance d'une fille à sa mère et la promesse sacrée d'un ami à un ami. Dans l'un ou l'autre cas, vous êtes un ravisseur que je rencontre, au moment où il met la main sur un trésor, trésor d'honneur, le plus précieux de tous. Tenez, croyez-moi, prenez cette arme! — Emmanuel jeta un des deux pistolets aux pieds de Paul; — et défendez-vous!

— Vous pouvez me tuer, monsieur, répondit Paul en s'accoudant de nouveau contre la cheminée, comme s'il continuait une conversation ordinaire, quoique je ne pense pas que Dieu permette un si grand crime, mais vous ne me forcerez pas à me battre avec vous. Je vous l'ai dit et je vous le répète.

— Ramassez ce pistolet, monsieur, dit Emmanuel; ramassez-le, je vous le dis! Vous croyez que la menace que je vous fais est une menace vaine: détrompez-vous. Depuis trois jours vous avez lassé ma patience! depuis trois jours, vous avez rempli mon cœur de fiel et de haine! depuis trois jours enfin, je me suis familiarisé avec toutes les idées qui peuvent me débarrasser de vous: duel ou meurtre. Ne croyez pas que la crainte du châtiment m'arrête, ce château est isolé, muet et sourd. La mer est là, et vous ne serez pas encore dans la tombe, que je serai déjà en Angleterre. Ainsi, monsieur, une dernière, une suprême fois, ramassez ce pistolet et défendez-vous!

Paul, sans répondre, haussa les épaules et repoussa le pistolet du pied.

— Eh bien! dit Emmanuel, poussé au plus haut degré de l'exaspération par le sang-froid de son adversaire, puisque tu ne veux pas te défendre comme un homme, meurs donc, comme un chien!

Et il leva le pistolet à la hauteur de la poitrine du capitaine.

Au même instant un cri terrible retentit à la porte: c'était Marguerite qui revenait et qui, du premier coup d'œil, avait tout compris. Elle s'élança sur Emmanuel. En même temps le coup partit, mais la balle, dérangée par l'action de la jeune fille, passa à deux ou trois pouces au dessus de la tête de Paul, et alla briser derrière lui la glace de la cheminée.

— Mon frère! s'écria Marguerite, en s'élançant d'un seul bond jusqu'à Paul et le prenant dans ses bras mon frère! n'es-tu pas blessé?

— Ton frère! dit Emmanuel, en laissant tomber le pistolet tout fumant encore, ton frère!

— Eh bien! Emmanuel, dit Paul avec le même calme qu'il avait montré pendant toute cette scène, comprenez-vous maintenant pourquoi je ne pouvais me battre avec vous?

En ce moment la marquise parut à la porte et s'arrêta sur le seuil, pâle comme spectre; puis, regardant autour d'elle avec une expression infinie de terreur, et voyant que personne n'était blessé, elle leva silencieusement les yeux au ciel, comme pour lui demander si sa colère était enfin apaisée. Elle les y laissa quelque temps fixés dans une action de grâce mentale. Lorsqu'elle les abaissa, Emmanuel et Marguerite étaient à ses genoux, tenant chacun une de ses mains et la couvrant de larmes et de baisers.

— Je vous remercie, mes enfants, dit la marquise après un instant de silence; maintenant laissez-moi seule avec ce jeune homme.

Marguerite et Emmanuel s'inclinèrent avec l'expression du plus profond respect, et obéirent à l'ordre de leur mère.

XVIII

La marquise ferma la porte derrière eux, fit quelques pas dans la chambre, et alla, sans regarder Paul, s'appuyer sur le fauteuil où, la veille, s'était assis le marquis pour signer le contrat. Là elle resta debout et les yeux baissés vers la terre. Paul eut un instant le désir d'aller s'agenouiller à son tour devant elle ; mais il y avait sur le visage de cette femme une telle sévérité, qu'il réprima l'élan de son cœur, et demeura immobile et attendant. Au bout d'un instant de silence glacé, la marquise prit la première la parole.

— Vous avez désiré me voir, monsieur, et je suis venue ; vous avez désiré me parler, j'écoute.

Ces mots sortirent de la bouche de la marquise sans qu'elle fît un mouvement. Ses lèvres seules tremblèrent plutôt qu'elles ne s'ouvrirent : on eût dit une statue de marbre qui parlait.

— Oui, madame, répondit Paul avec un accent plein de larmes ; oui, oui, j'ai désiré vous parler ; il y a bien longtemps que ce désir m'est venu pour la première fois et ne m'est plus sorti du cœur. J'avais des souvenirs d'enfant qui tourmentaient l'homme. Je me rappelais une femme que j'avais vue jadis se glisser jusqu'à mon berceau, et que, dans mes rêves juvénils, je prenais pour l'ange gardien de mes jeunes années. Depuis cette époque, si vivante encore quoique si éloignée, plus d'une fois, madame, croyez-moi, je me suis réveillé en tressaillant, comme si je venais de sentir à mon front l'impression d'un baiser maternel ; puis ne voyant personne près de moi, je l'appelais, cette femme, croyant qu'elle s'était éloignée et qu'à ma voix elle reviendrait peut-être. Voilà vingt ans que je l'appelle ainsi, madame, et voilà la première fois qu'elle me répond. Serait-il vrai, comme j'en ai souvent frissonné, que vous eussiez tremblé de me voir ? Serait-il vrai, comme je le crains en ce moment, que vous n'eussiez rien à me dire ?

— Et si j'avais craint votre retour, dit la marquise d'une voix sourde, aurais-je eu tort ? Vous m'êtes apparu hier seulement, monsieur, et voilà que le mystère terrible que à cette heure, ne devait être su que de Dieu et de moi, est connu de mes deux enfants !

— Est-ce donc ma faute, s'écria Paul, si Dieu s'est chargé de le leur révéler ? Est-ce moi qui ai conduit Marguerite, éplorée et tremblante, près de son père mourant, dont elle allait demander l'appui et dont elle a entendu la confession ? Est-ce moi qui l'ai ramenée chez Achard, et n'est-ce pas vous, madame, qui l'y avez suivie ? Quant à Emmanuel, le coup que vous avez entendu et cette glace brisée font foi que j'aimais mieux mourir que de sauver ma vie aux dépens de votre secret. Non, non, croyez-moi, madame, je suis l'instrument et non le bras, l'effet et non la volonté. Non, madame, c'est Dieu qui a tout conduit dans sa providence infinie pour que vous ayez à vos pieds, comme vous venez de les y voir, les deux enfants que vous avez écartés si longtemps de vos bras !

— Mais il en est un troisième, dit la marquise d'une voix où commençait enfin à percer quelque émotion, et je ne sais ce que je dois attendre de celui-là...

— Laissez-lui accomplir un dernier devoir, madame ; et, ce devoir accompli, il demandera vos ordres à genoux.

— Et quel est ce devoir ? répondit la marquise.

— C'est de rendre à son frère le rang auquel il a droit, à sa sœur le bonheur qu'elle a perdu, à sa mère la tranquillité qu'elle implore et qu'elle ne peut trouver.

— Et cependant, reprit la marquise étonnée, grâce à vous, monsieur de Maurepas a refusé à monsieur de Lectoure le régiment qu'il lui demandait pour mon fils.

— Parce que, dit Paul, tirant le brevet de sa poche et le déposant sur la table, parce que le roi venait de me l'accorder pour mon frère.

La marquise y jeta les yeux et vit effectivement le nom d'Emmanuel.

— Et cependant, continua-t-elle, vous voulez donner Marguerite à un homme sans nom, sans fortune... et, qui plus est, proscrit ?

— Vous vous trompez, madame ; je veux donner Marguerite à celui qu'elle aime ; je veux donner Marguerite, non pas à Lusignan le proscrit, mais à monsieur le baron Anatole de Lusignan, gouverneur pour Sa Majesté de l'île de la Guadeloupe. Voilà sa commission.

La marquise laissa tomber un second regard sur le parchemin, et vit que, cette fois comme l'autre, Paul lui avait dit la vérité.

— Oui, j'en conviens, dit-elle, voilà pour l'ambition d'Emmanuel et le bonheur de Marguerite.

— Et en même temps pour votre tranquillité, à vous, madame, car Emmanuel rejoint son régiment, Marguerite suit son époux, et vous restez seule, hélas ! comme vous l'avez désiré tant de fois. La marquise soupira. N'est-ce point cela, madame, et me serais-je trompé ? continua Paul.

— Mais, murmura la marquise, comment me dégager avec le baron de Lectoure ?

— Le marquis est mort, madame. N'est-ce point une cause suffisante à l'ajournement d'un mariage, que la mort d'un mari et d'un père ?..

La marquise, pour toute réponse, s'assit dans le fauteuil, prit une plume et du papier, écrivit quelques lignes, plia la lettre, et mettant sur l'adresse le nom du baron de Lectoure, elle sonna un domestique. Après quelques secondes d'attente, pendant lesquelles Paul et elle gardèrent le silence, un domestique parut.

— Remettez, dans deux heures, cette lettre au baron de Lectoure, dit-elle.

Le domestique prit la lettre et sortit.

— Maintenant, continua la marquise en regardant Paul, maintenant, monsieur, que vous avez rendu justice aux innocents, faites grâce à la coupable. Vous avez des papiers qui constatent votre naissance ; vous êtes l'aîné ; selon la loi du moins, vous avez droit au nom et à la fortune d'Emmanuel et de Marguerite. Que voulez-vous en échange de ces papiers ?

Paul les tira de sa poche et les tint au-dessus de la flamme du foyer.

— Permettez-moi de vous appeler une seule fois ma mère, et appelez-moi une seule fois votre fils.

— Est-il possible ! s'écria la marquise en se levant.

— Vous parlez de rang, de nom, de fortune ! continua Paul en secouant la tête avec une expression de profonde mélancolie ; eh ! qu'ai-je besoin de tout cela ? Je me suis fait un rang auquel peu d'hommes de mon âge sont montés ; j'ai acquis un nom qui est la bénédiction du peuple et la terreur d'un autre : j'amasserais, si je le voulais, une fortune à léguer à un roi. Que me font donc votre nom, votre rang, votre fortune, à moi, si vous n'avez pas autre chose à m'offrir, si vous ne me donnez pas ce qui m'a manqué toujours et partout, ce que je ne puis me créer ; ce que Dieu m'avait accordé, ce que le malheur m'a repris... ce que vous seule pouvez me rendre... une mère !

— Mon fils ! s'écria la marquise, vaincue à cet accent et à ces larmes ; mon fils !... mon fils !... mon fils !

— Ah ! s'écria Paul laissant tomber les papiers dans la flamme, qui les anéantit aussitôt ; ah ! le voilà donc enfin sorti de votre cœur, ce cri que j'attendais, que je demandais, que j'implorais ! Merci, mon Dieu, merci !

La marquise était retombée assise, et Paul était à **genoux** devant elle, la tête cachée dans sa poitrine. Enfin la marquise lui releva le front.

— Regarde-moi, lui dit-elle. Depuis vingt ans, voilà les premières larmes qui coulent de mes yeux ! Donne-moi ta main. Elle la posa sur sa poitrine. Depuis vingt ans voilà le premier sentiment de joie qui fait battre mon cœur !... Viens dans mes bras !... Depuis vingt ans voilà la première caresse que je donne et que je reçois !... Ces vingt ans, c'est mon expiation sans doute, puisque voilà que Dieu me donne, puisque voilà qu'il me rend les larmes, la joie, les caresses !... Merci, mon Dieu !... merci, mon fils !...

— Ma mère, dit Paul.

— Et je tremblais de le voir ! je tremblais en le revoyant ! Je ne savais pas, moi... j'ignorais quels sentiments dormaient dans mon propre cœur ! Oh ! je te bénis ! je te bénis !...

En ce moment la cloche de la chapelle se fit entendre. La marquise tressaillit. L'heure des funérailles était arrivée. Le corps du noble marquis d'Auray et celui du pauvre Achard allaient être rendus ensemble à la terre. La marquise se leva.

— Cette heure doit être consacrée à la prière, dit-elle. Je me retire.

— Je pars demain, ma mère, lui dit Paul. Ne vous reverrai-je pas ?...

— Oh ! si ! si ! s'écria la marquise. Oh ! je veux te revoir !

— Eh bien ! ma mère, je serai ce soir à l'entrée du parc. Il est un endroit qui m'est sacré, et auquel j'ai une dernière visite à rendre : je vous y attendrai. C'est là, ma mère, que nous devons nous dire adieu !

— J'irai, dit la marquise.

— Tenez, dit Paul, tenez, ma mère, prenez ce brevet et cette commission ; l'un est pour Emmanuel, l'autre est pour le mari de Marguerite. Que le bonheur de vos enfants leur vienne de vous ! Croyez-moi, ma mère, c'est à moi que vous avez le plus donné !

La marquise alla s'enfermer dans son oratoire ; Paul sortit du château et s'achemina vers la cabane du pêcheur, où nous l'avons déjà vu se rendre une fois, et près de laquelle était fixé son rendez-vous avec Lectoure. Il y trouva Lusignan et Walter.

À l'heure convenue pour la rencontre, Lectoure parut à cheval, s'orientant de son mieux pour arriver au rendez-vous, car il était sans guide, le piqueur qui l'accompagnait étant étranger comme lui aux localités. À sa vue, les jeunes gens sortirent de la cabane. Le baron les aperçut et piqua droit à eux. Aussitôt qu'il fut à une distance convenable, il mit pied à terre et jeta la bride de sa monture au bras de son domestique.

— Pardon, messieurs, dit-il en s'approchant de ceux qui l'attendaient, pardon de ce que je vous arrive ainsi seul et comme un enfant perdu ; mais l'heure choisie par monsieur — il s'inclina devant Paul, qui lui rendit son salut — était donc celle fixée pour les funérailles du marquis : j'ai donc laissé Emmanuel remplir ses devoirs de fils, et je suis venu sans témoin, espérant avoir affaire à un adversaire assez généreux pour me prêter l'un des siens.

— Nous sommes à votre dévotion, monsieur le baron, répondit Paul ; voici mes deux seconds. Choisissez, et celui que vous honorerez de votre choix deviendra à l'instant le vôtre.

— Je n'ai aucune préférence, je vous jure, répondit Lectoure ; désignez donc vous-même celui de ces deux messieurs que vous destinez à me rendre ce service.

— Walter, dit Paul, passez du côté de monsieur le baron.

Le lieutenant obéit, les deux adversaires se saluèrent une seconde fois.

— Maintenant, monsieur, continua Paul, permettez que,

devant nos témoins respectifs, je vous adresse quelques mots, non pas d'excuses, mais d'explication

— Faites, monsieur, dit Lectoure.

— Lorsque je vous dis les paroles qui nous amènent ici, les événements qui sont arrivés depuis hier étaient encore cachés dans l'avenir ; cet avenir était incertain, monsieur, et pouvait amener avec lui le malheur de toute une famille. Vous aviez pour vous madame d'Auray, Emmanuel, le marquis ; Marguerite n'avait pour elle que moi seul. Toutes les chances étaient donc pour vous. Voilà pourquoi je m'adressai directement à vous ; car, si je tombais sous vos coups, par des circonstances qui vous demeureront éternellement inconnues, Marguerite ne pouvait pas vous épouser ; si je vous tuais, la chose se simplifiait encore, et n'a pas besoin de commentaire.

— Voilà un exorde on ne peut plus logique, monsieur, répondit le baron en souriant et en fouettant sa botte avec sa cravache ; passons, s'il vous plaît, au corps du discours.

— Maintenant, reprit Paul en s'inclinant légèrement en signe d'adhésion, tout est changé : le marquis est mort, Emmanuel a sa commission de lieutenant, la marquise renonce à votre alliance, quelque honorable qu'elle soit, et Marguerite épouse monsieur le baron Anatole de Lusignan, que, pour cette raison, je ne vous ai pas donné pour témoin.

— Ah ! ah ! fit Lectoure, voilà donc ce que signifiait le billet qu'un domestique m'a remis au moment où je quittais le château. J'avais eu la niaiserie de le prendre pour un ajournement ! Il paraît que c'était un congé en bonne forme. C'est bien, monsieur ; j'attends la péroraison.

— Elle est simple et franche comme l'explication monsieur. Je ne vous connais pas, je ne désirais pas vous connaître ; le hasard nous a conduits en face l'un de l'autre avec des intérêts divers, et nous nous sommes heurtés. Alors, comme je vous l'ai dit, défiant du destin, je voulais venir quelque peu à son aide. Aujourd'hui, tout est arrivé à ce point que ma mort ou la vôtre serait parfaitement inutile et n'ajouterait qu'un peu de sang au dénoûment de ce drame. Franchement, monsieur, croyez-vous que ce soit la peine de le verser ?

— Je serais peut-être de votre avis, monsieur, répondit Lectoure, si je n'avais pas fait une si longue route. N'ayant pas l'honneur d'épouser mademoiselle Marguerite d'Auray, je veux au moins avoir le plaisir de croiser le fer avec vous. Il ne sera pas dit que je serai venu pour rien en Bretagne. Quand vous voudrez, monsieur, continua Lectoure, tirant son épée et saluant son adversaire.

— À vos ordres, monsieur le baron, répondit Paul avec la même politesse et en l'imitant en tout point.

Les deux jeunes gens firent un pas à la rencontre l'un de l'autre. Les lames se touchèrent ; à la troisième passe, l'arme de Lectoure sauta à vingt pas de lui.

— Avant de mettre l'épée à la main, dit Paul au baron, je vous avais offert une explication ; maintenant, monsieur, je serais heureux que vous voulussiez bien agréer mes excuses.

— Et cette fois je les accepte, monsieur, répondit Lectoure avec le même laisser-aller que si rien ne s'était passé. Ramassez mon épée, Dick. Il prit l'arme des mains de son domestique et la remit dans le fourreau. Maintenant, messieurs, continua-t-il, si quelqu'un de vous a des commissions pour Paris, j'y retourne de ce pas.

— Dites au roi, monsieur, répondit Paul en s'inclinant et en remettant à son tour son arme dans le fourreau, que je suis heureux que l'épée qu'il m'a donnée pour combattre les Anglais soit restée pure du sang de l'un de mes compatriotes.

À ces mots les deux jeunes gens se saluèrent ; Lectoure remonta à cheval ; puis, à cent pas de la plage, il prit directement la route de Vannes, tandis que son domestique allait chercher au château sa voiture de voyage.

— Et maintenant, monsieur Walter, dit Paul, envoyez ne barque dans la crique la plus proche du château d'Au-ay. Que tout soit prêt à bord de la frégate pour lever ancre cette nuit.

Le lieutenant reprit la route de Port-Louis, et les deux mis rentrèrent dans la cabane.

Pendant ce temps, Emmanuel et Marguerite avaient ac-ompli le funèbre devoir auquel les avait conviés la cloche es funérailles. Le marquis avait été déposé dans le épulcre armorié de sa famille, et Achard dans l'humble imetière qui attenait à la chapelle. Puis les deux enfants taient remontés auprès de leur mère, qui remit à Emma-uel le brevet tant désiré, et qui accorda à Marguerite le onsentement si inattendu. Alors, pour ne pas renouveler es émotions d'autant plus poignantes que ceux qui les prouvaient les concentraient en eux-mêmes, mère et ants s'embrassèrent une dernière fois, et se séparèrent vec la conviction intime que c'était pour ne plus se oir.

Le reste de la journée se passa à accomplir les prépara-ifs du départ. Vers le soir, la marquise sortit pour se ren-tre au rendez-vous que lui avait donné Paul. En traversant a cour, elle aperçut d'un côté une voiture tout attelée, et le l'autre le jeune midshipman Arthur et deux matelots. Son cœur se serra à la vue de ce double apprêt. Elle con-inua sa route et s'enfonça dans le parc sans céder à cette motion, tant cette longue réaction de l'orgueil contre la ature lui avait donné de force sur elle-même.

Cependant, arrivée à une éclaircie d'où l'on apercevait la maison d'Achard, elle s'arrêta en sentant ses genoux trem-bler sous elle, et s'adossa contre un arbre, en appuyant la main sur son cœur comme pour en comprimer les batte-ments. C'est que, pareille à ces âmes que le danger présent n'a pu émouvoir, et qui tremblent au souvenir du danger passé, elle se rappelait à combien de craintes et d'émotions lle avait été en proie pendant le cours de ces vingt années, ù chaque jour elle était venue à cette maison, fermée maintenant pour ne plus se rouvrir. Toutefois, elle eut bientôt surmonté cette faiblesse, et, reprenant son chemin, elle gagna la porte du parc.

Là elle s'arrêta de nouveau. Au-dessus de tous les arbres s'élevait la cime d'un chêne gigantesque dont on apercevait le feuillage de plusieurs endroits du parc. Bien souvent la marquise était restée des heures entières les yeux fixés sur son dôme de verdure; mais jamais elle n'avait osé venir se reposer sous son ombre. C'était là cependant qu'elle avait promis de joindre Paul et que Paul l'attendait. Enfin, elle fit un dernier effort sur elle-même, et entra dans la forêt.

De loin elle aperçut un homme agenouillé et priant : c'était Paul. Elle s'approcha lentement, et s'agenouillant à son tour, elle pria avec lui. Puis, la prière finie, ils se re-levèrent tous deux, et, sans dire une parole, la marquise passa son bras autour du cou du jeune homme et appuya sa tête sur son épaule. Au bout de quelques instants de si-lence et d'immobilité, le bruit d'une voiture parvint jusqu'à eux. La marquise tressaillit et fit signe à Paul d'écouter : c'était Emmanuel qui rejoignait son régiment. En même temps Paul étendit la main dans la direction opposée à celle d'où venait le bruit, et montra à la marquise une bar-que glissant, légère et silencieuse, sur la surface de la mer: c'était Marguerite se rendant au vaisseau.

La marquise écouta le bruit de la voiture tant qu'elle put l'entendre, et suivit des yeux la barque aussi longtemps qu'elle put la voir; puis, lorsque l'un se fut éteint dans l'espace, lorsque l'autre eut disparu dans la nuit, elle se retourna vers Paul, levant les yeux au ciel et comprenant que l'heure était venue où celui sur lequel elle s'appuyait devait la quitter à son tour.

— Dieu bénisse, dit-elle, comme je le bénis, le fils pieux qui est resté le dernier auprès de sa mère!

Et, rappelant toutes ses forces, elle embrassa une der-nière fois le jeune homme agenouillé devant elle ; puis, s'arrachant de ses bras, elle reprit seule le chemin du château.

Le lendemain, les habitants de Port-Louis cherchèrent vainement à la place où ils l'avaient vue encore la veille, la frégate qui depuis quinze jours était en station dans le havre extérieur de Lorient. Comme la première fois, elle avait disparu, sans qu'ils pussent deviner ni la cause de son arrivée ni le motif de son départ.

ÉPILOGUE

Cinq ans s'étaient écoulés depuis les événements que nous venons de raconter : l'indépendance des États-Unis avait été reconnue. New-York, la dernière place forte oc-cupée par les Anglais, venait d'être évacuée. Le bruit du canon, qui avait retenti à la fois dans la mer des Indes et dans le golfe du Mexique, cessait de gronder sur les deux Océans. Washington, dans la séance solennelle du 28 dé-cembre 1783, avait remis sa commission de général en chef, et s'était retiré dans son domaine de Montvernon, sans autre récompense que de recevoir et d'envoyer ses lettres par la poste sans qu'elles fussent taxées, et la tran-quillité dont commençait à jouir l'Amérique s'étendait aux colonies françaises des Antilles, qui, ayant pris parti dans la guerre, avaient eu plusieurs fois à se défendre contre les tentatives hostiles de la Grande-Bretagne. Parmi ces îles, la Guadeloupe avait été plus particulièrement mena-cée, à cause de son importance militaire et commerciale; mais, grâce à la vigilance de son nouveau gouverneur, les tentatives de débarquement avaient toujours échoué, et la France n'avait eu à déplorer dans cette importante possession aucun accident sérieux ; de sorte que, vers le commencement de l'année 1783, l'île, sans être tout à fait dépouillée d'un reste d'apparence guerrière, qu'elle conservait encore plutôt par habitude que par nécessité, était déjà cependant presque tout entière rendue à la culture des diverses productions qui font sa richesse.

Si nos lecteurs veulent bien, par un dernier effort de complaisance, nous accompagner au delà de l'Atlantique et aborder avec nous dans le port de la Basse-Terre, nous suivrons, au milieu des fontaines jaillissantes de tous côtés, une des rues qui montent à la promenade du Champ-d'Arbaud ; puis, après avoir profité pendant un tiers de sa longueur, à peu près de l'ombre fraîche des tamarins qui la bordent de chaque côté, nous prendrons à gauche un petit chemin battu conduisant à la porte d'un jardin qui, dans sa partie la plus élevée, domine toute la ville.

Arrivés là, qu'ils respirent un instant la brise du soir, si douce par une après-midi du mois de mai, et qu'ils jettent un coup d'œil avec nous sur cette nature luxuriante des tropiques.

Adossés comme nous le sommes aux montagnes boisées, et volcaniques qui séparent la partie de l'ouest en deux versants, et parmi lesquelles s'élèvent, couronnés de leur panache de fumée et d'étincelles, les deux pitons calcinés de la Soufrière, nous avons à nos pieds, abrité par les mornes de Bellevue, de Mont-Désir, de Beau-Soleil, de l'Espérance et de Saint-Charles, la ville qui descend gracieusement vers la mer, dont les flots étincelants des derniers rayons du soleil viennent baigner les murailles ; à l'horizon, l'Océan, vaste et limpide miroir, à notre droite et à notre gauche les plantations les plus belles et les plus riches de l'île ; ce sont des carrés de caféiers, originaires d'Arabie, aux rameaux noueux et flexibles, garnis de feuilles d'un vert foncé et luisant, et de forme oblongue, pointue et ondulée, portant chacune à son aisselle un bouquet de fleurs d'un blanc de neige ; des quinconces de cotonniers, couvrant d'un tapis de verdure le terrain sec et pierreux qu'ils affectionnent, et parmi lesquels apparaissent, pareils à des fourmis colossales, les nègres occupés à réduire à deux ou trois les milliers de jets qui s'élancent de chaque tige. C'est encore, au contraire, dans les cantons unis et abrités et dans les terres grasses et généreuses, introduit aux Antilles par le juif Benjamin Dacosta, le cacaoyer, au tronc élancé, aux rameaux poreux enveloppés d'une écorce fauve et garnis de grandes feuilles oblongues, alternes et lancéolées, parmi lesquelles quelques-unes, et ce sont les pousses naissantes, semblent des fleurs d'un rose tendre qui contrastent avec le fruit long, recourbé et jaunâtre, qui fait plier les branches sous son poids ; enfin, des champs entiers de la plante découverte à Tabago, transportée en France pour la première fois par l'ambassadeur de François II, qui en fit hommage à Catherine de Médicis, d'où lui vient son nom d'herbe à la reine, ce qui n'empêcha que, comme toute chose populaire, elle commença par être excommuniée et proscrite, en Europe et en Asie, par les deux pouvoirs qui se partageaient le monde, proscrite par le grand-duc de Moscovie Michel Fédérowitch, par le sultan turc Amurat IV, par l'empereur de Perse, et excommuniée par

Urbin VII. Puis de temps en temps, s'élançant d'un seul jet et dépassant de quarante ou cinquante pieds tous les végétaux herbacés qui l'entourent, le bananier du Paradis, dont, s'il faut en croire la tradition biblique, les feuilles ovales, obtuses et longues de sept ou huit pieds, rayées de nervures transversales, comme des banderoles enrubannées, servirent à faire le premier vêtement à la première femme. Enfin, régnant sur le tout et se découpant, tantôt sur l'azur du ciel, tantôt sur le vert glauque de l'Océan, selon qu'il s'élève sur la crête des montagnes ou sur les grèves de la mer, le cocotier et le palmiste, ces deux géants des Antilles, si gracieux et prodigues comme tout ce qu'il est fort. Qu'on se figure donc ces côtes merveilleuses, coupées par soixante-dix rivières encaissées dans des lits de quatre-vingts pieds de profondeur ; ces montagnes éclairées le jour par le soleil des tropiques, la nuit par le volcan de la Soufrière ; cette végétation qui ne s'arrête jamais, et dont les feuilles qui poussent succèdent sans cesse aux feuilles qui tombent ; ce sol enfin si sanitaire et cet air si pur, que, malgré les essais insensés que l'homme, ce propre ennemi de lui-même, en a fait, des serpents, transportés de la Martinique et de Saint-Lucie, n'ont pu y vivre ni s'y reproduire et qu'on juge, après les souffrances éprouvées en Europe, de quel bonheur ont dû jouir, depuis cinq ans qu'ils habitent ce paradis du monde, Anatole de Lusignan et Marguerite d'Auray, que nos lecteurs ont vus figurer au premier rang parmi les personnages du drame que nous venons de dérouler sous leurs yeux.

C'est qu'à cette vie agitée par les passions, à cette lutte du droit naturel contre le pouvoir légal, à cette suite de scènes, où toutes les douleurs terrestres, depuis l'enfantement jusqu'à la mort, étaient venues jouer un rôle, avait succédé une vie sereine dont les seuls nuages étaient cette vague inquiétude pour les amis éloignés, qui parfois, passe dans l'air et vous serre le cœur comme un pressentiment douloureux. Cependant, de temps en temps, soit par les journaux publics, soit par des bâtiments en relâche, les deux jeunes gens avaient appris quelques nouvelles de celui qui leur avait si puissamment servi de protecteur ; ils avaient su ses victoires ; comment, en les quittant, il avait été mis à la tête d'une escadrille et avait détruit les établissements anglais sur les côtes d'Acadie, ce qui lui avait valu le titre de commodore ; comment, dans un engagement avec le Sérapis et la Comtesse de Scarborough, et après un combat vergue à vergue qui dura près de quatre heures, il avait forcé les deux frégates à se rendre, et comment, enfin, en 1781 il avait reçu, en récompense des services qu'il avait rendus à la cause de l'indépendance, les remerciments publics du Congrès, qui lui avait voté une médaille d'or et l'avait choisi pour commander la frégate l'Amérique, à qui l'on avait donné ce nom comme à la plus belle, et dont on lui confiait le commandement comme au plus brave ; mais ce splendide vaisseau ayant été offert par le congrès au roi de France, en remplacement du Magnifique, qui avait été perdu à Boston, Paul Jones, après avoir été le conduire au Havre, s'était rendu à bord de la flotte du comte de Vaudreuil, qui projetait une expédition contre la Jamaïque. Cette dernière nouvelle avait comblé de joie

Lusignan et Marguerite, car cette entreprise ramenait Paul dans leurs parages, et ils espéraient enfin revoir leur frère et leur ami ; mais la paix, comme nous l'avons dit, était survenue sur ces entrefaites, et ils n'avaient plus entendu, depuis cette époque, reparler de l'aventureux marin.

Le soir du jour où nous avons transporté nos lecteurs des côtes sauvages de la Bretagne aux rivages fertiles de la Guadeloupe, la jeune famille était, comme nous l'avons dit, rassemblée dans le jardin même où nous sommes entrés, et dominait le panorama immense dont la ville couchée à ses pieds formait le premier plan, et l'Océan semé d'îles le merveilleux lointain. Marguerite s'était promptement habituée au laisser-aller de la vie créole, et, l'âme désormais tranquille et heureuse, elle abandonnait son corps, toujours pâle, frêle et gracieux comme un lis sauvage, au doux *far niente* qui fait de l'existence sensuelle

Elle aperçut un homme agenouillé et priant. — PAGE 43.

des colonies une espèce de demi-sommeil où les événements semblent des rêves. Couchée avec sa fille dans un hamac péruvien tressé avec les fils de soie de l'aloès et brodé de plumes éclatantes fournies par les oiseaux les plus rares du tropique, balancée d'un mouvement doux et régulier par son fils, une main dans les mains de Lusignan, et le regard mollement perdu dans une incommensurable étendue, elle sentait pénétrer en elle, par l'âme et par les sens, toutes les félicités que promet le ciel, et toutes les jouissances que peut accorder la terre. En ce moment, et comme si tout avait dû concourir à compléter le tableau magique qu'elle venait contempler chaque soir, et que chaque soir elle trouvait plus merveilleux, pareil au roi de l'Océan, un navire doubla le cap des Trois-Pointes, glissant à la surface de la mer sans plus d'efforts apparents qu'un cygne qui joue sur le miroir d'un lac. Marguerite l'aperçut la première, et, sans parler, tant chaque action de la vie est une fatigue sous ce climat brûlant, elle fit un signe de la tête à Lusignan, qui dirigea ses regards du côté qu'elle lui indiquait, et suivit des yeux en silence, et comme elle, la marche rapide et gracieuse du bâtiment. A mesure qu'il approchait et que les détails fins et élégants de sa mâture apparaissaient au milieu de cette masse de toiles, qui semblait d'abord un nuage courant à l'horizon, on commençait de distinguer, au quartier de son pavillon, fascé d'argent et de gueules, les étoiles de l'Amérique, qui se détachaient sur leur champ d'azur en nombre égal à celui des Provinces-Unies. Une même idée leur vint alors à tous deux à la fois, et leurs regards se rencontrèrent tout radieux de l'espoir qu'ils allaient peut-être apprendre quelques nouvelles de Paul. Aussitôt Lusignan ordonna à un nègre d'aller chercher une longue-vue ; mais déjà, avant qu'il fût revenu, une pensée plus douce encore avait fait battre le cœur des deux jeunes gens : il semblait à Lusignan et à Marguerite reconnaître pour une ancienne amie la frégate qui s'approchait. Cependant, à quiconque n'en a pas l'habi-

Lusignan ordonna à un nègre d'aller chercher une longue-vue. — PAGE 49.

..de, il est si difficile de distinguer à une certaine distance les signes qui parlent à l'œil du marin, qu'ils n'osaient croire encore à cette espérance, qui tenait plus du pressentiment instinctif que de la réalité positive ; enfin, le nègre revint porteur de l'instrument désiré ; Lusignan porta la longue-vue à ses yeux et jeta un cri de joie en la passant à Marguerite : il avait reconnu à la proue la sculpture de Guillaume Coustou, et c'était l'*Indienne* qui s'avançait à pleines voiles vers la Basse-Terre.

Lusignan enleva Marguerite de son hamac et la déposa à terre, car leur premier mouvement à tous deux avait été de courir vers le port ; mais alors l'idée leur vint que l'*Indienne*, que depuis près de cinq ans Paul avait quittée lorsqu'un grade plus élevé lui avait donné droit au commandement d'un vaisseau plus fort, pouvait bien être montée par un autre capitaine, et ils s'arrêtèrent le cœur palpitant et les jambes tremblantes. Pendant ce temps le jeune Hector avait ramassé la longue-vue, et la portant à son œil comme il avait vu faire tour à tour à ses parents, « Père, dit-il, regarde donc, il y a sur le pont un officier couvert d'une redingote noire brodée d'or, pareille à celle du portrait de mon bon ami Paul. » Lusignan prit vivement la lunette des mains de l'enfant, regarda quelques secondes, et la passa de nouveau à Marguerite, qui, au bout d'un instant, la laissa tomber; puis tous deux se jetèrent dans les bras l'un de l'autre : ils avaient reconnu le jeune capitaine qui, pour revenir près de ses amis, avait pris le costume que nous avons dit lui être le plus habituel. En ce moment, le vaisseau passa devant le fort qu'il salua de trois coups de canon, et aussitôt le fort répondit au salut par un nombre égal de coups.

Dès l'instant où Lusignan et Marguerite avaient acquis la certitude que c'était bien leur frère et leur ami qui montait l'*Indienne*, ils étaient descendus vers la rade, suivis du jeune Hector, et laissant dans le hamac la petite Blanche. Mais, de son côté, le capitaine les avait reconnus, de sorte qu'en même temps qu'ils quittaient le jardin, il avait fait mettre la yole à la mer, et que, grâce aux efforts redoublés de dix vigoureux rameurs, il avait franchi rapidement l'espace qui s'étendait du mouillage à la terre, il s'élançait sur la jetée au moment où ses amis arrivaient sur le port. De pareilles sensations sont sans paroles et ne se traduisent que par des larmes. Aussi l'expression de leur joie ressemblait-elle à la douleur. Et tous pleuraient, jusqu'à l'enfant qui pleurait de les voir pleurer.

Après avoir donné quelques ordres relatifs au service du bâtiment, le jeune commodore prit lentement avec ses amis le chemin qu'ils avaient parcouru si vite pour venir à lui: l'expédition de monsieur de Vaudreuil ayant manqué, il était revenu à Philadelphie, et la paix ayant été signée, ainsi que nous l'avons dit, avec l'Angleterre, le congrès, comme un souvenir de reconnaissance, lui avait fait don du premier vaisseau qu'il avait monté comme capitaine.

A ce récit, Lusignan et Marguerite eurent un instant de joie immense, car ils espérèrent que leur frère venait pour toujours demeurer avec eux ; mais le caractère du jeune marin était trop aventureux et trop avide d'émotions pour s'astreindre à cette vie décolorée et uniforme des habitants de la terre. Il annonça donc à ses amis qu'il n'avait que huit jours à leur donner, après lesquels il irait chercher dans une autre partie du monde une vie qui continuât celle qu'il avait menée jusqu'alors.

Ces huit jours passèrent comme un songe, et quelques instances que fissent Lusignan et Marguerite, Paul ne voulut pas même leur accorder vingt-quatre heures de plus : c'était toujours le même homme, ardent, entier, absolu, transformant en devoir les résolutions prises, et sévère pour lui-même encore plus que pour les autres. ●

L'heure de se quitter arriva; Marguerite et Lusignan voulaient accompagner le jeune commodore jusqu'à son bâtiment; mais Paul ne voulut pas prolonger la douleur de ces adieux. Parvenu à la jetée, il les embrassa une dernière fois, puis s'élança dans la barque, qui s'éloigna aussitôt, rapide comme une flèche. Marguerite et Lusignan la suivirent des yeux jusqu'à ce qu'elle eût disparu à tribord de la frégate, et ils remontèrent tristement, afin de la voir partir, sur le plateau d'où ils l'avaient vue arriver.

Au moment où ils y parvinrent, cette activité intelligente qui précède le moment du départ régnait à bord de la frégate. Les matelots, assemblés au cabestan, commençaient à virer le câble, et, grâce à la limpidité de l'air, leur cri sonore et enjoué parvenait jusqu'aux deux jeunes gens. Le bâtiment arrivait lentement sur son ancre; bientôt on vit la double dent de fer sortir de l'eau, puis les voiles tombèrent successivement des vergues, depuis celles de perroquet jusqu'aux plus basses; le navire, comme doué d'un sentiment instinctif et animé, tourna sa proue vers la sortie du port, et commençant à se mouvoir, fendit l'eau d'un mouvement aussi facile que s'il glissait à sa surface. Alors, comme si désormais la frégate pouvait être abandonnée à sa propre volonté, on vit le jeune commodore monter sur le gaillard d'arrière et tourner toute son attention, devenue inutile à la manœuvre, vers la terre qu'il quittait. Lusignan tira aussitôt son mouchoir et fit signal auquel Paul répondit; puis, lorsqu'il ne leur fut plus possible de se voir à l'œil nu, chacun d'eux eut recours à la lunette, et, grâce à cet ingénieux instrument, ils retardèrent d'une heure encore cette séparation, que des deux côtés chacun pressentait sentimentalement devoir être éternelle. Enfin le navire diminua graduellement à l'horizon en même temps que la nuit descendait du ciel : alors Lusignan fit apporter un amas de branches sur le plateau, et ordonna d'y mettre le feu, afin que les regards de Paul, dont la frégate commençait à se perdre dans l'obscurité, pussent continuer de se fixer sur ce phare jusqu'à ce qu'il eût doublé le cap des Trois-Pointes. Depuis une heure déjà, Marguerite et Lusignan avaient complétement perdu de vue le navire, qui, grâce à leur foyer entretenu clair et brillant, pouvait les apercevoir encore, lorsqu'une flamme pareille à un éclair sillonna l'horizon; quelques secondes après, le bruit d'un coup de canon parvint à leurs oreilles, pareil au grondement sourd et prolongé du tonnerre; puis tout rentra dans la nuit et dans le silence. Lusignan et Marguerite avaient reçu le dernier adieu de Paul.

Maintenant, quoique le drame intime que nous avions pris l'engagement de raconter soit réellement terminé ici, quelques-uns de nos lecteurs auront peut-être pris assez d'intérêt au jeune aventurier dont nous avons fait le héros de cette histoire, pour désirer de le suivre dans la seconde partie de sa carrière; à ceux-là nous allons, en les remerciant de l'attention qu'ils nous accordent, dérouler purement et simplement les faits que des recherches minutieuses sont parvenues à porter à notre connaissance.

A l'époque où nous sommes arrivés, c'est-à-dire au mois de mai 1784, l'Europe tout entière était à peu près retombée dans cet état de torpeur que les hommes imprévoyants prennent pour la tranquillité, et que les esprits plus profonds regardent comme ce repos morne et momentané qui précède la tempête. L'Amérique, par son affranchissement, avait préparé la France à sa révolution : rois et peuples, défiants les uns des autres, se tenaient de chaque côté sur leurs gardes, invoquant ceux-ci et le fait ceux-là le droit. Un seul point de l'Europe semble vivant et agité au milieu de ce sommeil général : c'était la Russie, que le czar Pierre avait portée au rang des États civilisés, et que Caherine II commençait à inscrire au nombre des puissances européennes. Pierre III, devenu odieux aux Russes par un caractère sans noblesse, par des vues politiques sans portée, et surtout par son idolâtrie pour les mœurs et la discipline prussiennes, avait été déposé sans opposition et étranglé sans lutte. Catherine s'était donc trouvée, à l'âge de trente-deux ans, maîtresse d'un empire qui couvre de sa superficie la septième partie du globe; son premier soin avait été de s'imposer par sa puissance même comme médiatrice entre les peuples voisins qu'elle voulait faire relever d'elle. Ainsi elle avait forcé les Courlandais à chasser leur nouveau duc, Charles de Saxe, et à rappeler Biren; elle avait envoyé ses ambassadeurs et ses armées pour faire couronner à Varsovie, sous le nom de Stanislas-Auguste, son ancien amant Poniatowski; elle s'était alliée avec l'Angleterre; elle avait associé à sa politique les cours de Berlin et de Vienne; et cependant ces grands projets de politique étrangère ne lui faisaient pas oublier l'administration intérieure, et dans les intervalles de ses amours si souvent renouvelées, elle trouvait le temps de récompenser l'industrie, d'encourager l'agriculture, de réformer la législation, de créer une marine, d'envoyer Pallas dans des provinces dont on ignorait jusqu'aux productions; Blumager dans l'archipel du Nord, et Billings dans l'océan Oriental; enfin, jalouse de la réputation littéraire de son frère le roi de Prusse, elle écrivait, de la même main qui signait l'érection d'une nouvelle ville, la sentence de mort du jeune Ivan ou le partage de la Pologne, la *Réfutation du voyage en Sibérie*, par l'abbé Chappe; un roman, *le czarovich Chlore*; des pièces de théâtre, parmi lesquelles une traduction en français d'*Oleg*, drame de Derschawin; de sorte que Voltaire l'appelait la *Sémiramis du Nord*, et que le roi de Prusse la plaçait, dans ses lettres, entre Lycurgue et Solon.

On devine l'effet que produisit au milieu de cette cour voluptueuse et chevaleresque l'arrivée d'un homme comme notre marin. La réputation de courage qui l'avait rendu la terreur des ennemis de la France et de l'Amérique, l'avait précédé près de Catherine, et, en échange du don qu'il lui fit de sa frégate, il reçut le grade de contre-amiral. Alors, le pavillon de la Russie, après avoir fait le tour de la moitié du vieux monde, apparut dans les mers de la Grèce, et, sur les ruines de Lacédémone et du Parthénon, celui qui venait d'accomplir l'affranchissement de l'Amérique rêva le rétablissement des républiques de Sparte et d'Athènes. Enfin, le vieil empire ottoman fut ébranlé jusque dans sa base; les Turcs, battus, signèrent la paix à Kaïnardji. Catherine retint pour elle Azof, Tangarok et Kinburn, se fit accorder la libre navigation de la mer Noire et l'indépendance de la Crimée; alors, devenue dominatrice de la Tauride, elle désira connaître ses nouvelles possessions. Paul, rappelé à Saint-Pétersbourg, l'accompagna dans ce voyage tracé par Potemkin. Sur une route de près de mille lieues, tous les prestiges d'un triomphe continuel furent offerts à la conquérante et à sa suite : c'étaient des feux allumés sur toute la longueur du chemin; des illuminations éclatant comme par féerie dans toutes les villes; des palais magnifiques élevés pour un jour au milieu des campagnes désertes,

et disparaissant le lendemain; des villages se groupant comme sous la baguette d'un enchanteur dans les solitudes où huit jours auparavant les Tatars paissaient leurs troupeaux; des villes apparaissant à l'horizon, dont il n'existait que les murailles extérieures; partout des hommages, des chants, des danses; une population pressée sur la route, et, la nuit, courant, pendant que l'impératrice dormait, s'échelonner de nouveau sur le chemin que sa souveraine devait parcourir en se réveillant; un roi et un empereur marchant à ses côtés, et s'intitulant, non pas ses égaux, mais ses courtisans; enfin, un arc de triomphe élevé au terme du voyage, avec cette inscription qui révélait, sinon l'ambition de Catherine, du moins la politique de Potemkin : *C'est ici le chemin de Byzance.* Alors, la Russie s'affermit dans sa tyrannie comme l'Amérique dans son indépendance.

Catherine offrit à son amiral des places à rassasier un courtisan, des honneurs à combler un ambitieux, des terres à consoler un roi d'avoir perdu un royaume; mais c'était le pont mouvant de son vaisseau, c'était la mer avec ses combats et ses tempêtes, c'était l'Océan immense et sans bornes qu'il fallait à notre aventureux et poétique marin. Il quitta donc la cour brillante de Catherine comme il avait quitté l'assemblée sévère du congrès, et vint chercher en France ce qui lui manquait partout ailleurs, c'est-à-dire une vie d'émotions, des ennemis à combattre, un peuple à défendre. Paul arriva à Paris au milieu de nos guerres européennes et de nos luttes civiles, tandis que d'une main nous étouffions l'étranger, et que de l'autre nous déchirions nos propres entrailles. Ce roi qu'il avait vu dix ans auparavant chéri, honoré, puissant, était, à cette heure, captif, méprisé, sans forces. Tout ce qui était élevé s'abaissait, les grands noms tombaient comme les hautes têtes. C'était le règne de l'égalité, et la guillotine était le niveau. Paul s'informa d'Emmanuel; on lui dit qu'il était proscrit. Il demanda ce qu'était devenue sa mère, on lui répondit qu'elle était morte. Alors il lui prit un immense besoin de visiter une fois encore, avant de mourir lui-même, les lieux où il avait, douze ans auparavant, éprouvé des émotions si douces et si terribles. Il partit pour la Bretagne, laissa sa voiture à Vannes, et prit un cheval comme il l'avait fait le jour où il avait vu pour la première fois Marguerite; mais ce n'était plus le jeune et enthousiaste marin, aux désirs et aux espérances sans horizon; c'était l'homme désillusionné de tout, parce qu'il a tout goûté, miel et absinthe; tout approfondi, hommes et choses; tout connu, gloire et oubli. Aussi, ne cherchait-il plus une famille, il venait visiter des tombeaux.

En arrivant en vue du château, il tourna les yeux vers la maison d'Achard, et, ne la voyant plus, il tâcha de s'orienter par la forêt; mais la forêt semblait s'être évanouie par enchantement. Elle avait été vendue, comme propriété nationale, à vingt-cinq ou trente fermiers des environs, qui l'avaient défrichée et en avaient fait une vaste plaine. Le grand chêne avait disparu, et la charrue avait passé sur la tombe ignorée du comte de Morlaix, dont l'œil même de son fils ne pouvait plus reconnaître la place.

Alors, il prit la porte du parc et s'avança vers le château, plus sombre et plus triste encore à cette heure qu'il ne l'était autrefois; il n'y avait plus qu'un vieux concierge, ruine vivante au milieu de ces ruines mortes. On avait eu d'abord l'intention d'abattre le manoir comme la forêt, mais la réputation de sainteté de la marquise, conservée religieusement dans le pays, avait protégé les vieilles pierres qui, pendant quatre siècles, avaient abrité sa famille. Paul visita les appartements que, depuis trois ans, l'on n'avait point ouverts et que l'on rouvrit pour lui. Il parcourut la galerie des portraits; elle était restée telle qu'il l'avait vue autrefois, mais aucune main pieuse n'avait ajouté à l'antique collection les portraits du marquis et de la marquise. Il entra dans la bibliothèque où il s'était caché, retrouva à la même place un livre qu'il avait ouvert, l'ouvrit et relut les pages qu'il avait lues; puis il poussa la porte qui donnait sur la chambre du contrat, où s'étaient passées les scènes les plus animées du drame dont il avait été le principal acteur. La table était à la même place, et la glace au cadre de Venise, qui se trouvait sur la cheminée, brisée encore par une balle du pistolet d'Emmanuel. Il alla s'appuyer contre le chambranle de la cheminée, et demanda des détails sur les dernières années de la marquise.

Ils étaient simples et sévères, comme tout ce que l'on connaissait d'elle. Restée seule au château ainsi que nous l'avons dit, sa vie tout entière s'était uniformément écoulée dans trois endroits différents : son oratoire, le caveau où dormait son mari, et l'espace abrité par le chêne au pied duquel avait été enterré son amant. Pendant huit ans encore, après la soirée où Paul avait pour la dernière fois pris congé d'elle, on l'avait vue errer dans ces vieux corridors et dans ces sombres allées, pâle et lente comme une ombre; puis enfin, une maladie de cœur, causée par les émotions amassées dans sa poitrine, s'était déclarée; elle avait été s'affaiblissant toujours; enfin, un soir qu'elle ne pouvait plus marcher, elle s'était fait porter au pied du chêne, sa promenade favorite, pour voir une fois encore, disait-elle, le soleil se coucher dans l'Océan, ordonnant qu'on vint la reprendre dans une demi-heure. A leur retour, ses gens la trouvèrent évanouie. Ils la transportèrent vers le château; elle revint à elle dans le trajet, et, au lieu

de se faire conduire à sa chambre, elle ordonna qu'on la descendît dans le caveau de sa famille. Là, elle eut la force de s'agenouiller encore au tombeau de son mari et de faire de la main signe qu'on la laissât seule. Quelque imprudence qu'il y eût de le faire, on obéit, car elle était habituée à ne jamais répéter deux fois le même ordre. Cependant, au lieu de sortir, les domestiques restèrent dans un enfoncement, afin d'être prêts à la secourir. Au bout d'un instant, ils la virent se coucher sur la pierre devant laquelle elle priait. Ils crurent qu'une seconde fois elle était évanouie; ils accoururent, elle était morte.

Paul se fit conduire dans les caveaux, y entra lentement et la tête découverte; puis, arrivé à la pierre qui couvrait la tombe de sa mère, il s'agenouilla devant elle. Elle présentait cette seule inscription, que l'on peut voir encore dans une des chapelles de l'église de la petite ville d'Auray, où elle a été transportée depuis, et que la marquise elle-même avait, avant de mourir, laissée à cette intention :

CI-GIT
TRÈS-HAUTE ET TRÈS-PUISSANTE DAME
MARGUERITE-BLANCHE DE SABLÉ,
MARQUISE D'AURAY,
NÉE LE 2 AOUT 1729,
MORTE LE 2 SEPTEMBRE 1788.

—

Priez pour elle et pour *ses enfants*.

Paul leva les yeux au ciel avec une expression infinie de reconnaissance. Sa mère, qui si longtemps l'avait oublié pendant sa vie, s'était souvenue de lui dans son inscription funéraire.

Six mois après, la Convention nationale décida en séance solennelle qu'elle assisterait aux funérailles de Paul Jones, ancien commodore de la marine américaine, mort à Paris le 7 juillet 1793, et dont l'inhumation devait avoir lieu au cimetière du Père-Lachaise.

Cette décision avait été prise, dit l'arrêté, *pour consacrer en France la liberté des cultes*.

FIN

MURAT

PAR

ALEXANDRE DUMAS

V ers cette même époque, c'est-à-dire dans le courant de l'année 1834, lord S. amena un soir le général italien W. T. chez Grisier.

Sa présentation fit événement. Le général T. était non-seulement un homme distingué comme instruction et comme courage, mais encore la part qu'il avait prise à deux événements politiques importants en faisait un personnage historique. Ces deux événements étaient le procès de Murat en 1815 et la révolution de Naples en 1820.

Nommé membre de la commission militaire qui devait juger l'ex-roi Joachim, le général T., alors simple capitaine, avait été envoyé au Pizzo, et, seul parmi tous ses collègues, il avait osé voter contre la peine de mort. Cette conduite avait été considérée comme une trahison, et le capitaine T., menacé à son tour d'un procès, en fut quitte, à grand'peine, pour la perte de son grade et un exil de deux ans à Lipari.

Il était de retour à Naples depuis trois ans, lorsque la révolution de 1820 éclata. Il s'y jeta avec toute l'ardeur de son courage et toute la conscience de ses opinions. Le vicaire général du royaume, le prince François, qui succéda depuis à son père Ferdinand, avait lui-même paru céder franchement au mouvement révolutionnaire ; et un des motifs de la confiance que lui accordèrent alors grand nombre de patriotes fut le choix qu'il fit du capitaine T. pour commander une division de l'armée qui marcha contre les Autrichiens.

On sait comment finit cette campagne. Le général T., abandonné par ses soldats, rentra l'un des derniers à Naples ; il y fut suivi de près par les Autrichiens. Le prince François, fort de leur présence, jugea qu'il était inutile de dissimuler plus longtemps, et il exila, comme rebelles et coupables de haute trahison, ceux dont il avait signé les brevets trois semaines auparavant.

Cependant la proscription n'avait pas été si prompte, que le général n'eût eu le temps, un soir qu'il prenait une glace au café de Tolède, de recevoir une impertinence et de rendre un soufflet. Le souffleté était un colonel autrichien, qui exigea une satisfaction que le général ne demandait pas mieux que de lui accorder. Le colonel fit toutes les conditions, le général n'en discuta aucune ; il en résulta que les préliminaires de l'affaire furent promptement réglés ; la rencontre fut fixée au lendemain. Elle devait avoir lieu à cheval et au sabre.

Le lendemain, à l'heure dite, les adversaires se trouvèrent au rendez-vous ; mais, soit que les témoins se fussent mal expliqués, soit que le général eût oublié l'une des deux conditions du combat, il arriva en fiacre.

Les témoins proposèrent au colonel de se battre à pied ; mais il n'y voulut pas consentir. Le général détela alors un des chevaux du fiacre ; monta dessus sans selle et sans bride, et à la troisième passe tua le colonel.

Ce duel fit grand honneur au courage et au sang-froid du général T. ; mais il ne raccommoda point ses affaires. Huit jours après, il reçut l'ordre de quitter Naples : il n'y est pas rentré depuis.

On devine quelle bonne fortune ce fut pour nous qu'une pareille recrue ; cependant nous y mîmes de la discrétion. Sa première visite se passa en conversation générale ; à la seconde, nous hasardâmes quelques questions ; à la troisième, son fleuret, grâce à notre importunité, ne lui servit plus qu'à

nous tracer des plans de bataille sur le mur ou sur le plancher.

Parmi tous ces récits, il en était un que je désirais plus particulièrement connaître dans tous ses détails ; c'était celui des circonstances qui avaient précédé les derniers instants et accompagné la mort de Murat. Ces détails étaient toujours restés pour nous, sous la Restauration, couverts d'un voile que les susceptibilités royales, plus encore que la distance des lieux, rendaient difficile à soulever ; puis la Révolution de juillet était venue, et tant d'événements nouveaux avaient surgi, qu'ils avaient presque fait oublier les anciens. L'ère des souvenirs impériaux était passée depuis que ces souvenirs avaient cessé d'être de l'opposition. Il en résultait que, si je perdais cette occasion d'interroger la tradition vivante, je courais grand risque d'être obligé de m'en rapporter à l'histoire officielle, et je savais trop comment celle-ci se fait pour y avoir recours en pareille occasion. Je laissai donc chacun satisfaire sa curiosité aux dépens de la patience du général T., me promettant de retenir pour moi tout ce qui lui en resterait de disponible après la séance.

En effet, je guettai sa sortie, et, comme nous avions même route à faire, je le reconduisis par le boulevard, et, là, seul à seul, j'osai risquer des questions plus intimes sur le fait qui m'intéressait. Le général vit mon désir, et comprit dans quel but je me hasardais à le lui manifester. Alors, avec cette obligeance parfaite que lui savent tous ceux qui l'ont connu :

—Écoutez, me dit-il, de pareils détails ne peuvent se communiquer de vive voix et en un instant ; d'ailleurs, ma mémoire me servît-elle au point que je n'en oubliasse aucun, la vôtre pourrait bien être moins fidèle ; et, si je ne m'abuse, vous ne voulez rien oublier de ce que je vous dirai

Je lui fis signe en riant que non.

—Eh bien ! continua-t-il, je vous enverrai demain un manuscrit ; vous le déchiffrerez comme vous pourrez, vous le traduirez si bon vous semble ; vous le publierez s'il en mérite la peine ; la seule condition que je vous demande, c'est que vous n'y mettiez pas mon nom en toutes lettres, attendu que je serais sûr de ne jamais rentrer à Naples. Quant à l'authenticité, je vous la garantis, car le récit qu'il contient a été rédigé ou sur mes propres souvenirs ou sur des pièces officielles.

C'était plus que je ne pouvais demander ; aussi remerciai-je le général, et lui donnai-je une preuve de l'empressement que j'aurais à le lire en lui faisant promettre formellement de me l'envoyer le lendemain. Le général promit et me tint parole.

C'est donc le manuscrit d'un témoin oculaire, traduit dans toute son énergique fidélité, que nous mettons sous les yeux de nos lecteurs.

I

TOULON.

e 18 juin 1815, à l'heure même où les destinées de l'Europe se décidaient à Waterloo, un homme habillé en mendiant suivait silencieusement la route de Toulon à Marseille. Arrivé à l'entrée des gorges d'Ollioulles, il s'arrêta sur une petite éminence qui lui permettait de découvrir tout le paysage qui l'entourait. alors, soit qu'il fût parvenu au terme de son voyage, soit qu'avant de s'engager dans cet âpre et sombre défilé qu'on appelle les Thermopyles de la Provence il voulût jouir encore quelque temps de la vue magnifique qui se déroulait à l'horizon méridional, il alla s'asseoir sur le talus du fossé qui bordait la grande route, tournant le dos aux montagnes qui s'élèvent en amphithéâtre au nord de la ville, et ayant par conséquent à ses pieds une riche plaine, dont la végétation asiatique rassemble, comme dans une serre, des arbres et des plantes inconnus au reste de la France. Au delà de cette plaine resplendissante des derniers rayons du soleil s'étendait la mer, calme et unie comme une glace, et à la surface de l'eau glissait légèrement un seul brick de guerre, qui, profitant d'une fraîche brise de terre, lui ouvrait toutes ses voiles, et, poussé par elles, gagnait rapidement la mer d'Italie. Le mendiant le suivit avidement des yeux jusqu'au moment où il disparut entre la pointe du cap de Gien et la première des îles d'Hyères, puis, dès que la blanche apparition se fut effacée, il poussa un profond soupir, laissa retomber son front entre ses mains, et resta immobile et absorbé dans ses réflexions jusqu'au moment où le bruit d'une cavalcade le fit tressaillir; il releva aussitôt la tête, secoua ses longs cheveux noirs, comme s'il voulait faire tomber de son front les amères pensées qui l'accablaient, et, fixant les yeux vers l'entrée des gorges, du côté d'où venait le bruit, il en vit bientôt sortir deux cavaliers qu'il reconnut sans doute, car aussitôt, se relevant de toute sa hauteur, il laissa tomber le bâton qu'il tenait à la main, croisa les bras et se tourna vers eux. De leur côté, les nouveaux arrivants l'eurent à peine aperçu qu'ils s'arrêtèrent, et que celui qui marchait le premier descendit de cheval, jeta la bride au bras de son compagnon, et, mettant le chapeau à la main, quoiqu'il fût à plus de cinquante pas de l'homme

aux haillons, s'avança respectueusement vers lui. Le mendiant le laissa approcher d'un air de dignité sombre et sans faire un seul mouvement; puis, lorsqu'il ne fut plus qu'à une faible distance :

— Eh bien! monsieur le maréchal, lui dit-il, avez-vous reçu des nouvelles?

— Oui, sire, répondit tristement celui qui l'interrogeait.

— Et quelles sont-elles?...

— Telles que j'eusse préféré que tout autre que moi les annonçât à Votre Majesté...

— Ainsi l'empereur refuse mes services! il oublie les victoires d'Aboukir, d'Eylau, de la Moskowa?

— Non, sire; mais il se souvient du traité de Naples, de la prise de Reggio et de la déclaration de guerre au vice-roi d'Italie.

Le mendiant se frappa le front.

— Oui, oui, à ses yeux peut-être ai-je mérité ces reproches; mais il me semble cependant qu'il devrait se rappeler qu'il y eut deux hommes en moi, le soldat dont il a fait son frère, et son frère dont il a fait un roi... Oui, comme frère, j'eus des torts et de grands torts envers lui; mais comme roi, sur mon âme! je ne pouvais faire autrement... Il me fallait choisir entre mon sabre et ma couronne, entre un régiment et un peuple!... Tenez, Brune, vous ne savez pas comment la chose s'est passée! Il y avait une flotte anglaise dont le canon grondait dans le port; il y avait une population napolitaine qui hurlait dans les rues. Si j'avais été seul, j'aurais passé avec un bateau au milieu de la flotte; avec mon sabre au milieu de la foule; mais j'avais une femme, des enfants. Cependant j'ai hésité, l'idée que l'épithète de traître et de transfuge s'attacherait à mon nom m'a fait verser plus de larmes que ne m'en coûtera jamais la perte de mon trône, et peut-être la mort des êtres que j'aime le plus. . Enfin, il ne veut pas de moi, n'est-ce pas?... Il me refuse comme général, comme capitaine, comme soldat?... Que me reste-t-il donc à faire?

— Sire, il faut que Votre Majesté sorte à l'instant de France.

— Et si je n'obéissais pas?

— Mes ordres sont alors de vous arrêter et de vous livrer à un conseil de guerre!

— Ce que tu ne ferais pas, n'est-ce pas, mon vieux camarade?

— Ce que je ferais, en priant Dieu de me frapper de mort au moment où j'étendrais la main sur vous!

— Je vous reconnais là, Brune; vous avez pu rester brave et loyal, vous! Il ne vous a pas donné un royaume, il ne vous a pas mis autour du front ce cercle de feu qu'on appelle une couronne et qui rend fou; il ne vous a pas placé entre votre conscience et votre famille. Ainsi il me faut quitter la France, recommencer la vie errante, dire adieu à Toulon, qui me rappelait tant de souvenirs. Tenez, Brune, continua Murat en s'appuyant sur le bras du maréchal, ne voilà-t-il pas des pins aussi beaux que ceux de la villa Pamphile, des palmiers pareils à ceux du Caire, des montagnes qu'on croirait une chaîne du Tyrol? Voyez, à gauche, ce cap de Gien, n'est-ce pas, moins le Vésuve, quelque chose comme Castellamare et Sorrente? Et tenez, Saint-Mandrier, qui ferme là-bas le golfe, ne ressemble-t-il pas à mon rocher de Caprée, que Lamarque a si bien escamoté à cet imbécile d'Hudson Lowe? Ah! mon Dieu! et il me faut quitter tout cela! Il n'y a pas moyen de rester sur ce coin de terre française, dites, Brune?...

— Sire, vous me faites bien mal! répondit le maréchal.

— C'est vrai; ne parlons plus de cela. Quelles nouvelles?

— L'empereur est parti de Paris pour rejoindre l'armée; on doit se battre à cette heure...

— On doit se battre à cette heure, et je ne suis pas là! Oh! je sens que je lui aurais été cependant bien utile un jour de bataille! Avec quel plaisir j'aurais chargé sur ces misérables Prussiens et sur ces infâmes Anglais! Brune, donnez-moi un passe-port, je partirai à franc étrier, j'arriverai où sera l'armée, je me ferai reconnaître à un colonel, je lui dirai : Donnez-moi votre régiment; je chargerai avec lui, et, si le soir l'empereur ne me tend pas la main, je me brûlerai la cervelle, je vous en donne ma parole d'honneur!... Faites ce que je vous demande, Brune, et, de quelque manière que cela finisse, je vous en aurai une reconnaissance éternelle!

— Je ne puis, sire...

— C'est bien, n'en parlons plus.

— Et Votre Majesté va quitter la France?

— Je ne sais; du reste, accomplissez vos ordres, maréchal, et, si vous me retrouvez, faites-moi arrêter; c'est encore un moyen de faire quelque chose pour moi!... La vie m'est aujourd'hui un lourd fardeau, et celui qui m'en délivrera sera le bienvenu... Adieu, Brune.

Et il tendit la main au maréchal, celui-ci voulut la lui baiser, mais Murat ouvrit ses bras, les deux vieux compagnons se tinrent un instant embrassés, la poitrine gonflée de soupirs, les yeux pleins de larmes; puis enfin ils se séparèrent. Brune remonta à cheval, Murat reprit son bâton, et ces deux hommes s'éloignèrent chacun de son côté, l'un pour aller se faire assassiner à Avignon, et l'autre pour aller se faire fusiller au Pizzo.

Pendant ce temps, comme Richard III, Napoléon échangeait à Waterloo sa couronne pour un cheval.

Après l'entrevue que nous venons de rapporter, l'ex-roi de Naples se retira chez son neveu, qui se nommait Bonafoux, et qui était capitaine de frégate; mais cette retraite ne pouvait être que provisoire : la parenté devait éveiller les soupçons de l'autorité. En conséquence, Bonafoux songea à procurer à son oncle un asile plus secret. Il jeta les yeux sur un avocat de ses amis, dont il connaissait l'inflexible probité, et le soir même il se présenta chez lui. Après avoir causé de choses indifférentes, il lui demanda s'il n'avait pas une campagne au bord de la mer, et, sur sa réponse affirmative, il s'invita pour le lendemain à déjeuner chez lui; la proposition, comme on le pense, fut acceptée avec plaisir.

Le lendemain, à l'heure convenue, Bonafoux arriva à Bonette, c'était le nom de la maison de campagne qu'habitaient la femme et la fille de M. Marouin. Quant à lui, attaché au barreau de Toulon, il était obligé de rester dans cette ville. Après les premiers compliments d'usage, Bonafoux s'avança vers la fenêtre, et faisant signe à Marouin de le rejoindre :

— Je croyais, lui dit-il avec inquiétude, que votre campagne était située plus près de la mer.

— Nous en sommes à dix minutes de chemin à peine.

— Mais on ne l'aperçoit pas!

— C'est cette colline qui nous empêche de la voir.

— En attendant le déjeuner, voulez-vous que nous allions faire un tour sur la côte?

— Volontiers. Votre cheval n'est pas encore dessellé, je vais faire mettre la selle au mien, et je viens vous reprendre.

Marouin sortit. Bonafoux resta devant la fenêtre, absorbé dans ses pensées. Au reste, les maîtresses de la maison, distraites par les préparatifs du déjeuner, ne remarquèrent point ou ne parurent point remarquer sa préoccupation. Au bout de cinq minutes, Marouin rentra; tout était prêt. L'avocat et son hôte montèrent à cheval et se dirigèrent rapidement vers la mer. Arrivé sur la grève, le capitaine ralentit le pas de sa monture, et, longeant la plage pendant une demi-heure à peu près, il parut apporter la plus grande attention au gisement des côtes. Marouin le suivait sans lui faire de question sur cet examen, que la qualité d'officier de marine rendait tout naturel. Enfin, après une heure de marche, les deux convives rentrèrent à la maison de campagne. Marouin voulut faire desseller les chevaux; mais Bonafoux s'y opposa, disant qu'aussitôt après le déjeuner il était obligé de retourner à Toulon. Effectivement, à peine le café était-il enlevé que le capitaine se leva et prit congé de ses hôtes. Marouin, rappelé à la ville par ses affaires, monta à cheval avec lui, et les deux amis reprirent ensemble le chemin de Toulon.

Au bout de dix minutes de marche, Bonafoux se

— J'ai quelque chose de grave à vous dire, un secret important à vous confier.

rapprocha de son compagnon de route, et, lui appuyant la main sur la cuisse :

— Marouin, lui dit-il, j'ai quelque chose de grave à vous dire, un secret important à vous confier.

— Dites, capitaine. Après les confesseurs, vous savez qu'il n'y a rien de plus discret que les notaires, et après les notaires que les avocats.

— Vous pensez bien que je ne suis pas venu à votre campagne pour le seul plaisir de faire une promenade. Un objet plus important, une responsabilité plus sérieuse, me préoccupent, et je vous ai choisi entre tous mes amis, pensant que vous m'étiez assez dévoué pour me rendre un grand service.

— Vous avez bien fait, capitaine.

— Venons au fait clairement et rapidement, comme il convient de le faire entre hommes qui s'estiment et qui comptent l'un sur l'autre. Mon oncle, le roi Joachim, est proscrit; il est caché chez moi, mais il ne peut y rester, car je suis la première personne chez laquelle on viendra faire visite. Votre campagne est isolée, et, par conséquent, on ne peut plus convenable pour lui servir de retraite. Il faut que vous la mettiez à notre disposition jusqu'au moment où les événements permettront au roi de prendre une détermination quelconque.

— Vous pouvez en disposer, dit Marouin.

— C'est bien ; mon oncle y viendra coucher cette nuit.

— Mais donnez-moi le temps au moins de la rendre digne de l'hôte royal que je vais avoir l'honneur de recevoir.

— Mon pauvre Marouin, vous vous donneriez une peine inutile, et vous nous imposeriez un retard fâcheux. Le roi Joachim a perdu l'habitude des palais et des courtisans ; il est trop heureux aujourd'hui quand il trouve une chaumière et un ami ; d'ailleurs je l'ai prévenu, tant d'avance j'étais sûr de votre réponse. Il compte coucher chez vous ce soir ; si maintenant j'essayais de changer quelque chose à sa détermination, il verrait un refus dans ce qui ne serait qu'un délai, et vous perdriez tout le mérite de votre belle et bonne action. Ainsi, c'est chose dite : ce soir, à dix heures, au Champ-de-Mars.

A ces mots, le capitaine mit son cheval au galop et disparut. Marouin fit tourner bride au sien, et revint à sa campagne donner les ordres nécessaires à la réception d'un étranger dont il ne dit pas le nom.

A dix heures du soir, ainsi que la chose avait été convenue, Marouin était au Champ-de-Mars, encombré alors par l'artillerie de campagne du maréchal Brune. Personne n'était arrivé encore. Il se promenait entre les caissons, lorsque le factionnaire vint à lui et lui demanda ce qu'il faisait. La réponse était assez difficile : on ne se promène guère pour son plaisir à dix heures du soir au milieu d'un parc d'artillerie ; aussi demanda-t-il à parler au chef du poste. L'officier s'avança : M. Marouin se fit reconnaître à lui pour avocat, adjoint au maire de la ville de Toulon, lui dit qu'il avait donné rendez-vous à quelqu'un au Champ-de-Mars, ignorant que ce fût chose défendue, et qu'il attendait cette personne. En conséquence de cette explication, l'officier l'autorisa à rester et rentra au poste. Quant à la sentinelle, fidèle observatrice de la subordination, elle continua sa promenade mesurée sans s'inquiéter davantage de la présence d'un étranger.

Quelques minutes après, un groupe de plusieurs personnes parut du côté des Lices. Le ciel était magnifique, la lune brillante. Marouin reconnut Bonafoux et s'avança vers lui. Le capitaine lui prit aussitôt la main, le conduisit au roi, et, s'adressant successivement à chacun d'eux : « Sire, dit-il, voici l'ami dont je vous ai parlé. » Puis, se retournant vers Marouin : « Et vous, lui dit-il, voici le roi de Naples, proscrit et fugitif, que je vous confie. Je ne parle pas de la possibilité qu'il reprenne un jour sa couronne ; ce serait vous ôter tout le mérite de votre belle action... Maintenant servez-lui de guide, nous vous suivrons de loin, marchez. »

Le roi et l'avocat se mirent en route aussitôt. Murat était alors vêtu d'une redingote bleue, moitié militaire, moitié civile, et boutonnée jusqu'en haut ; il avait un pantalon blanc et des bottes à éperons.

Il portait les cheveux longs, de larges moustaches et d'épais favoris qui lui faisaient le tour du cou. Tout le long de la route il interrogea son hôte sur la situation de la campagne qu'il allait habiter et sur la facilité qu'il aurait, en cas d'alerte, à gagner la mer. Vers minuit, le roi et Marouin arrivèrent à Bonette ; la suite royale les rejoignit au bout de dix minutes : elle se composait d'une trentaine de personnes. Après avoir pris quelques rafraîchissements, cette petite troupe, dernière cour du roi déchu, se retira pour se disperser dans la ville et ses environs, et Murat resta seul avec les femmes, ne gardant auprès de lui qu'un seul valet de chambre nommé Leblanc.

Murat resta un mois à peu près dans cette solitude, occupant toutes ses journées à répondre aux journaux qui l'avaient accusé de trahison envers l'empereur. Cette accusation était sa préoccupation, son fantôme, son spectre : jour et nuit il essayait de l'écarter, en cherchant dans la position difficile où il s'était trouvé toutes les raisons qu'elle pouvait lui offrir d'agir comme il avait agi. Pendant ce temps, la désastreuse nouvelle de la défaite de Waterloo s'était répandue. L'empereur, qui venait de proscrire, était proscrit lui-même, et il attendait à Rochefort, comme Murat à Toulon, ce que les ennemis allaient décider de lui. On ignore encore à quelle voix intérieure a cédé Napoléon lorsque, repoussant les conseils du général Lallemand et le dévouement du capitaine Bodin, il préféra l'Angleterre à l'Amérique, et s'en alla, moderne Prométhée, s'étendre sur le rocher de Sainte-Hélène. Nous allons dire, nous, quelle circonstance fortuite conduisit Murat dans les fossés de Pizzo ; puis nous laisserons les fatalistes tirer de cette étrange histoire telle déduction philosophique qu'il leur plaira. Quant à nous, simple annaliste, nous ne pouvons que répondre de l'exactitude des faits que nous avons déjà racontés et de ceux qui vont suivre.

Le roi Louis XVIII était remonté sur le trône ; tout espoir de rester en France était donc perdu pour Murat ; il fallait partir. Son neveu Bonafoux fréta un brick pour les États-Unis, sous le nom du prince Rocca Romana. Toute la suite se rendit à bord, et l'on commença d'y faire transporter les objets précieux que le proscrit avait pu sauver dans le naufrage de sa royauté. D'abord ce fut un sac d'or pesant cent livres à peu près, une garde d'épée sur laquelle étaient les portraits du roi, de la reine et de ses enfants, et les actes de l'état civil de sa famille, reliés en velours et ornés de ses armes. Quant à Murat, il avait gardé sur lui une ceinture dans laquelle était, entre quelques papiers précieux, une vingtaine de diamants démontés qu'il estimait lui-même à une valeur de quatre millions.

Tous ces préparatifs de départ arrêtés, il fut convenu que le lendemain, 1er août, à cinq heures du matin, la barque du brick viendrait chercher le roi dans une petite baie distante de dix minutes de chemin de la maison de campagne qu'il habitait. Le roi passa la nuit à tracer à M. Marouin un itinéraire à l'aide duquel il devait arriver jusqu'à la reine, qui alors était, je crois, en Autriche. Au moment de partir, il fut terminé, et, en quittant le seuil de cette maison hospitalière où il avait trouvé un refuge, il le remit à son hôte avec un volume de Voltaire que son édition stéréotype rendait portatif. Au bas du conte de *Micromégas*, le roi avait écrit :

« Tranquillise-toi, ma chère Caroline ; quoique bien malheureux, je suis libre. Je pars sans savoir où je vais ; mais, partout où j'irai, mon cœur sera à toi et à mes enfants.   J. M. »

Dix minutes après, Murat et son hôte attendaient sur la plage de Bonette l'arrivée du canot qui devait conduire le fugitif à son bâtiment.

Ils attendirent ainsi jusqu'à midi, et rien ne parut, et cependant ils voyaient à l'horizon le brick sauveur qui, ne pouvant tenir l'ancre à cause de la profondeur de la mer, courait des bordées, au risque, par cette manœuvre, de donner l'éveil aux sentinelles de la côte. A midi, le roi, écrasé de fatigue, brûlé par le soleil, était couché sur la plage lorsqu'un domestique arriva portant quelques rafraîchissements, que madame Marouin, inquiète, envoyait à tout hasard à son mari. Le roi prit un verre d'eau rougie, mangea une orange, se releva un instant pour regarder si, dans l'immensité de cette mer, il ne verrait pas venir à lui la barque qu'il attendait. La mer était déserte, et le brick seul se courbait gracieusement à l'horizon, impatient de partir comme un cheval qui attend son maître.

Le roi poussa un soupir et se recoucha sur le sable. Le domestique retourna à Bonette avec l'ordre d'envoyer à la plage le frère de M. Marouin. Un quart d'heure après, il arrivait, et presque aussitôt il repartait à grande course de cheval pour Toulon, afin de savoir de M. Bonafoux la cause qui avait empêché la barque de venir prendre le roi. En arrivant chez le capitaine, il trouva la maison envahie par la force armée ; on faisait une visite domiciliaire dont Murat était l'objet. Le messager parvint enfin au milieu du tumulte jusqu'à celui auprès duquel il était envoyé, et là il apprit que le canot était parti à l'heure convenue, et qu'il fallait qu'il se fût égaré dans les calanges de Saint-Louis et de Sainte-Marguerite. C'est en effet ce qui était arrivé. A cinq heures, M. Marouin rapportait ces nouvelles à son frère et au roi. Elles étaient embarrassantes. Le roi n'avait plus le courage de défendre sa vie, même par la fuite ; il était dans un de ces moments d'abattement qui saisissent parfois l'homme le plus fort, incapable d'émettre une opinion pour sa propre sûreté, et laissant M. Marouin maître d'y pourvoir comme bon lui semblerait. En ce moment un pêcheur rentrait en chantant dans le port. Marouin lui fit signe de venir, il obéit.

Marouin commença par acheter à cet homme tout le poisson qu'il avait pris ; puis, après qu'il l'eut payé avec quelques pièces de monnaie, il fit briller de l'or à ses yeux, et lui offrit trois louis s'il voulait conduire un passager au brick que l'on apercevait en face de la Croix-des-Signaux. Le pêcheur accepta. Cette chance de salut rendit à l'instant même toutes ses forces à Murat ; il se leva, embrassa M. Marouin, lui recommanda d'aller trouver sa femme et de lui remettre le volume de Voltaire, puis il s'élança dans la barque, qui s'éloigna aussitôt.

Elle était déjà à quelque distance de la côte lorsque le roi arrêta le rameur et fit signe à Marouin qu'il avait oublié quelque chose. En effet, sur la plage était un sac de nuit dans lequel Murat avait renfermé une magnifique paire de pistolets montés en vermeil, qui lui avait été donnée par la reine, et à laquelle il tenait prodigieusement. A peine fut-il à la portée de la voix, qu'il indiqua à son hôte le motif de son retour. Celui-ci prit aussitôt la valise, et, sans attendre que Murat touchât terre, il la lui jeta de la plage dans le bateau ; en tombant, le sac de nuit s'ouvrit, et un des pistolets en sortit. Le pêcheur ne jeta qu'un coup d'œil sur l'arme royale, mais ce fut assez pour qu'il remarquât sa richesse et qu'il conçut des soupçons. Il n'en continua pas moins de ramer vers le bâtiment. M. Marouin, le voyant s'éloigner, laissa son frère sur la côte, et, saluant une dernière fois le roi, qui lui rendit son salut, retourna vers la maison pour calmer les inquiétudes de sa femme et prendre lui-même quelques heures de repos, dont il avait grand besoin.

Deux heures après, il fut réveillé par une visite domiciliaire ; sa maison, à son tour, était envahie par la gendarmerie. On chercha de tous les côtés sans trouver trace du roi. Au moment où les recherches étaient le plus acharnées, son frère rentra ; Marouin le regarda en souriant, car il croyait le roi sauvé ; mais, à l'expression du visage de l'arrivant, il vit qu'il était advenu quelque nouveau malheur. Aussi, au premier moment de relâche que lui donnèrent les visiteurs, il s'approcha de son frère : — Eh bien ! dit-il, le roi est à bord, j'espère ? — Le roi est à cinquante pas d'ici, caché dans la masure. — Pourquoi est-il revenu ? — Le pêcheur a prétexté un gros temps, et a refusé de le conduire jusqu'au brick. — Le misérable !

Les gendarmes rentrèrent.

Toute la nuit se passa en visites infructueuses dans la maison et ses dépendances ; plusieurs fois ceux qui cherchaient le roi passèrent à quelques pas de lui, et Murat put entendre leurs menaces et leurs imprécations. Enfin, une demi-heure avant le jour, ils se retirèrent. Marouin les laissa s'éloigner, et, aussitôt qu'il les eut perdus de vue, il courut à l'endroit où devait être le roi. Il le trouva couché dans un enfoncement et tenant un pistolet de chaque main. Le malheureux n'avait pu résister à la

— Pourquoi est-il revenu ? — Le pêcheur a prétexté un gros temps. — Page 7.

fatigue et s'était endormi. Il hésita un instant à le rendre à cette vie errante et tourmentée; mais il n'y avait pas une minute à perdre. Il le réveilla.

Aussitôt ils s'acheminèrent vers la côte; le brouillard matinal s'étendait sur la mer. On ne pouvait distinguer à deux cents pas de distance : ils furent obligés d'attendre. Enfin les premiers rayons du soleil commencèrent à attirer à eux cette vapeur nocturne; elle se déchira, glissant sur la mer, pareille aux nuages qui glissent au ciel. L'œil avide du roi plongeait dans chacune des vallées humides qui se creusaient devant lui, sans y rien distinguer; cependant il espérait toujours que derrière ce rideau mobile il finirait par apercevoir le brick sauveur. Peu à peu l'horizon s'éclaircit; de légères vapeurs, semblables à des fumées, coururent encore quelque temps à la surface de la mer, et dans chacune d'elles le roi croyait reconnaître les voiles blanches de son vaisseau. Enfin la dernière s'effaça lentement, la mer se révéla dans toute son immensité; elle était déserte. Le brick, n'osant attendre plus longtemps, était parti pendant la nuit.

— Allons, dit le roi en se retournant vers son hôte, le sort en est jeté, j'irai en Corse.

Le même jour, le maréchal Brune était assassiné à Avignon.

Ajaccio.

II

LA CORSE.

est encore sur cette même plage de Bonette, dans cette même baie où nous l'avons vu attendre inutilement le canot de son brick, que, toujours accompagné de son hôte fidèle, nous allons retrouver Murat le 22 août de la même année. Ce n'était plus alors par Napoléon qu'il était menacé, c'est par Louis XVIII qu'il était proscrit : ce n'était plus la loyauté militaire de Brune qui venait, les larmes aux yeux, lui signifier les ordres qu'il avait reçus, c'était l'ingratitude haineuse de M. de Rivière, qui mettait à prix la tête de celui qui avait sauvé la sienne. M. de Rivière avait bien écrit à l'ex-roi de Naples de s'abandonner à la bonne foi et à l'humanité du roi de France, mais cette vague invitation n'avait point paru au proscrit une garantie suffisante, surtout de la part d'un homme qui venait de laisser égorger, presque sous ses yeux, un maréchal de France porteur d'un sauf-conduit signé de sa main. Murat savait le massacre des mameluks à Marseille, l'assassinat de Brune à Avignon ; il avait été prévenu la veille par le commissaire de police de Toulon que l'ordre formel avait été donné de l'ar.êter : il n'y avait donc pas moyen de rester plus longtemps en France. La Corse, avec ses villes hospitalières, ses montagnes amies et ses forêts impénétrables, était à cinquante lieues à peine ; il fallait gagner la Corse, et attendre dans ses villes, dans ses montagnes ou dans ses forêts, ce que les rois décideraient relativement au sort de celui qu'ils avaient appelé sept ans leur frère.

A dix heures du soir, le roi descendit sur la plage. Le bateau qui devait l'emporter n'était pas encore au rendez-vous ; mais, cette fois, il n'y avait aucune crainte qu'il y manquât ; la baie avait été reconnue, pendant la journée, par trois amis dévoués à la fortune adverse : c'étaient MM. Blancard, Langlade et Donadieu, tous trois officiers de marine, hommes de tête et de cœur, qui s'étaient engagés sur leur vie à conduire Murat en Corse, et qui en effet allaient exposer leur vie pour accomplir leur promesse. Murat vit donc sans inquiétude la plage déserte : ce retard, au contraire, lui donnait quelques instants de joie filiale. Sur ce bout de terrain, sur cette langue de sable, le malheureux proscrit se cramponnait encore à la France, sa mère, tandis que, une fois le pied posé sur ce bâtiment qui allait l'emporter, la séparation devait être longue, sinon éternelle.

Au milieu de ces pensées, il tressaillit tout à coup et poussa un soupir : il venait d'apercevoir, dans l'obscurité transparente de la nuit méridionale, une voile glissant sur les vagues comme un fantôme. Bientôt un chant de marin se fit entendre ; Murat reconnut le signal convenu, il y répondit en brûlant l'amorce d'un pistolet, et aussitôt la barque se dirigea vers la terre ; mais, comme elle tirait trois pieds d'eau, elle fut forcée de s'arrêter à dix ou douze pas de la plage ; deux hommes se jetèrent aussitôt à la mer et gagnèrent le bord, le troisième resta enveloppé dans son manteau et couché près du gouvernail.

— Eh bien ! mes braves amis, dit le roi en allant au devant de Blancard et de Langlade jusqu'à ce qu'il sentit la vague mouiller ses pieds, le moment est arrivé, n'est ce pas ? Le vent est bon, la mer est calme, il faut partir. — Oui, répondit Langlade, oui, sire, il faut partir, et peut-être cependant serait-il plus sage de remettre la chose à demain. — Pourquoi ? reprit Murat.

Langlade ne répondit point ; mais, se tournant vers le couchant, il leva la main, et, selon l'habitude des marins, il siffla pour appeler le vent.

— C'est inutile, dit Donadieu, qui était resté dans la barque, voici les premières bouffées qui arrivent, bientôt tu en auras à n'en savoir que faire. Prends garde, Langlade, prends garde ; parfois en appelant le vent on éveille la tempête. — Murat tressaillit, car il semblait que cet avis, qui s'élevait de la mer, lui était donné par l'esprit des eaux ; mais l'impression fut courte, et il se remit à l'instant. — Tant mieux, dit-il, plus nous aurons de vent, plus nous marcherons vite. — Oui, répondit Langlade, seulement Dieu sait où il nous conduira, s'il continue à tourner ainsi. — Ne partez pas cette nuit, sire, dit Blancard, joignant son avis à celui de ses deux compagnons. — Mais enfin, pourquoi cela ? — Parce que, vous voyez cette ligne noire, n'est-ce pas ? eh bien ! au coucher du soleil, elle était à peine visible, la voilà maintenant qui couvre une partie de l'horizon ; dans une heure, il n'y aura plus une étoile au ciel. — Avez-vous peur ? dit Murat. — Peur ! répondit Langlade, et de quoi ? de l'orage ? il haussa les épaules. C'est à peu près comme si je demandais à Votre Majesté si elle a peur d'un boulet de canon... Ce que nous en disons, c'est pour vous, sire ; mais que voulez-vous que fasse l'orage à des chiens de mer comme nous ? — Partons donc ! s'écria Murat en poussant un soupir. Adieu, Marouin. Dieu seul peut vous récompenser de ce que vous avez fait pour moi. Je suis à vos ordres, messieurs.

A ces mots, les deux marins saisirent le roi chacun par une cuisse, et, l'élevant sur leurs épaules, ils entrèrent aussitôt dans la mer ; en un instant il fut à bord ; Langlade et Blancard montèrent derrière lui, Donadieu resta au gouvernail ; les deux autres officiers se chargèrent de la manœuvre et commencèrent leur service en déployant les voiles. Aussitôt, comme un cheval qui sent l'éperon, la petite barque sembla s'animer ; les marins jetèrent un coup d'œil insoucieux vers la terre, et Murat, sentant qu'il s'éloignait, se retourna du côté de son hôte et lui cria une dernière fois : — Vous avez votre itinéraire jusqu'à Trieste... N'oubliez pas ma femme !.. Adieu !... Adieu !... — Dieu vous garde, sire ! murmura Marouin. — Et quelque temps encore, grâce à la voile blanche qui se dessinait dans l'ombre, il put suivre des yeux la barque qui s'éloignait rapidement ; enfin elle disparut. Marouin resta encore quelque temps sur le rivage, quoiqu'il ne vît plus rien ; alors un cri affaibli par la distance parvi ncore jusqu'à lui : ce cri était le dernier adi de Murat à la France.

Lorsque M. Marouin me raconta un soir, au même où la chose s'était passée, les détails que je viens de décrire, ils lui étaient si présents, quoique vingt ans se fussent écoulés depuis lors, qu'il se rappelait jusqu'aux moindres accidents de cet embarquement nocturne. De ce moment, il m'assura qu'un pressentiment de malheur l'avait saisi, qu'il ne pouvait s'arracher de cette plage, et que plusieurs fois l'envie lui prit de rappeler le roi ; mais, pareil à un homme qui rêve, sa bouche s'ouvrait sans laisser échapper aucun son. Il craignait de paraître insensé, et ce ne fut qu'à une heure du matin, c'est-à-dire deux heures et demie après le départ de la barque, qu'il rentra chez lui avec une tristesse mortelle dans le cœur.

Quant aux aventureux navigateurs, ils s'étaient engagés dans cette large ornière marine qui mène de Toulon à Bastia, et d'abord l'événement parut, aux yeux du roi, démentir la prédiction de nos marins : le vent, au lieu de s'augmenter, tomba peu à peu, et, deux heures après le départ, la barque se balançait sans reculer ni avancer sur des vagues qui, de minute en minute, allaient s'aplanissant Murat regardait tristement s'éteindre, sur cette mer où il se croyait enchaîné, le sillon phosphorescent que le petit bâtiment traînait après lui : il avait amassé du courage contre la tempête, mais non contre le calme; et, sans même interrompre ses compagnons de voyage, à l'inquiétude desquels il se méprenait, il se coucha au fond du bateau, s'enveloppa de son manteau, et, fermant les yeux comme s'il dormait, il s'abandonna au flot de ses pensées, bien autrement tumultueux et agité que celui de la mer. Bientôt les deux marins, croyant à son sommeil, se réunirent au pilote, et, s'asseyant près du gouvernail, commencèrent à tenir conseil.

— Vous avez eu tort, Langlade, dit Donadieu, de prendre une barque ou si petite ou si grande : sans pont nous ne pouvons résister à la tempête, et sans rames nous ne pouvons avancer dans le calme. — Sur Dieu! je n'avais pas le choix J'ai été obligé de prendre ce que j'ai rencontré, et, si ce n'était pas l'époque des madragues (1), je n'aurais pas même trouvé cette mauvaise péniche, ou bien il me l'aurait fallu aller chercher dans le port, et la surveillance est telle, que j'y serais bien entré, mais que je n'aurais probablement pas pu en sortir. — Est-elle solide au moins? dit Blancard. — Pardieu! tu sais bien ce que c'est que des planches et des clous qui trempent depuis dix ans dans l'eau salée. Dans les occasions ordinaires, on n'en voudrait pas pour aller de Marseille au château d'If; dans une circonstance comme la nôtre, on ferait le tour du monde dans une coquille de noix. — Chut! dit Donadieu Les marins écoutèrent : un grondement lointain se fit entendre, mais si faible, qu'il fallait l'oreille exercée d'un enfant de la mer pour le distinguer. —Oui, oui, dit Langlade; c'est un avertissement pour ceux qui ont des jambes ou des ailes de regagner le nid qu'ils n'auraient pas dû quitter. — Sommes-nous loin des îles? dit vivement Donadieu. — A une lieue environ. — Mettez le cap sur elles. — Et pourquoi faire? dit Murat en se soulevant. — Pour y relâcher, sire, si nous le pouvons... — Non, non! s'écria Murat, je ne veux plus remettre le pied à terre qu'en Corse; je ne veux pas

(1) Pêche du thon.

quitter encore une fois la France. D'ailleurs, la mer est calme, et voilà le vent qui nous revient... —Tout à bas! cria Donadieu.

Aussitôt Langlade et Blancard se précipitèrent pour exécuter la manœuvre. La voile glissa le long du mât, et s'abattit au fond du bâtiment.

— Que faites-vous? cria Murat, oubliez-vous que je suis roi et que j'ordonne? — Sire, dit Donadieu, il y a un roi plus puissant que vous ici, c'est Dieu; il y a une voix qui couvre la vôtre, c'est celle de la tempête... Laissez-nous sauver Votre Majesté, si la chose est possible, et n'exigez rien de plus...

En ce moment un éclair sillonna l'horizon, un coup de tonnerre, plus rapproché que le premier, se fit entendre, une légère écume monta à la surface de l'eau, la barque frissonna comme un être animé. Murat commença à comprendre que le danger venait; alors il se leva en souriant, jeta derrière lui son chapeau, secoua ses longs cheveux, aspira l'orage comme il aspirait la fumée; le soldat était prêt à combattre

— Sire, dit Donadieu, vous avez bien vu des batailles; mais peut-être n'avez-vous point vu une tempête : si vous êtes curieux de ce spectacle, cramponnez-vous au mât et regardez, car en voilà une qui se présente bien. — Que faut-il que je fasse? dit Murat; ne puis-je vous aider en rien? — Non! pas pour le moment, sire; plus tard nous vous emploierons aux pompes...

Pendant ce dialogue, l'orage avait fait des progrès; il arrivait sur les voyageurs comme un cheval de course, soufflant le vent et le feu par ses naseaux, hennissant le tonnerre et faisant voler l'écume des vagues sous ses pieds. Donadieu pressa le gouvernail, la barque céda comme si elle comprenait la nécessité d'une prompte obéissance, et présenta sa poupe au choc du vent; alors la bourrasque passa laissant derrière elle la mer tremblante, et tout parut rentrer dans le repos. La tempête reprenait haleine.

— En sommes-nous donc quittes pour cette rafale? dit Murat. — Non, Votre Majesté, dit Donadieu, ceci n'est qu'une affaire d'avant-garde; tout à l'heure le corps d'armée va donner. — Et ne faisons-nous pas quelques préparatifs pour le recevoir? répondit gaiement le roi. — Lesquels? dit Donadieu. Nous n'avons plus un pouce de toile où le vent puisse mordre, et, tant que la barque ne fera pas eau, nous flotterons comme un bouchon de liège. Tenez-vous bien, sire!...

En effet, une seconde bourrasque accourait, plus rapide que la première, accompagnée de pluie et d'éclairs. Donadieu essaya de répéter la même manœuvre, mais il ne put virer si rapidement que le vent n'enveloppât la barque; le mât se courba comme un roseau; le canot embarqua une vague.

— Aux pompes! cria Donadieu. Sire, voilà le moment de nous aider...

Blancard, Langlade et Murat saisirent leurs chapeaux et se mirent à vider la barque. La position de ces quatre hommes était affreuse, elle dura trois heures. Au point du jour le vent faiblit; cependant la mer resta grosse et tourmentée. Le besoin de manger commença à se faire sentir; toutes les provisions avaient été atteintes par l'eau de mer, le vin seul avait été préservé du contact. Le roi prit une bouteille, en avala le premier quelques gorgées; puis il la passa à ses compagnons, qui burent à leur tour : la nécessité avait chassé l'étiquette. Langlade avait par hasard sur lui quelques tablettes de chocolat, qu'il offrit au roi. Murat en fit quatre parts égales et força ses compagnons de manger; puis, le repas fini, on orienta vers la Corse; mais la barque avait tellement souffert, qu'il n'y avait pas probabilité qu'elle pût gagner Bastia.

Le jour se passa tout entier sans que les voyageurs pussent faire plus de dix lieues; ils naviguaient sous la petite voile de foque, n'osant tendre la grande voile, et le vent était si variable, que le temps se perdait à combattre ses caprices. Le soir une voie d'eau se déclara; elle pénétrait à travers les planches disjointes; les mouchoirs réunis de l'équipage suffirent pour tamponner la barque, et la nuit, qui descendit triste et sombre, les enveloppa pour la seconde fois de son obscurité. Murat, écrasé de fatigue, s'endormit; Blancard et Langlade reprirent place près de Donadieu; et ces trois hommes, qui semblaient insensibles au sommeil et à la fatigue, veillèrent à la tranquillité de son sommeil.

La nuit fut, en apparence, assez tranquille; cependant quelquefois des craquements sourds se faisaient entendre. Alors les trois marins se regardaient avec une expression étrange; puis leurs yeux se reportaient vers le roi, qui dormait au fond de ce bâtiment, dans son manteau trempé d'eau de mer, aussi profondément qu'il avait dormi dans les sables de l'Egypte et dans les neiges de la Russie. Alors l'un d'eux se levait, s'en allait de l'autre bout du canot en sifflant entre ses dents l'air d'une chanson provençale... puis, après avoir consulté le ciel, les vagues et la barque, il revenait auprès de ses camarades et se rasseyait en murmurant : — C'est impossible; à moins d'un miracle, nous n'arriverons jamais. La nuit s'écoula dans ces alternatives. Au point du jour on se trouva en vue d'un bâtiment : « Une voile! s'écria Donadieu, une voile! » A ce cri le roi se réveilla. En effet, un petit brick marchand apparaissait, venant de Corse et faisant route vers Toulon. Donadieu mit le cap sur lui, Blancard hissa les voiles au point de fatiguer la barque, et Langlade courut à la proue, élevant le manteau du roi au bout d'une espèce de harpon. Bientôt les voyageurs s'aperçurent qu'ils avaient été vus; le brick manœuvra de manière à se rapprocher d'eux; au bout de dix minutes ils se trouvèrent à cinquante pas l'un de l'autre. Le capitaine parut sur l'avant. Alors le roi le héla, lui offrant une forte récompense s'il voulait le recevoir à bord avec ses trois compagnons et les

conduire en Corse. Le capitaine écouta la proposition; puis aussitôt, se tournant vers l'équipage, il donna à demi-voix un ordre que Donadieu ne put entendre, mais qu'il saisit probablement par le geste, car aussitôt il commanda à Langlade et à Blancard une manœuvre qui avait pour but de s'éloigner du bâtiment. Ceux-ci obéirent avec la promptitude passive des marins; mais le roi frappa du pied : — Que faites-vous, Donadieu? que faites-vous? s'écria-t-il; ne voyez-vous pas qu'il vient à nous? — Oui, sur mon âme! je le vois... Obéissez, Langlade! alerte, Blancard! Oui, il vient sur nous, et peut-être m'en suis-je aperçu trop tard. C'est bien, c'est bien; à moi maintenant. Alors il se coucha sur le gouvernail, et lui imprima un mouvement si subit et si violent, que la barque, forcée de changer immédiatement de direction, sembla se roidir contre lui, comme ferait un cheval contre le frein; enfin elle obéit. Une vague énorme, soulevée par le géant qui venait sur elle, l'emporta avec elle comme une feuille; le brick passa à quelques pieds de sa poupe. — Ah! traître! s'écria le roi, qui commença seulement à s'apercevoir de l'intention du capitaine; en même temps il tira un pistolet de sa ceinture en criant : — A l'abordage, à l'abordage! et essaya de faire feu sur le brick; mais la poudre était mouillée et ne s'enflamma point. Le roi était furieux, et ne cessait de crier : A l'abordage, à l'abordage! — Oui, oui, le misérable, ou plutôt l'imbécile, dit Donadieu, il nous a pris pour des forbans, et il a voulu nous couler, comme si nous avions besoin de lui pour cela.

En effet, jetant les yeux sur le canot, il était facile de s'apercevoir qu'il commençait à faire eau. La tentative de salut que venait de risquer Donadieu avait effroyablement fatigué la barque, et la mer entrait par plusieurs écartements de planches; il fallut se mettre à puiser l'eau avec les chapeaux; ce travail dura dix heures. Enfin Donadieu fit, pour la seconde fois, entendre le cri sauveur : — Une voile! une voile!...

Le roi et ses deux compagnons cessèrent aussitôt leur travail; on hissa de nouveau les voiles, on mit le cap sur le bâtiment qui s'avançait et l'on cessa de s'occuper de l'eau, qui, n'étant plus combattue, gagna rapidement.

Désormais c'était une question de temps, de minutes, de secondes, voilà tout; il s'agissait d'arriver au bâtiment avant de couler bas. Le bâtiment, de son côté, semblait comprendre la position désespérée de ceux qui imploraient son secours, il venait au pas de course; Langlade le reconnut le premier, c'était une balancelle du gouvernement, un bateau de poste qui faisait le service entre Toulon et Bastia. Langlade était l'ami du capitaine, il l'appela par son nom avec cette voix puissante de l'agonie, et il fut entendu. Il était temps, l'eau gagnait toujours; le roi et ses compagnons étaient déjà dans la mer jusqu'aux genoux; le canot gémissait comme un mou-

C'était un mameluk qu'il avait autrefois ramené d'Égypte.

rant qui râle ; il n'avançait plus et commençait à tourner sur lui-même. En ce moment, deux ou trois câbles, jetés de la balancelle, tombèrent dans la barque ; le roi en saisit un, s'élança et saisit l'échelle de corde : il était sauvé. Blancard et Langlade en firent autant presque aussitôt ; Donadieu resta le dernier, comme c'était son devoir de le faire, et, au moment où il mettait un pied sur l'échelle du bord, il sentit sous l'autre s'enfoncer la barque qu'il quittait ; il se retourna avec la tranquillité d'un marin, vit le gouffre ouvrir sa vaste gueule au-dessous de lui, et aussitôt la barque dévorée tournoya et disparut. Cinq secondes encore, et ces quatre hommes,

qui maintenant étaient sauvés, étaient à tout jamais perdus !...

Murat était à peine sur le pont, qu'un homme vint se jeter à ses pieds : c'était un mameluk qu'il avait autrefois ramené d'Égypte, et qui s'était depuis marié à Castellamare ; des affaires de commerce l'avaient attiré à Marseille, où, par miracle, il avait échappé au massacre de ses frères ; et, malgré le déguisement qui le couvrait et les fatigues qu'il venait d'essuyer, il avait reconnu son ancien maître. Ses exclamations de joie ne permirent pas au roi de garder plus longtemps son incognito ; alors le sénateur Casabianca, le capitaine Oletta, un neveu du

prince Baciocchi, un ordonnateur nommé Boërco, qui fuyaient eux-mêmes les massacres du Midi, se trouvant sur le bâtiment, le saluèrent du nom de Majesté et lui improvisèrent une petite cour : le passage était brusque, il opéra un changement rapide; ce n'était plus Murat le proscrit, c'était Joachim Ier, roi de Naples. La terre de l'exil disparut avec la barque engloutie; à sa place, Naples et son golfe magnifique apparurent à l'horizon comme un merveilleux mirage, et sans doute la première idée de la fatale expédition de Calabre prit naissance pendant ces jours d'enivrement qui suivirent les heures d'agonie. Cependant le roi, ignorant encore quel accueil l'attendait en Corse, prit le nom de comte de Campo Melle, et ce fut sous ce nom que le 25 août il prit terre à Bastia. Mais sa précaution fut inutile, trois jours après son arrivée, personne n'ignorait plus sa présence dans cette ville. Des rassemblements se formèrent aussitôt, des cris de : Vive Joachim! se firent entendre, et le roi, craignant de troubler la tranquillité publique, sortit le même soir de Bastia avec ses trois compagnons et son mameluk. Deux heures après il entrait à Viscovato, et frappait à la porte du général Franceschetti, qui avait été à son service tout le temps de son règne, et qui, ayant quitté Naples en même temps que le roi, était revenu en Corse habiter avec sa femme la maison de M. Colona Cicaldi, son beau-père. Il était en train de souper lorsqu'on vint lui dire qu'un étranger demandait à lui parler : il sortit et trouva Murat enveloppé d'une capote militaire, la tête enfoncée dans un bonnet de marin, la barbe longue, et portant un pantalon, des guêtres et des souliers de soldat. Le général s'arrêta étonné; Murat fixa sur lui son grand œil noir; puis, croisant les bras :
— Franceschetti, lui dit-il, avez-vous à votre table une place pour votre général qui a faim? avez-vous sous votre toit un asile pour votre roi qui est proscrit?... Franceschetti jeta un cri de surprise en reconnaissant Joachim, et ne put lui répondre qu'en tombant à ses pieds et en lui baisant la main. De ce moment, la maison du général fut à la disposition de Murat.

A peine le bruit de l'arrivée du roi fut-il répandu dans les environs, que l'on vit accourir à Viscovato des officiers de tous grades, des vétérans qui avaient combattu sous lui, et des chasseurs corses que son caractère aventureux séduisait; en peu de jours la maison du général fut transformée en palais, le village en résidence royale, et l'île en royaume. D'étranges bruits se répandirent sur les intentions de Murat; une armée de neuf cents hommes contribuait à leur donner quelque consistance. C'est alors que Blancard, Langlade et Donadieu prirent congé de lui; Murat voulut les retenir; mais ils s'étaient voués au salut du proscrit, et non à la fortune du roi.

Nous avons dit que Murat avait rencontré à bord du bateau de poste de Bastia un de ses anciens mameluks, nommé Othello, et que celui-ci l'avait suivi à Viscovato : l'ex-roi de Naples songea à se faire un agent de cet homme. Des relations de famille le rappelaient tout naturellement à Castellamare; il lui ordonna d'y retourner, et le chargea de lettres pour les personnes sur le dévouement desquelles il comptait le plus. Othello partit, arriva heureusement chez son beau-père, et crut pouvoir lui tout dire; mais celui-ci, épouvanté, prévint la police : une descente nocturne fut faite chez Othello et sa correspondance saisie.

Le lendemain, toutes les personnes auxquelles étaient adressées des lettres furent arrêtées et reçurent l'ordre de répondre à Murat comme si elles étaient libres, et de lui indiquer Salerne comme le lieu le plus propre au débarquement : cinq sur sept eurent la lâcheté d'obéir, les deux autres, qui étaient deux frères espagnols, s'y refusèrent absolument : on les jeta dans un cachot.

Cependant, le 17 septembre, Murat quitta Viscovato, le général Franceschetti, ainsi que plusieurs officiers corses, lui servirent d'escorte; il s'achemina vers Ajaccio par Cotone, les montagnes de Serra et Bosco, Venaco, Vivaro, les gorges de la forêt de Vezzanovo et Bogognone; partout il fut reçu et fêté comme un roi, et à la porte des villes il reçut plusieurs députations qui le haranguèrent en le saluant du titre de Majesté; enfin, le 22 septembre il arriva à Ajaccio. La population tout entière l'attendait hors des murs; son entrée dans la ville fut un triomphe; il fut porté jusqu'à l'auberge qui avait été désignée d'avance par les maréchaux de logis : il y avait de quoi tourner la tête à un homme moins impressionnable que Murat : quant à lui, il était dans l'ivresse; en entrant dans l'auberge, il tendit la main à Franceschetti. — Voyez, lui dit-il, à la manière dont me reçoivent les Corses, ce que feront pour moi les Napolitains. — C'était le premier mot qui lui échappait sur ses projets à venir, et dès ce jour même il ordonna de tout préparer pour son départ.

On rassembla dix petites felouques : un Maltais, nommé Barbara, ancien capitaine de frégate de la marine napolitaine, fut nommé commandant en chef de l'expédition; deux cent cinquante hommes furent engagés et invités à se tenir prêts à partir au premier signal. Murat n'attendait plus que les réponses aux lettres d'Othello; elles arrivèrent dans la matinée du 28. Murat invita tous les officiers à un grand dîner, et fit donner double paye et double ration à ses hommes.

Le roi était au dessert lorsqu'on lui annonça l'arrivée de M. Maceroni : c'était un envoyé des puissances étrangères qui apportait à Murat la réponse qu'il avait attendue si longtemps à Toulon. Murat se leva de table et passa dans une chambre à côté. M. Maceroni se fit reconnaître comme chargé d'une mission officielle, et remit au roi l'ultimatum de l'empereur d'Autriche. Il était conçu en ces termes :

« M. Maceroni est autorisé par les présentes à prévenir le roi Joachim que Sa Majesté l'empereur d'Autriche lui accordera un asile dans ses États, sous les conditions suivantes : — 1° Le roi prendra un nom privé. La reine ayant adopté celui de Lipano, on propose au roi de prendre le même nom. — 2° Il sera permis au roi de choisir une ville de la Bohême, de la Moravie ou de la Haute-Autriche, pour y fixer son séjour. Il pourra même, sans inconvénient, habiter une campagne dans ces mêmes provinces. — 3° Le roi engagera sa parole d'honneur envers Sa Majesté impériale et royale qu'il n'abandonnera jamais les États autrichiens sans le consentement exprès de l'empereur, et qu'il vivra comme un particulier de distinction, mais soumis aux lois qui sont en vigueur dans les États autrichiens.

« En foi de quoi, et afin qu'il en soit fait un usage convenable, le soussigné a reçu l'ordre de l'empereur de signer la présente déclaration.

« Donné à Paris le 1ᵉʳ septembre 1815. — *Signé* le prince de METTERNICH. »

Murat sourit en achevant cette lecture, puis il fit signe à M. Maceroni de le suivre. Il le conduisit alors sur la terrasse de la maison, qui dominait toute la ville, et qui était dominée elle-même par sa bannière, qui flottait comme sur un château royal. De là on pouvait voir Ajaccio toute joyeuse et illuminée, le port où se balançait la petite flottille et les rues encombrées de monde, comme un jour de fête. A peine la foule eut-elle aperçu Murat, qu'un cri partit de toutes les bouches : — Vive Joachim! vive le frère de Napoléon! vive le roi de Naples! Murat salua, et les cris redoublèrent, et la musique de la garnison fit entendre les airs nationaux. M. Maceroni ne savait s'il devait en croire ses yeux et ses oreilles. Lorsque le roi eut joui de son étonnement, il l'invita à descendre au salon. Son état-major y était réuni en grand uniforme : on se serait cru à Caserte ou à Capodimonte. Enfin, après un instant d'hésitation, Maceroni se rapprocha de Murat. — Sire, lui dit-il, quelle réponse dois-je faire à Sa Majesté l'empereur d'Autriche? — Monsieur, lui répondit Murat avec cette dignité hautaine qui allait si bien à sa belle figure, vous raconterez à mon frère François ce que vous avez vu et ce que vous avez entendu, et puis vous ajouterez que je pars cette nuit même pour reconquérir mon royaume de Naples.

III

LE PIZZO.

es lettres qui avaient déterminé Murat à quitter la Corse lui avaient été apportées par un Calabrais nommé Luidgi. Il s'était présenté au roi comme un envoyé de l'Arabe Othello, qui avait été jeté, comme nous l'avons dit, dans les prisons de Naples, ainsi que les personnes auxquelles les dépêches dont il était porteur avaient été adressées. Ces lettres, écrites par le ministre de la police de Naples, indiquaient à Joachim le port de la ville de Salerne comme le lieu le plus propre au débarquement; car le roi Ferdinand avait rassemblé sur ce point trois mille hommes de troupes autrichiennes, n'osant se fier aux soldats napolitains, qui avaient conservé de Murat un riche et brillant souvenir. Ce fut donc vers le golfe de Salerne que la flottille se dirigea; mais, arrivée en vue de l'île de Caprée, elle fut assaillie par une violente tempête, qui la chassa jusqu'à Paola, petit port situé à dix lieues de Cosenza. Les bâtiments passèrent, en conséquence, la nuit du 5 au 6 octobre dans une espèce d'échancrure du rivage qui ne mérite pas le nom de rade. Le roi, pour ôter tout soupçon aux gardes des côtes et aux scorridori (1) siciliens, ordonna d'éteindre les feux et de louvoyer jusqu'au jour; mais, vers une heure du matin, il s'éleva de terre un vent si violent, que l'expédition fut repoussée en haute mer, de sorte que, le 6, à la pointe du jour, le bâtiment que montait le roi se trouva seul. Dans la matinée il rallia la felouque du capitaine Cicconi, et les deux navires mouillèrent, à quatre heures de l'après-midi, en vue de San-Lucido. Le soir, le roi ordonna au chef de bataillon Ottoviani de se rendre à terre pour y prendre des renseignements. Luidgi s'offrit pour l'accompagner, Murat accepta ses bons offices. Ottoviani et son guide se rendirent donc à terre, tandis qu'au contraire Cicconi et sa felouque se remettaient en mer avec mission d'aller à la recherche du reste de la flotte.

Vers les onze heures de la nuit, le lieutenant de quart sur le navire royal distingua au milieu des

(1) Bâtiments légers armés en guerre.

Le lieutenant de quart distingua au milieu des vagues un homme qui s'avançait en nageant.

vagues un homme qui s'avançait en nageant vers le bâtiment. Dès qu'il fut à la portée de la voix, il le héla. Aussitôt le nageur se fit reconnaître : c'était Luidgi. On lui envoya la chaloupe, et il remonta à bord. Alors il raconta que le chef de bataillon Ottoviani avait été arrêté, et qu'il n'avait échappé lui-même à ceux qui le poursuivaient qu'en se jetant à la mer. Le premier mouvement de Murat fut d'aller au secours d'Ottoviani ; mais Luidgi fit comprendre au roi le danger et l'inutilité de cette tentative ; néanmoins, Joachim resta jusqu'à deux heures du matin agité et irrésolu. Enfin, il donna l'ordre de reprendre le large. Pendant la manœuvre qui eut

lieu à cet effet, un matelot tomba à la mer et disparut avant qu'on eût eu le temps de lui porter secours. Décidément les présages étaient sinistres.

Le 7 au matin, on eut connaissance de deux bâtiments. Le roi ordonna aussitôt de se mettre en mesure de défense ; mais Barbara les reconnut pour être la felouque de Cicconi et la balancelle de Courrand, qui s'étaient réunies et faisaient voile de conserve. On hissa les signaux, et les deux capitaines se rallièrent à l'amiral.

Pendant qu'on délibérait sur la route à suivre, un canot aborda le bâtiment de Murat. Il était monté par le capitaine Pernice et un lieutenant sous ses

Luidgi.

ordres. Ils venaient demander au roi la permission de passer à son bord, ne voulant point rester à celui de Courrand, qui, à leur avis, trahissait. Murat l'envoya chercher; et, malgré ses protestations de dévouement, il le fit descendre avec cinquante hommes dans une chaloupe, et ordonna d'amarrer la chaloupe à son bâtiment. L'ordre fut exécuté aussitôt, et la petite escadre continua sa route, longeant, sans les perdre de vue, les côtes de la Calabre; mais, à dix heures du soir, au moment où l'on se trouvait à la hauteur du golfe de Sainte-Euphémie, le capitaine Courrand coupa le câble qui le traînait à la remorque, et, faisant force de rames,

il s'éloigna de la flottille. Murat s'était jeté sur son lit tout habillé : on le prévint de cet événement. Il s'élança aussitôt sur le pont, et arriva à temps encore pour voir la chaloupe qui fuyait dans la direction de la Corse, s'enfoncer et disparaître dans l'ombre. Il demeura immobile, sans colère et sans cris; seulement il poussa un soupir et laissa tomber sa tête sur sa poitrine : c'était encore une feuille qui tombait de l'arbre enchanté de ses espérances.

Le général Franceschetti profita de cette heure de découragement pour lui donner le conseil de ne point débarquer dans les Calabres et de se rendre directement à Trieste, afin de réclamer de l'Autriche l'asile qu'elle lui avait offert. Le roi était dans un de ces instants de lassitude extrême et d'abattement mortel où le cœur s'affaisse sur lui-même : il se défendit d'abord, et puis finit par accepter. En ce moment, le général s'aperçut qu'un matelot, couché dans des enroulements de câbles, se trouvait à portée d'entendre tout ce qu'il disait ; il s'interrompit et le montra du doigt à Murat. Celui-ci se leva, alla voir l'homme et reconnut Luidgi : accablé de fatigue, il s'était endormi sur le pont. La franchise de son sommeil rassura le roi, qui, d'ailleurs avait toute confiance en lui. La conversation, interrompue un instant, se renoua donc : il fut convenu que, sans rien dire des nouveaux projets arrêtés, on doublerait le cap Spartivento, et qu'on entrerait dans l'Adriatique ; puis le roi et le général redescendirent dans l'entre-pont.

Le lendemain, 8 octobre, on se trouvait à la hauteur du Pizzo, lorsque Joachim, interrogé par Barbara sur ce qu'il fallait faire, donna ordre de mettre le cap sur Messine ; Barbara répondit qu'il était prêt à obéir, mais qu'il avait besoin d'eau et de vivres ; en conséquence, il offrit de passer sur la felouque de Cicconi, et d'aller avec elle à terre pour y renouveler ses provisions ; le roi accepta ; Barbara lui demanda alors les passe-ports qu'il avait reçus des puissances alliées, afin, disait-il, de ne pas être inquiété par les autorités locales. Ces pièces étaient trop importantes pour que Murat consentît à s'en dessaisir ; peut-être le roi commençait-il à concevoir quelque soupçon : il refusa donc. Barbara insista ; Murat lui ordonna d'aller à terre sans ces papiers. Barbara refusa positivement ; le roi, habitué à être obéi, leva sa cravache sur le Maltais ; mais en ce moment, changeant de résolution, il ordonna aux soldats de préparer leurs armes, aux officiers de revêtir leur grand uniforme ; lui-même leur en donna l'exemple : le débarquement était décidé, et le Pizzo devait être le golfe Juan du nouveau Napoléon. En conséquence, les bâtiments se dirigèrent vers la terre. Le roi descendit dans une chaloupe avec vingt-huit soldats et trois domestiques, au nombre desquels était Luidgi. Arrivé près de la plage, le général Franceschetti fit un mouvement pour prendre terre, mais Murat l'arrêta : « C'est à moi de descendre le premier, » dit-il ; et il s'élança sur le rivage. Il était vêtu d'un habit de général, avait un pantalon blanc avec des bottes à l'écuyère, une ceinture dans laquelle étaient passés deux pistolets, un chapeau brodé en or, dont la cocarde était retenue par une ganse formée de quatorze brillants ; enfin, il portait sous le bras la bannière autour de laquelle il comptait rallier ses partisans : dix heures sonnaient à l'horloge du Pizzo.

Murat se dirigea aussitôt vers la ville, dont il était éloigné de cent pas à peine, par le chemin pavé de larges dalles disposées en escalier qui y conduit.

C'était un dimanche ; on allait commencer la messe, et toute la population était réunie sur la place lorsqu'il y arriva. Personne ne le reconnut, et chacun regardait avec étonnement ce brillant état-major, lorsqu'il vit parmi les paysans un ancien sergent qui avait servi dans sa garde de Naples. Il marcha droit à lui, et, lui mettant la main sur l'épaule : « Tavella, lui dit-il, ne me reconnais-tu pas? » Mais, comme celui-ci ne faisait aucune réponse : « Je suis Joachim Murat ; je suis ton roi, lui dit-il : à toi l'honneur de crier le premier vive Joachim! » La suite de Murat fit aussitôt retentir l'air de ses acclamations ; mais le Calabrais resta silencieux, et pas un de ses camarades ne répéta le cri dont le roi lui-même avait donné le signal ; au contraire, une rumeur sourde courait par la multitude. Murat comprit ce frémissement d'orage. « Eh bien! dit-il à Tavella, si tu ne veux pas crier vive Joachim, va au moins me chercher un cheval, et, de sergent que tu étais, je te fais capitaine. » Tavella s'éloigna sans répondre ; mais, au lieu d'accomplir l'ordre qu'il avait reçu, il rentra chez lui et ne reparut plus. Pendant ce temps, la population s'amassait toujours, sans qu'un signe amical annonçât à Murat la sympathie qu'il attendait. Il sentit qu'il était perdu s'il ne prenait une résolution rapide. « A Monteleone! » s'écria-t-il en s'élançant le premier vers la route qui conduisait à cette ville. « A Monteleone! » répétèrent en le suivant ses officiers et ses soldats. Et la foule, toujours silencieuse, s'ouvrit pour les laisser passer.

Mais, à peine avait-il quitté la place, qu'une vive agitation se manifesta. Un homme nommé Georges Pellegrino sortit de chez lui armé d'un fusil et traversa la place en courant et en criant : Aux armes! Il savait que le capitaine Trenta Capelli, qui commandait la gendarmerie de Cosenza, était en ce moment au Pizzo, et il allait le prévenir. Le cri aux armes eut plus d'écho dans cette foule que n'en avait eu celui de vive Joachim. Tout Calabrais a un fusil, chacun court chercher le sien, et, lorsque Trenta Capelli et Pellegrino revinrent sur la place, ils trouvèrent près de deux cents hommes armés. Ils se mirent à leur tête et s'élancèrent aussitôt à la poursuite du roi ; ils le rejoignirent à dix minutes de chemin à peu près de la place, à l'endroit où est aujourd'hui le pont. Murat, en les voyant venir, s'arrêta et les attendit.

Trenta Capelli s'avança alors le sabre à la main vers le roi. — Monsieur, lui dit celui-ci, voulez-vous troquer vos épaulettes de capitaine contre des épaulettes de général? Criez vive Joachim! et suivez moi avec ces braves gens à Monteleone. — Sire, répondit Trenta Capelli, nous sommes tous fidèles sujets du roi Ferdinand, et nous venons pour vous combattre et non pour vous accompagner : rendez-vous donc, si vous voulez prévenir l'effusion du sang.

Murat regarda le capitaine de gendarmerie aveune expression impossible à rendre; puis, sans daigner lui répondre, il lui fit signe de la main de s'éloigner, tandis qu'il portait l'autre à la crosse de l'un de ses pistolets. Georges Pellegrino vit le mouvement.

— Ventre à terre, capitaine! ventre à terre! criat-il. Le capitaine obéit, aussitôt une balle passa en sifflant au-dessus de sa tête et alla effleurer les cheveux de Murat. — Feu! ordonna Franceschetti. — Armes à terre! cria Murat; et, secouant de sa main droite son mouchoir, il fit un pas pour s'avancer vers les paysans; mais au même instant une décharge générale partit : un officier et deux ou trois soldats tombèrent. En pareille circonstance, quand le sang a commencé de couler, il ne s'arrête pas; Murat savait cette fatale vérité, aussi son parti fut-il pris, rapide et décisif. Il avait devant lui cinq cents hommes armés, et derrière lui un précipice de trente pieds de hauteur : il s'élança du rocher à pic sur lequel il se trouvait, tomba dans le sable et se releva sans être blessé; le général Franceschetti et son aide de camp Campana firent avec le même bonheur le même saut que lui, et tous trois descendirent rapidement vers la mer, à travers un petit bois qui s'étend jusqu'à cent pas du rivage, et qui les déroba un instant à la vue de leurs ennemis. A la sortie de ce bois, une nouvelle décharge les accueillit; les balles sifflèrent autour d'eux, mais n'atteignirent personne, et les trois fugitifs continuèrent leur course vers la plage.

Ce fut alors seulement que le roi s'aperçut que le canot qui l'avait déposé à terre était reparti. Les trois navires qui composaient sa flottille, loin d'être restés pour protéger son débarquement, avaient repris la mer et s'éloignaient à pleines voiles. Le Maltais Barbara emportait non-seulement la fortune de Murat, mais encore son espoir, son salut, sa vie : c'était à n'y pas croire à force de trahison. Aussi le roi prit-il cet abandon pour une simple manœuvre, et, voyant une barque de pêcheur tirée au rivage sur des filets étendus, il cria à ses deux compagnons :
— La barque à la mer!

Tous alors commencèrent à la pousser pour la mettre à flot, avec l'énergie du désespoir, avec les forces de l'agonie. Personne n'avait osé franchir le rocher pour se mettre à leur poursuite; leurs ennemis, forcés de prendre un détour, leur laissaient quelques instants de liberté. Mais bientôt des cris se firent entendre : Georges Pellegrino, Trenta Capelli, suivis de toute la population du Pizzo, débouchèrent à cent cinquante pas à peu près de l'endroit où Murat, Franceschetti et Campana s'épuisaient en efforts pour faire glisser la barque sur le sable. Ces cris furent immédiatement suivis d'une décharge générale. Campana tomba : une balle venait de lui traverser la poitrine. Cependant la barque était à flot : le général Franceschetti s'élança dedans; Murat voulut le suivre, mais il ne s'était point aperçu que les éperons de ses bottes à l'écuyère s'étaient em-

barrassés dans les mailles du filet. La barque, cédant à l'impulsion donnée par lui, se déroba sous ses mains, et le roi tomba les pieds sur la plage et le visage dans la mer. Avant qu'il eût eu le temps de se relever, la population s'était ruée sur lui : en un instant elle lui arracha ses épaulettes, sa bannière et son habit, et elle allait le mettre en morceaux lui-même, si Georges Pellegrino et Trenta Capelli, prenant sa vie sous leur protection, ne lui avaient donné le bras de chaque côté en le défendant à leur tour, contre la populace. Il traversa ainsi en prisonnier la place qu'une heure auparavant il abordait en roi. Ses conducteurs le menèrent au château; on le poussa dans la prison commune, où referma la porte sur lui, et le roi se trouva au milieu des voleurs et des assassins, qui, ne sachant pas qui il était et le prenant pour un compagnon de crimes, l'accueillirent par des injures et des huées.

Un quart d'heure après, la porte du cachot se rouvrit, le commandant Mattei entra : il trouva Murat debout, les bras croisés, la tête haute et fière. Il y avait une expression de grandeur indéfinissable dans cet homme à demi nu, et dont la figure était souillée de boue et de sang. Il s'inclina devant lui. — Commandant, lui dit Murat, reconnaissant son grade à ses épaulettes, regardez autour de vous, et dites si c'est là une prison à mettre un roi!

Alors une chose étrange arriva : ces hommes du crime, qui, croyant Murat un de leurs complices, l'avaient accueilli avec des vociférations et des rires, se courbèrent devant la majesté royale, que n'avaient point respectée Pellegrino et Trenta Capelli, et se retirèrent silencieux au plus profond de leur cachot. Le malheur venait de donner un nouveau sacre à Joachim.

Le commandant Mattei murmura quelques excuses, et invita Murat à le suivre dans une chambre qu'il venait de lui faire préparer; mais, avant de sortir, Murat fouilla dans sa poche, en tira une poignée d'or, et, la laissant tomber comme une pluie au milieu du cachot : — Tenez, dit-il en se retournant vers les prisonniers, il ne sera pas dit que vous avez reçu la visite d'un roi, tout captif et tout découronné qu'il est, sans qu'il vous ait fait largesse. — Vive Joachim! crièrent les prisonniers.

Murat sourit amèrement. Ces mêmes paroles, répétées par un pareil nombre de voix, il y a une heure, sur la place publique, au lieu de retentir dans une prison, le faisaient roi de Naples! Les résultats les plus importants sont amenés parfois par des causes si minimes, qu'on croirait que Dieu et Satan jouent aux dés la vie ou la mort des hommes, l'élévation ou la chute des empires.

Murat suivit le commandant Mattei : il le conduisit dans une petite chambre qui appartenait au concierge, et que celui-ci céda au roi. Il allait se retirer lorsque Murat le rappela : — Monsieur le commandant, lui dit-il, je désire un bain parfumé. — Sire la chose est difficile. — Voilà cinquante ducats ; qu'on achète toute l'eau de Cologne qu'on trouvera. Ah! que l'on m'envoie des tailleurs. — Il sera impossible de trouver ici des hommes capables de faire autre chose que des costumes du pays.—Qu'on aille à Monteleone, et qu'on me ramène ici tous ceux qu'on pourra réunir.

Le commandant s'inclina et sortit.

Murat était au bain lorsqu'on lui annonça la visite du chevalier Alcala, général du prince de l'Infantado et gouverneur de la ville. Il faisait apporter des couvertures de damas, des draps et des fauteuils. Murat fut sensible à cette attention, et il en reprit une nouvelle sérénité.

Le même jour, à deux heures, le général Nunziante arriva de Saint-Tropea avec trois mille hommes. Murat revit avec plaisir une vieille connaissance ; mais, au premier mot, le roi s'aperçut qu'il était devant un juge, et que sa présence avait pour but, non pas une simple visite, mais un interrogatoire en règle. Murat se contenta de répondre qu'il se rendait de Corse à Trieste en vertu d'un passe-port de l'empereur d'Autriche, lorsque la tempête et le défaut de vivres l'avaient forcé de relâcher au Pizzo. A toutes les autres questions, Murat opposa un silence obstiné ; puis enfin, fatigué de ses instances : — Général, lui dit-il, pouvez-vous me prêter des habits, afin que je sorte du bain?

Le général comprit qu'il n'avait rien à attendre de plus, salua le roi et sortit. Dix minutes après, Murat reçut un uniforme complet ; il le revêtit aussitôt, demanda une plume et de l'encre, écrivit au général en chef des troupes autrichiennes à Naples, à l'ambassadeur d'Angleterre et à sa femme, pour les informer de sa détention au Pizzo. Ces dépêches terminées, il se leva, marcha quelque temps avec agitation dans la chambre ; puis enfin, éprouvant le besoin d'air, il ouvrit la fenêtre. La vue s'étendait sur la plage même où il avait été arrêté.

Deux hommes creusaient un trou dans le sable, au pied de la petite redoute ronde. Murat les regarda faire machinalement. Lorsque ces deux hommes eurent fini, ils entrèrent dans une maison voisine, et bientôt ils en sortirent portant entre leurs bras un cadavre. Le roi rappela ses souvenirs, et il lui sembla en effet qu'il avait vu, au milieu de cette scène terrible, vu tomber quelqu'un auprès de lui ; mais il ne savait plus qui. Le cadavre était complètement nu ; mais, à ses longs cheveux noirs, à la jeunesse de ses formes, le roi reconnut Campana : c'était celui de ses aides de camp qu'il aimait le mieux. Cette scène, vue à l'heure du crépuscule, vue de la fenêtre d'une prison ; cette inhumation dans la solitude, sur cette plage, dans le sable, émurent plus fortement Murat que n'avaient pu le faire ses propres infortunes. De grosses larmes vinrent au bord de ses yeux et coulèrent silencieusement sur sa face de lion. En ce moment le général Nunziante rentra

et le surprit les bras tendus, le visage baigné de pleurs. Murat entendit du bruit, se retourna, et voyant l'étonnement du vieux soldat : — Oui, général, lui dit-il, oui, je pleure. Je pleure sur cet enfant de vingt-quatre ans, que sa famille m'avait confié, et dont j'ai causé la mort ; je pleure sur cet avenir vaste, riche et brillant, qui vient de s'éteindre dans une fosse ignorée, sur une terre ennemie, sur un rivage hostile. O Campana ! Campana ! si jamais je remonte sur le trône, je te ferai élever un tombeau royal.

Le général avait fait préparer un dîner dans la chambre attenante à celle qui servait de prison au roi : Murat l'y suivit, se mit à table, mais ne put manger. Le spectacle auquel il venait d'assister lui avait brisé le cœur ; et cependant cet homme avait parcouru, sans froncer le sourcil, les champs de bataille d'Aboukir, d'Eylau et de la Moskowa !

Après le dîner, Murat rentra dans sa chambre, remit au général Nunziante les diverses lettres qu'il avait écrites, et le pria de le laisser seul. Le général sortit.

Murat fit plusieurs fois le tour de sa chambre, se promenant à grands pas et s'arrêtant de temps en temps devant la fenêtre, mais sans l'ouvrir. Enfin il parut surmonter une répugnance profonde, porta la main sur l'espagnolette et tira la croisée à lui. La nuit était calme, on distinguait toute la plage. Il chercha des yeux la place où était enterré Campana : deux chiens qui grattaient la tombe la lui indiquèrent. Le roi repoussa la fenêtre avec violence, et se jeta tout habillé sur son lit. Enfin, craignant qu'on attribuât son agitation à une crainte personnelle, il se dévêtit, se coucha et dormit, ou parut dormir toute la nuit.

Le 9 au matin, les tailleurs que Murat avait demandés arrivèrent. Il leur commanda force habits, dont il prit la peine de leur expliquer les détails avec sa fastueuse fantaisie. Il était occupé de ce soin lorsque le général Nunziante entra. Il écouta tristement les ordres que donnait le roi : il venait de recevoir des dépêches télégraphiques qui ordonnaient au général de faire juger le roi de Naples, comme ennemi public, par une commission militaire. Mais celui-ci trouva le roi si confiant, si tranquille, et presque si gai, qu'il n'eut pas le courage de lui annoncer la nouvelle de sa mise en jugement, il prit même sur lui de retarder l'ouverture de la commission militaire jusqu'à ce qu'il eût reçu une dépêche écrite. Elle arriva le 12 au soir. Elle était conçue en ces termes :

« Naples, 9 octobre 1815.

« Ferdinand, par la grâce de Dieu, etc., avons décrété et décrétons ce qui suit :

« Art. 1er. Le général Murat sera traduit devant une commission militaire, dont les membres seront nommés par notre ministre de la guerre.

Le général Franceschetti.

« Art. 2. Il ne sera accordé au condamné qu'une demi-heure pour recevoir les secours de la religion.

« *Signé* FERDINAND. »

Un autre arrêté du ministre contenait les noms des membres de la commission ; c'étaient :

Giuseppe Fasculo, adjudant, commandant et chef de l'état-major, président ; Laffaello Scalfaro, chef de la légion de la Calabre inférieure ; Latereo Natali, lieutenant-colonel de la marine royale; Gennaro Lanzetta, lieutenant-colonel du corps du génie; W. T., capitaine d'artillerie; François de Vengé, idem; Francesco Martellari, lieutenant d'ar-

tillerie ; Francesco Froio, lieutenant au 3e régiment ; Giovanni della Camera, procureur général au tribunal criminel de la Calabre inférieure ; et Francesco Papavassi, greffier.

La commission s'assembla dans la nuit. Le 13 octobre, à six heures du matin, le capitaine Stratti entra dans la prison du roi, il dormait profondément : Stratti allait sortir, lorsqu'en marchant vers la porte il heurta une chaise ; ce bruit réveilla Murat.

— Que me voulez-vous, capitaine? demanda le roi.

Stratti voulut parler, mais la voix lui manqua.

— Ah ! ah ! dit Murat, il paraît que vous avez reçu des nouvelles de Naples?... — Oui, sire, murmura Stratti. — Qu'annoncent-elles? dit Murat? — Votre mise en jugement, sire. — Et par qui l'arrêt sera-t-il prononcé, s'il vous plaît? Où trouvera-t-on des pairs pour me juger? Si l'on me considère comme un roi, il faut assembler un tribunal de rois; si l'on me considère comme un maréchal de France, il me faut une cour de maréchaux, et, si l'on me considère comme général, et c'est le moins qu'on puisse faire, il me faut un jury de généraux. — Sire, vous êtes déclaré ennemi public, et comme tel vous êtes passible d'une commission militaire; c'est la loi que vous avez rendue vous-même contre les rebelles. — Cette loi fut faite pour des brigands, et non pour des têtes couronnées, monsieur, dit dédaigneusement Murat. Je suis prêt, que l'on m'assassine, c'est bien; je n'aurais pas cru le roi Ferdinand capable d'une pareille action. — Sire, ne voulez-vous pas connaître la liste de vos juges?—Si fait, monsieur, si fait; ce doit être une chose curieuse : lisez, je vous écoute.

Le capitaine Stratti lut les noms que nous avons cités. Murat les entendit avec un sourire dédaigneux.

— Ah! continua-t-il lorsque le capitaine eut achevé, il paraît que toutes les précautions sont prises. — Comment cela, sire? — Oui, ne savez-vous pas que tous ces hommes, à l'exception du rapporteur Francesco Froio, me doivent leurs grades; ils auront peur d'être accusés de reconnaissance, et, moins une voix peut-être, l'arrêt sera unanime. — Sire, si vous paraissiez devant la commission, si vous plaidiez vous-même votre cause? — Silence , monsieur, silence... dit Murat. Pour que je reconnaisse les juges que l'on m'a nommés, il faudrait déchirer trop de pages de l'histoire; un tel tribunal est incompétent, et j'aurais honte de me présenter devant lui; je sais que je ne puis sauver ma vie, laissez-moi sauver au moins la dignité royale.

En ce moment, le lieutenant Francesco Froio entra pour interroger le prisonnier, et lui demanda ses noms, son âge, sa patrie. A ces questions, Murat se leva avec une expression de dignité terrible : — Je suis Joachim Napoléon, roi des Deux-Siciles, lui répondit-il, et je vous ordonne de sortir. — Le rapporteur obéit.

Alors Murat passa un pantalon seulement, et demanda à Stratti s'il pouvait adresser des adieux à sa femme et à ses enfants. Celui-ci ne pouvant plus parler, répondit par un geste affirmatif; aussitôt Joachim s'assit à une table, et écrivit cette lettre :

« Chère Caroline de mon cœur.

« L'heure fatale est arrivée, je vais mourir du dernier des supplices; dans une heure tu n'auras plus d'époux, et nos enfants n'auront plus de père : souvenez-vous de moi et n'oubliez jamais ma mémoire. je meurs innocent, et la vie m'est enlevée par un jugement injuste.

« Adieu, mon Achille; adieu, ma Lætitia; adieu, mon Lucien; adieu, ma Louise.

« Montrez-vous dignes de moi; je vous laisse sur une terre et dans un royaume pleins de mes ennemis : montrez-vous supérieurs à l'adversité, et souvenez-vous de ne pas vous croire plus que vous n'êtes, en songeant à ce que vous avez été.

« Adieu, je vous bénis. Ne maudissez jamais ma mémoire. Rappelez-vous que la plus grande douleur que j'éprouve dans mon supplice est celle de mourir loin de mes enfants, loin de ma femme, et de n'avoir aucun ami pour me fermer les yeux.

« Adieu, ma Caroline; adieu, mes enfants; recevez ma bénédiction paternelle, mes tendres larmes et mes derniers baisers.

« Adieu; n'oubliez pas votre malheureux père.

« Pizzo, ce 13 octobre 1815.

« JOACHIM MURAT. »

Alors il coupa une boucle de ses cheveux et la mit dans la lettre : en ce moment le général Nunziante entra, Murat alla à lui et lui tendit la main : — Général, lui dit-il, vous êtes père, vous êtes époux, vous saurez un jour ce que c'est que de quitter sa femme et ses fils. Jurez-moi que cette lettre sera remise. — Sur mes épaulettes, dit le général en s'essuyant les yeux. — Allons, allons, du courage, général, dit Murat; nous sommes soldats, nous savons ce que c'est que la mort. Une seule grâce : vous me laisserez commander le feu, n'est-ce pas? Le général fit signe de la tête que cette dernière faveur lui serait accordée; en ce moment le rapporteur entra, la sentence du roi à la main. Murat devina ce dont il s'agissait : — Lisez, monsieur, lui dit-il froidement, je vous écoute.

Le rapporteur obéit. Murat ne s'était pas trompé; il y avait eu, moins une voix, unanimité pour la peine de mort.

Lorsque la lecture fut finie, le roi se retourna vers Nunziante : — Général, lui dit-il, croyez que je sépare, dans mon esprit, l'instrument qui me frappe de la main qui le dirige. Je n'aurais pas cru que Ferdinand m'eût fait fusiller comme un chien; il ne recule pas devant cette infamie! c'est bien, n'en parlons plus. J'ai récusé mes juges, mais non pas mes bourreaux. Quelle est l'heure que vous désignez pour mon exécution? — Fixez la vous-même, sire, dit le général.

Murat tira de son gousset une montre sur laquelle était le portrait de sa femme; le hasard fit qu'elle était tournée de manière que ce fut le portrait et non le cadran qu'il amena devant ses yeux; il le regarda avec tendresse

— Tenez, général, dit-il en le montrant à Nunziante, c'est le portrait de la reine, vous la connaissez; n'est-ce pas qu'elle est bien ressemblante?

Le général détourna la tête. Murat poussa un soupir et remit la montre dans son gousset.

— Eh bien! sire, dit le rapporteur, quelle heure fixez-vous? — Ah! c'est juste, dit Murat en souriant, j'avais oublié pourquoi j'avais tiré ma montre en voyant le portrait de Caroline.

Alors il regarda sa montre de nouveau, mais cette fois du côté du cadran. — Eh bien! ce sera pour quatre heures, si vous voulez; il est trois heures passées, c'est cinquante minutes que je vous demande, est-ce trop, monsieur?

Le rapporteur s'inclina et sortit. Le général voulut le suivre.

— Ne vous reverrai-je plus, Nunziante? dit Murat. — Mes ordres m'enjoignent d'assister à votre mort, sire, mais je n'en aurai pas la force. — C'est bien, général, c'est bien; je vous dispense d'être là au dernier moment; mais je désire vous dire adieu encore une fois et vous embrasser. — Je me trouverai sur votre route, sire. — Merci. Maintenant laissez-moi seul. — Sire, il y a là deux prêtres.

Murat fit un signe d'impatience.

— Voulez-vous les recevoir? continua le général. — Oui, faites-les entrer.

Le général sortit. Un instant après les deux prêtres parurent au seuil de la porte; l'un se nommait don Francesco Pellegrino: c'était l'oncle de celui qui avait causé la mort du roi, et l'autre don Antonio Masdea.

— Que venez-vous faire ici? leur dit Murat. — Vous demander si vous voulez mourir en chrétien. — Je mourrai en soldat. Laissez-moi.

Don Francesco Pellegrino se retira. Sans doute, il était mal à l'aise devant Joachim. Quant à Antonio Masdea, il resta sur la porte.

— Ne m'avez-vous pas entendu? dit le roi. — Si fait, répondit le vieillard; mais permettez-moi, sire, de ne pas croire que c'est votre dernier mot. Ce n'est pas pour la première fois que je vous vois et que je vous implore; j'ai déjà eu l'occasion de vous demander une grâce.

— Laquelle? — Lorsque Votre Majesté vint au Pizzo, en 1810, je lui demandai 25,000 francs pour faire achever notre église; Votre Majesté m'en envoya 40,000. — C'est que je prévoyais que j'y serais enterré, répondit en souriant Murat. — Eh bien! sire, j'aime à croire que vous ne refuserez pas plus ma seconde prière que vous ne m'avez refusé la première. Sire, je vous le demande à genoux.

Le vieillard tomba aux pieds de Murat. — Mourez en chrétien! — Cela vous fera donc bien plaisir? dit le roi. — Sire, je donnerais le peu de jours qui me restent pour obtenir de Dieu que son esprit vous visitât à votre dernière heure. — Eh bien! dit Murat, écoutez ma confession: Je m'accuse, étant enfant, d'avoir désobéi à mes parents; depuis que je suis devenu un homme, je n'ai jamais eu autre chose à me reprocher. — Sire, me donnerez-vous une attestation que vous mourez dans la religion chrétienne? — Sans doute, dit Murat; et il prit une

plume et écrivit : « Moi, Joachim Murat, je meurs « en chrétien, croyant à la sainte Église catholique, « apostolique et romaine. » Et il signa. — Maintenant, mon père, continua le roi, si vous avez une troisième grâce à me demander, hâtez-vous, car dans une demi-heure il ne serait plus temps. En effet, l'horloge du château sonna en ce moment trois heures et demie.

Le prêtre fit signe que tout était fini. — Laissez-moi donc seul, dit Murat. Le vieillard sortit.

Murat se promena quelques minutes à grands pas dans la chambre; puis il s'assit sur son lit et laissa tomber sa tête dans ses deux mains. Sans doute, pendant le quart d'heure où il resta ainsi absorbé dans ses pensées, il vit repasser devant lui sa vie tout entière, depuis l'auberge d'où il était parti jusqu'au palais où il était entré; sans doute son aventureuse carrière se déroula pareille à un rêve doré, à un mensonge brillant, à un conte des *Mille et une Nuits*. Comme un arc-en-ciel, il avait brillé pendant un orage, et, comme un arc-en-ciel, ses deux extrémités se perdaient dans les nuages de sa naissance et de sa mort. Enfin, il sortit de sa contemplation intérieure et releva son front pâle, mais tranquille. Alors il s'approcha d'une glace, arrangea ses cheveux: son caractère étrange ne le quittait pas. Fiancé de la mort, il se faisait beau pour elle.

Quatre heures sonnèrent. Murat alla lui-même ouvrir la porte. Le général Nunziante l'attendait. — Merci, général, lui dit Murat : vous m'avez tenu parole; embrassez-moi, et retirez-vous ensuite si vous le voulez.

Le général se jeta dans les bras du roi en pleurant et sans pouvoir prononcer une parole : — Allons, du courage, lui dit Murat; vous voyez bien que je suis tranquille.

C'était cette tranquillité qui brisait le courage du général! Il s'élança hors du corridor et sortit du château en courant comme un insensé.

Alors le roi marcha vers la cour : tout était prêt pour l'exécution. Neuf hommes et un caporal étaient rangés en ligne devant la porte de la chambre du conseil. Devant eux était un mur de douze pieds de haut; trois pas avant ce mur était un seuil d'un seul degré : Murat alla se placer sur cet escalier, qui lui faisait dominer d'un pied à peu près les soldats chargés de son exécution. Arrivé là, il tira sa montre, baisa le portrait de sa femme, les yeux fixés sur lui, il commanda la charge des armes. Au mot : Feu! cinq des neuf hommes tirèrent : Murat resta debout. Les soldats avaient eu honte de tirer sur leur roi; ils avaient visé au-dessus de sa tête.

Ce fut peut-être en ce moment qu'éclata le plus magnifiquement ce courage de lion qui était la vertu particulière de Murat. Pas un trait de son visage ne s'altéra, pas un muscle de son corps ne faiblit; seulement, regardant les soldats avec une expression de reconnaissance amère :

— Merci, mes amis, leur dit-il; mais, comme tôt ou tard vous serez obligés de viser juste, ne prolongez pas mon agonie. Tout ce que je vous demande, c'est de viser au cœur et d'épargner la figure. Recommençons

Et, avec la même voix, avec le même calme, avec le même visage, il répéta les paroles mortelles les unes après les autres, sans lenteur, sans précipitation, et comme il eût commandé une simple manœuvre; mais cette fois, plus heureux que la première, au mot : Feu! il tomba percé de huit balles, sans faire un mouvement, sans pousser un soupir, sans lâcher la montre qu'il tenait serrée dans sa main gauche.

Les soldats ramassèrent le cadavre, le couchèrent sur le lit, où dix minutes auparavant il était assis, et le capitaine mit une garde à la porte.

Le soir, un homme se présenta pour entrer dans la chambre mortuaire : la sentinelle lui en refusa l'entrée; mais cet homme demanda à parler au commandant du château. Conduit devant lui, il lui montra un ordre. Le commandant le lut avec une surprise mêlée de dégoût; puis, la lecture achevée, il le conduisit jusqu'à la porte qu'on lui avait refusée.

— Laisser passer le seigneur Luidgi, dit-il à la sentinelle. La sentinelle présenta les armes à son commandant. Luidgi entra

Dix minutes s'étaient à peine écoulées, lorsqu'il sortit tenant à la main un mouchoir ensanglanté. Dans ce mouchoir était un objet que la sentinelle ne put reconnaître.

Une heure après, un menuisier apporta le cercueil qui devait renfermer les restes du roi. L'ouvrier entra dans la chambre; mais presque aussitôt il appela la sentinelle avec un accent indicible d'effroi. Le soldat entre-bâilla la porte pour regarder ce qui avait pu causer la terreur de cet homme. Le menuisier lui montra du doigt un cadavre sans tête.

A la mort du roi Ferdinand, on retrouva dans une armoire secrète de sa chambre à coucher cette tête conservée dans de l'esprit-de-vin.

Huit jours après l'exécution du Pizzo, chacun avait déjà reçu sa récompense : Trenta Capelli était fait colonel, le général Nunziante était créé marquis, et Luidgi était empoisonné.

FIN.

LE KENT

ALEXANDRE DUMAS

I

e 1ᵉʳ mars, à dix heures du matin, un magnifique trois-mâts, ses grandes voiles carguées et prises aux bas ris, ses vergues de perroquet amenées, se tenait à la cape sous son grand hunier seul, avec trois ris pris, ses fausses fenêtres de poupe fermées, et tous ses soldats de quart, amarrés à un cordage de sûreté tendu sur le pont, luttant contre un des plus terribles grains qui aient jamais soulevé les vagues gigantesques de la mer de Biscaye.

C'était le *Kent*, magnifique navire de la Compagnie anglaise des Indes, commandé par le capitaine Henry Cobb et destiné pour le Bengale et la Chine. Il portait vingt officiers, trois cent quarante-quatre soldats, quarante-trois femmes et soixante-six enfants, tous faisant partie du 31° régiment d'infanterie, et cela sans compter vingt passagers et un équipage de cent quarante-huit hommes, officiers compris.

Tout cela était joyeusement parti des Dunes le 19 février 1825, car le bâtiment étant neuf et le capitaine expérimenté, car tout étant aménagé à bord pour le bien-être et le comfort le plus parfait, on pouvait avec confiance espérer un bon et rapide voyage.

Poussé par un vent frais du nord-ouest, le beau navire avait majestueusement descendu la Manche, et, le 23 février, après avoir perdu de vue les côtes d'Angleterre, était entré dans l'Atlantique.

Malgré quelques intervalles de mauvais temps, le navire avait continué de faire bonne route jusqu'à la nuit du lundi 28, où un coup de vent du sud-ouest, dont la violence avait progressivement augmenté pendant la matinée du 29, l'avait subitement arrêté au moment où nous sommes arrivés, c'est-à-dire au 1ᵉʳ mars, à dix heures du matin.

Malgré les précautions prises, le navire, lancé par les flots à des hauteurs prodigieuses, retombant du sommet de ces vagues dans des abîmes sans fond, roulait effroyablement : et ce roulis était encore augmenté par la nature d'une partie de la cargaison, formée de tonneaux pleins de boulets et de bombes. Vers le milieu du jour, le roulis devint si terrible, qu'à chaque inclinaison du bâtiment, soit à bâbord, soit à tribord, les haubans plongeaient de trois ou quatre pieds dans la mer. Il résultait de cet effroyable mouvement que les meubles les plus solidement calés étaient renversés et jetés d'un côté à l'autre du bâtiment avec tant de fracas, qu'il n'y avait plus moyen pour personne de se tenir soit dans la chambre, soit dans la salle commune.

Ce fut en ce moment qu'un officier, effrayé de l'horrible remue-ménage qui se faisait dans le pont et dans l'entre-pont, pensa qu'il ne serait pas mal d'aller voir ce qui, au milieu de pareilles secousses, pouvait se passer à fond de cale. En conséquence, il prit deux matelots avec lui, et ordonna à l'un d'eux de se munir d'une lampe de sûreté.

En entrant dans la cale, il s'aperçut que la lampe brûlait mal, et, dans la crainte du feu, s'il la ravivait lui-même, il envoya un des matelots arranger la mèche sur la plate-forme des câbles, restant pendant toute son absence dans l'obscu-rité. Au bout de cinq minutes, il reparut, et, s'apercevant qu'une des barriques d'eau-de-vie était hors de sa place, il prit la lampe des mains du matelot qui la portait, et donna l'ordre à lui et à son compagnon d'aller chercher des coins pour caler cette barrique.

Tous deux sortirent.

Resté seul, l'officier se trouva obligé de tenir la lampe d'une main et de maintenir la barrique de l'autre; mais alors il arriva une telle secousse, que, violemment ébranlé, il fut obligé de lâcher sa lampe. Comprenant le danger auquel il exposait le bâtiment, il se hâta de la ramasser; mais, dans son empressement, il lâcha la barrique, qui se défonça en retombant : l'eau-de-vie se répandit aussitôt, et, entrant en contact avec la flamme de la lampe, la lave ardente se répandit dans la cale comme un serpent de feu. Au lieu de donner l'alarme par un cri imprudent, l'officier eut la force de se contenir, et, les deux matelots étant revenus, il fit à l'instant même prévenir par l'un d'eux le capitaine de ce qui se passait, et avec l'autre essaya de porter les premiers secours au feu.

Le capitaine accourut, donna ses ordres, et l'on commença d'essayer à comprimer le feu au moyen des pompes que l'on fit jouer, de seaux d'eau que l'on versa, et de toiles et de hamacs mouillés dont on encombra la cale au vin.

L'officier qui a laissé le récit le plus détaillé de cette catastrophe, le major Mac Gregor, homme à la fois plein de courage et de croyance sainte, était en ce moment occupé à observer les baromètres suspendus dans la chambre du conseil, lorsque l'officier de quart, M. Spence, s'approcha de lui et lui dit tout bas :

— Le feu est dans la cale au vin.

— Impossible !

— Allez-y voir, major.

Et M. Spence se remit à se promener de long en large et à maintenir l'ordre sur le pont avec autant de calme que l'agitation furieuse de la mer le lui permettait.

Le major Mac Gregor doutait encore. Il courut à l'écoutille, dont la fumée commençait à s'échapper, et trouva le capitaine Cobb et les officiers donnant avec le plus grand calme des ordres exécutés avec un calme presque égal par les matelots et par les soldats.

Le capitaine Cobb l'aperçut.

— Ah! c'est vous, major? dit-il.

— Oui, mon commandant. Puis-je vous être bon à quelque chose?

— Prévenez vos officiers et veillez à ce que le trouble ne se mette point parmi les soldats.

— Est-ce aussi grave qu'on le dit, commandant? demanda le major.

— Dame! voyez, dit le capitaine en lui montrant la fumée qui sortait par l'écoutille.

Le major fit des lèvres un mouvement qui signifiait que la chose était grave, et se mit en quête du lieutenant-colonel Fearon.

Le major Mac Gregor s'informa et apprit que le colonel Fearon était chez lui, avec quelques-unes des femmes des officiers, qui, tremblantes devant cette tempête effroyable et ne soupçonnant pas un autre danger en face d'un danger si grand, s'étaient réunies chez lui.

Il frappa à la porte avec l'intention de prendre à part le lieutenant-colonel et de lui annoncer le nouveau péril qui menaçait le bâtiment; mais, malgré cette précaution, le visage du major portait, à ce qu'il paraît, une telle empreinte de terreur, que les femmes se levèrent spontanément et demandèrent si la tempête devenait plus sérieuse.

Mais, en souriant, le major leur donna sa parole que de ce côté elles n'avaient rien à craindre, et la parole du major les rassura.

Le colonel Fearon sortit pour s'emparer de l'esprit de son régiment, et le major pour retourner sur le théâtre de l'incendie.

Les choses avaient fort empiré pendant son absence. A la légère flamme bleue de l'eau-de-vie, qui laissait croire encore à la possibilité de se rendre maître du sinistre, avait succédé une épaisse fumée qui, en énormes tourbillons, sortait par les quatre écoutilles et qui roulait en torrents d'un bout à l'autre du vaisseau.

En même temps, une forte odeur de goudron se répandait sur le pont.

Le major s'informa de ce changement au capitaine Cobb, qui lui répondit :

— La flamme a gagné de la cale au vin la soute aux cordages.

— Alors nous sommes perdus, fit le major.

— Oui, répondit simplement le capitaine.

Puis en même temps, d'une voix forte et qui indiquait l'imminence du danger, le capitaine Cobb cria :

— Pratiquez des voies d'eau dans le premier ou le second pont, déblayez les écoutilles, ouvrez les sabords de la batterie basse, afin que la mer entre de tous côtés.

On s'empressa d'obéir; mais déjà quelques soldats, une femme et plusieurs enfants avaient péri après des efforts inutiles pour gagner le pont supérieur. En descendant vers la batterie basse avec le colonel Fearon et le capitaine Braye et deux ou trois autres officiers du 31° qui voulaient ouvrir les sabords, ceux-ci rencontrèrent un des contre-maîtres chancelant, prêt à tomber, épuisé, perdant connaissance. Il venait de heurter du pied les cadavres de plusieurs personnes suffoquées par la fumée, dont il avait lui-même failli être victime.

En effet, cette fumée était si âcre et si épaisse, qu'en entrant dans l'entre-pont, ils se sentirent saisis par elle, et qu'à peine purent-ils y rester le temps nécessaire pour exécuter les ordres du capitaine Cobb.

Ils y arrivèrent cependant, et aussitôt la mer se précipita furieuse dans les voies qui lui étaient ouvertes, brisant les cloisons et dispersant comme des bouchons de liège les caisses les plus lourdes et les mieux amarrées.

C'était un spectacle terrible, et que cependant les spectateurs regardaient avec une certaine joie, car ils se flattaient de trouver leur salut dans cette ressource violente.

Plongés dans l'eau jusqu'aux genoux, les officiers s'encourageaient mutuellement avec cette voix âpre et stridente qui montre clairement que celui-là même qui crie aux autres : « Espérez ! » n'espère plus.

Et cependant cette quantité immense d'eau qui se précipitait dans la cale parvint à arrêter, non pas l'incendie, mais son accroissante fureur; seulement, au fur et à mesure que le danger de sauter en l'air diminuait, celui de sombrer augmentait : le vaisseau s'était visiblement alourdi et enfoncé de plusieurs pieds. On n'avait que le choix de la mort; on préféra celle qui offrait un sursis.

Les officiers se précipitèrent contre les sabords, qu'ils refermèrent à grand'peine; après quoi l'on boucha les écoutilles, afin d'exclure l'air extérieur des profondeurs du vaisseau, et l'on attendit, car on savait avoir maintenant une heure ou deux devant soi.

Alors les officiers qui venaient de noyer le bâtiment, remontés sur le pont, jetèrent les yeux autour d'eux et commencèrent à distinguer dans son ensemble d'abord, puis ensuite à suivre dans ses détails une scène terrible et sublime à la fois.

Le pont supérieur était couvert de six à sept cents créatures humaines : marins, soldats, passagers, hommes, femmes, enfants.

Quelques femmes, retenues dans leur lit par le mal de mer, s'étaient élancées hors de leurs cadres quand elles avaient connu le terrible danger dont elles étaient menacées, et, pareilles à des fantômes au milieu de cette nuit blafarde, à la lueur des éclairs, aux roulements de la foudre, erraient sur le pont, appelant, l'une son père, l'autre son frère, l'autre son mari.

Par un instinct naturel, ces sept cents personnes, au lieu de se serrer les unes contre les autres, s'étaient divisées par groupes, les forts avec les forts, les faibles avec les faibles.

Ces groupes permettaient que l'on circulât sur le pont dans les intervalles qu'ils avaient formés.

Quelques-uns des marins et des soldats les plus fermes de cœur, — ceux-là formaient le groupe le moins nombreux, — avaient été se placer directement au-dessus de la sainte-barbe, afin d'être emportés les premiers, et que l'explosion au centre de laquelle ils devaient se trouver terminât immédiatement leurs souffrances.

Parmi ces groupes, les uns attendaient leur sort avec une résignation silencieuse ou une insensibilité stupide.

D'autres se tordaient les bras, poussaient des cris sans paroles et se livraient à toutes les frénésies du désespoir.

D'autres imploraient à genoux et avec d'abondantes larmes la miséricorde du Très-Haut.

Plusieurs femmes et des enfants de soldats étaient venus chercher un refuge dans la chambre des ponts supérieurs et priaient avec les femmes des officiers et des passagers; parmi ces femmes, quelques-unes, douées d'un calme sublime, semblaient des anges envoyés par le Seigneur pour préparer à la mort la créature mortelle à laquelle Dieu a toujours le droit de reprendre la vie qu'il lui a donnée.

Au milieu de tout cela, quelques pauvres enfants, ignorant le danger, et les yeux fixes, ou jouaient dans leur lit, ou faisaient des questions qui prouvaient que le Seigneur écartait de leur angélique innocence jusqu'à l'apparence du danger.

Mais il n'en était point ainsi des autres.

Un jeune passager s'approcha du major Mac Gregor.

— Major, lui demanda-t-il, que pensez-vous de la situation?

— Monsieur, répondit le major, préparons-nous à reposer cette nuit même dans le sein de Dieu.

Le jeune homme s'inclina avec mélancolie, et, serrant la main du major,

— Mon cœur est en paix avec ce Dieu dont vous me parlez, major, dit-il, et cependant je vous l'avoue, je redoute beaucoup ce dernier instant, quoique je sache que cette crainte est absurde.

En ce moment, comme si la mer eût été furieuse qu'un autre élément s'apprêtât à détruire le bâtiment qu'elle avait l'air de regarder comme sa proie et qu'elle attirait à elle par toutes les bouches de ses abîmes, une de ces vagues terribles qui montaient à la hauteur des vergues se précipita sur le pont, arracha l'habitacle de ses amarres et mit en pièces la boussole, dont elle emporta les débris.

Le coup avait été terrible; un morne silence l'avait suivi, car chacun regardait avec terreur autour de lui s'il ne lui manquait pas quelque être bien-aimé emporté par ce terrible coup de mer, quand, au milieu de ce silence, la voix d'un jeune contre-maître s'éleva pleine d'angoisse et cria :

— Capitaine, le *Kent* n'a plus de boussole !

Un long frémissement suivit ces paroles, car chacun sait ce que c'est qu'un navire perdu et errant au hasard sur l'Océan.

Aussi, à ces mots, un jeune officier qui jusque-là n'avait point paru désespérer, prit d'un air sombre une boucle de cheveux blonds dans son nécessaire et la plaça sur son cœur.

Un autre prit du papier et écrivit à son père quelques lignes qu'il introduisit dans une bouteille, espérant que la bouteille, recueillie par quelque âme charitable, serait envoyée à son père avec ce qu'elle contenait, et qu'ainsi, par la certitude de sa mort, il épargnerait au vieillard de longues années d'incertitude et d'anxiété.

Au moment où ce jeune officier s'avançait vers le bastingage pour jeter cette bouteille à la mer, un des seconds, M. Thomson, eut l'idée de faire monter un matelot au petit mât de hune, dans l'espérance de découvrir quelque bâtiment en vue, et que ce bâtiment pût secourir le *Kent*.

C'était une dernière espérance, bien faible, il est vrai, et cependant à laquelle tous les cœurs se rattachaient.

On attendit donc avec une inexprimable angoisse.

Le matelot parcourut des yeux tout le cercle de l'horizon. Puis tout à coup, agitant son chapeau :

— Une voile sous le vent ! cria-t-il.

Alors on put distinguer la chaloupe luttant contre les vagues. — Page 7.

Trois hourras de joie s'élancèrent du pont. A l'instant, on hissa les pavillons de détresse. On tira le canon de minute en minute, et l'on dirigea la manœuvre de manière à arriver sur le navire, qui était en vue, naviguant sous la misaine et les trois huniers.

II

LA CAMBRIA.

endant dix ou quinze minutes, tous les yeux furent fixés sur le bâtiment en vue, que l'on sut plus tard être la *Cambria*, petit brick de deux cents tonneaux, faisant voile pour la Véra-Cruz, sous le commandement du capitaine Cook, et ayant à bord vingt à trente mineurs de Cornouailles et d'autres employés de la Compagnie anglo-mexicaine.

L'anxiété était grande, car on cherchait à s'assurer si, de son côté, il voyait ou ne voyait pas le *Kent*.

Ces dix minutes furent un siècle.

On n'avait point d'espoir que le bruit des canons eût été entendu; ce bruit se perdait dans les clameurs de la tempête et dans les rugissements de la mer.

Mais il pouvait bien certainement voir la fumée qui enveloppait le bâtiment de son nuage sombre, et qui, pareille à une trombe, bondissait à la surface de la mer.

Après quelques minutes d'angoisses, on vit le brick hisser pavillon anglais et mettre toutes voiles dehors pour venir au secours du *Kent*.

Ce fut une joie universelle. Cette lueur de salut qui succédait à l'obscurité de la mort illumina tous les cœurs, et cependant, en calculant l'espace qui restait à parcourir, la petitesse du bâtiment qui venait au secours du *Kent*, l'état effroyable de la mer, il y avait quatre-vingts chances encore sur cent que le bâtiment sautât, que celui qui était en vue pût à peine en recueillir à la dixième partie, et enfin que le transbordement fût impossible.

En ce moment, et pendant que le capitaine Cobb, le colonel et le major Mac Gregor tenaient conseil sur les mesures les plus promptes et les plus sûres de mettre les embarcations à la mer,

un lieutenant du 31ᵉ vint demander au major dans quel ordre les officiers devaient quitter le vaisseau.

— Dans l'ordre que l'on observe aux funérailles, répondit d'une voix calme le major Mac Gregor.

Alors, comme si l'officier eût pensé qu'un second ordre supérieur était nécessaire, il se retourna vers le colonel Fearon, l'interrogeant du regard.

— Eh bien, dit celui-ci, n'avez-vous point entendu? Les cadets les premiers; mais d'abord, et avant tout, les femmes et les enfants. Vous passerez au fil de l'épée tout homme qui tenterait de descendre avant eux.

L'officier s'éloigna en faisant un signe de tête qui indiquait que l'ordre serait ponctuellement exécuté.

Et en effet, pour empêcher l'encombrement que l'on avait lieu de craindre d'après les signes d'impatience qui se manifestaient chez les soldats et même chez les marins, deux officiers, l'épée nue, se mirent en faction près de chaque embarcation; mais il faut le dire, en jetant les yeux sur leurs officiers, et en voyant leur contenance calme et sévère à la fois, les soldats et les marins trop pressés à la fuite eurent honte d'eux-mêmes, et les premiers donnèrent l'exemple de la subordination et de la discipline.

Vers deux heures ou deux heures et demie, l'embarcation se trouva prête.

L'ordre fut à l'instant même donné par le capitaine Cobb d'y faire descendre autant de femmes, d'officiers, de passagers et de soldats que le canot en pourrait contenir.

Alors on vit défiler sur le pont le lugubre cortége de ces malheureuses femmes vêtues des premiers objets dont elles avaient pu s'emparer, et qui, traînant leurs enfants d'une main, tendaient l'autre vers celui, père, frère ou mari, qu'elles abandonnaient sur le bâtiment à une mort presque certaine.

Ce cortége s'avançait du gaillard d'arrière jusqu'au sabord, au-dessous duquel le canot était suspendu.

On n'entendait pas un cri, il ne se proférait pas une plainte ; les petits enfants eux-mêmes, comme s'ils eussent compris la solennité de la situation, avaient cessé de pleurer. Deux ou trois femmes seulement demandèrent en grâce à ne pas s'embarquer seules et à rester près de leur mari. Mais la voix du major ou du colonel répondait : *Marchez;* et la malheureuse reprenait son rang, silencieuse et obéissante.

Et, quand on leur eut bien dit que chaque minute de retard apportée à l'embarquement pourrait être la perte de tout ce qui restait à bord, alors, sans plus rien demander, même cette sombre grâce de mourir avec leurs maris, elles s'arrachèrent aux embrassements, et, avec cette force d'âme qu'on ne trouve que chez elles, elles allèrent s'entasser sans un seul murmure dans le canot, qui descendit aussitôt à la mer.

Les plus croyants dans la miséricorde divine n'espéraient pas, tant la mer était grosse, que le canot pût tenir cinq minutes. Les marins placés dans les haubans crièrent même deux fois que le canot faisait eau ; mais le major Mac Gregor étendit la main et d'une voix forte s'écria :

— Celui qui a fait marcher l'apôtre sur les vagues saura bien soutenir nos femmes et nos enfants sur les flots ! Lâchez tout !

Le major Mac Gregor avait sa femme et son fils dans le canot. Mais ce n'était point assez que de donner l'ordre, il fallait l'exécuter.

En effet, voici comment l'embarquement se devait faire.

Ne voulant négliger aucune précaution, le capitaine Cobb avait aposté à chaque extrémité du canot un homme armé d'une hache afin de couper à l'instant même les palans si l'on éprouvait la moindre peine à les décrocher.

Or la difficulté d'une pareille opération sur une mer furieuse et avec une chaloupe surchargée ne peut-être comprise que par un marin.

En effet, après que les hommes chargés de ce travail difficile eurent deux ou trois fois essayé de déposer doucement la chaloupe sur la vague, l'ordre fut donné de défaire les crochets ; le palan de poupe ne présenta aucune difficulté et fut dégagé à l'instant. mais au contraire les cordages de la proue s'embrouillèrent, et l'homme placé à ce poste ne put exécuter l'ordre donné. En vain

alors eut-on recours à la hache : la corde n'était pas tendue, la hache ne mordit point ; mais, comme il arrivait alors que, retenu seulement par une de ses extrémités, le canot suivait tous les mouvements et qu'en ce moment la vague le soulevait, il fut un moment où l'on dut croire que l'embarcation suspendue verticalement par la proue allait verser à la mer tout ce qu'elle contenait. Par miracle, en ce moment une vague passa sous la poupe de la chaloupe et la souleva comme si la main de Dieu eût fait contre-poids au mouvement du vaisseau.

En ce moment, on parvint à décrocher le palan, et la chaloupe se trouva lancée à la mer.

Aussitôt on poussa au large, et ceux qui étaient restés sur le bâtiment, oubliant leur propre danger, s'élancèrent vers les bastingages pour voir quel sort attendait ceux qui venaient de les quitter.

Alors on put distinguer la chaloupe luttant contre les vagues, s'élevant comme un point noir à leur sommet, puis replongeant dans l'abîme pour disparaître encore et reparaître de nouveau.

Ce spectacle était d'autant plus effrayant, que la distance à parcourir du *Kent* à la *Cambria* était de près d'un mille, la *Cambria* ayant mis en panne à cette distance, afin d'échapper aux débris enflammés en cas d'explosion, et surtout pour se garantir du feu des canons, qui, chargés à boulets, tiraient au fur et à mesure que la flamme les atteignait.

Le succès ou l'insuccès de cette première tentative était donc la mesure des chances de salut ou de perte de l'avenir.

Qu'on juge aussi de l'intérêt avec lesquels, d'abord les pères, les frères et les maris, mais encore ceux-là mêmes qui ne lui portaient qu'un intérêt tout égoïste, suivaient cette précieuse embarcation.

Pour maintenir autant que possible le canot en équilibre, pour que les matelots pussent ramer sans trop de difficulté, on avait pêle-mêle sous les bancs entassé les enfants et les femmes. Seulement cette précaution, qui était de toute nécessité, les exposa à être noyés par l'écume qui à chaque coup de mer inondait le canot, et qui, se résolvant en eau, montait au fur et à mesure que l'on avançait, de manière que, lorsqu'on approcha la *Cambria,* les femmes avaient de l'eau jusqu'à la ceinture et étaient obligées de tenir leurs enfants élevés dans leurs bras.

Enfin, au bout de vingt-cinq minutes, pendant

. . S'y cramponna et fut recueilli dans le canot. — Page 13

lesquelles les malheureux demeurèrent entre la vie et la mort, la chaloupe accosta le brick.

Du bâtiment en flammes on pouvait encore voir le brick et la chaloupe; seulement on perdait les détails.

La première créature humaine qui passa du canot sur le brick fut le fils du major Mac Gregor, âgé de trois semaines, qui, enlevé des bras de sa mère par M. Thomson, quatrième lieutenant du *Kent* et commandant l'embarcation, fut

soulevé jusqu'à la hauteur des bras qui s'étendaient du brick pour le recevoir.

Ainsi fut récompensée la sainte confiance du capitaine en Dieu.

Puis il en fut ainsi de tous les enfants et de toutes les mères, qui furent sauvés, depuis le premier enfant jusqu'à la dernière mère.

Les femmes sans enfants vinrent ensuite et passèrent à leur tour sans accident de la chaloupe sur le brick.

Puis le canot reprit sa course vers le *Kent* avec les seuls matelots, qui faisaient force de rames pour aller au secours de leurs compagnons.

Quand tous ces hommes, marins, soldats, passagers, virent revenir les canots vides, lorsqu'ils eurent la certitude que leurs femmes et leurs enfants étaient arrivés sans accident, un instant ceux qui jouissaient du bonheur de savoir ces êtres bien-aimés en sûreté oublièrent la situation où ils étaient eux-mêmes, et, suspendus entre deux abîmes, rendirent grâces à Dieu.

Mais, au retour de ce premier voyage, les embarcations essayèrent inutilement d'accoster le *Kent* bord à bord. C'était chose impossible à cause de la rage avec laquelle les vagues fouettaient le flanc du bâtiment ; force fut donc de tenir les embarcations au-dessous de la poupe, et de descendre les femmes et les enfants au moyen d'un cordage auquel on les attachait deux à deux.

Mais, comme le tangage était terrible, comme bien souvent, au moment où femmes et enfants allaient être déposés dans le canot, le canot se dérobait sous eux, alors ces malheureux étaient plongés à plusieurs reprises dans la mer.

Pas une femme ne périt cependant, mais il n'en fut pas de même des enfants, frêles créatures de la poitrine desquelles le souffle était chassé plus aisément, et plus d'une fois, après ces terribles immersions, la mère vivante et l'enfant mort furent déposés dans la chaloupe.

Ce fut alors le moment des épisodes terribles.

Deux ou trois soldats, pour soulager leurs femmes ou pour arriver à sauver plus promptement leurs enfants, sautèrent à la mer après se les être fait attacher autour du corps, et périrent avec eux submergés par ces vagues gigantesques.

Une jeune femme refusait de quitter son père, vieux soldat enchaîné à son poste ; il fallut l'arracher de ses genoux, où elle s'était cramponnée, la lier à l'extrémité de la corde, et la descendre malgré ses cris ; cinq fois les vagues les étouffèrent ; la sixième fois elle fut déposée évanouie dans le bateau, on la croyait morte, on allait la rejeter à la mer lorsqu'elle donna signe d'existence : elle fut sauvée.

Un homme se trouvait placé entre l'alternative de perdre sa femme ou ses enfants ; sans hésitation, il se prononça pour sa femme ; la femme fut sauvée, les quatre enfants périrent.

Un soldat, grand, fort, excellent nageur, n'ayant ni femme ni enfants, se chargea de trois des enfants de ses camarades, se les fit attacher sur les épaules, et, chargé de ce précieux fardeau, se jeta à la mer. Mais ce fut vainement qu'il essaya d'atteindre le canot ; alors ses compagnons, témoins des efforts inouïs qu'il faisait, lui jetèrent une corde ; il la saisit et fut hissé à bord.

Un matelot tomba dans l'écoutille, et, comme s'il fût tombé dans le cratère d'un volcan, fut en quelques secondes dévoré par les flammes.

Un autre eut l'épine du dos brisée, et cela si complétement, qu'il tomba plié en deux et ne se releva point.

Un autre, en arrivant à la *Cambria*, eut la tête prise et écrasée entre le canot et le brick.

Cependant les précautions à prendre pour embarquer les femmes et les enfants dévoraient un temps précieux. Le capitaine Cobb donna alors l'ordre d'admettre quelques soldats dans le bateau avec les femmes seulement. Ceux-ci atteindraient le bateau comme ils l'entendraient. C'était leur affaire.

Cette permission devint fatale à plusieurs. Sur une douzaine qui sauta immédiatement à la mer, cinq ou six furent engloutis.

Un de ces hommes... il y a d'étranges destinées, disons la sienne avec quelques détails :

Il avait une femme, une femme qu'il aimait tendrement et qui, étant de celles qui n'avaient pu obtenir de suivre le régiment, était condamnée à rester en Angleterre.

Elle résolut d'éluder la défense.

Elle suivit le régiment à Gravesend. Là, par l'aide de son mari et des compagnons de son mari, elle trouva moyen d'échapper à la vigilance des sentinelles et se glissa dans le bâtiment. Pendant plusieurs jours, elle resta cachée, et personne ne s'aperçut de sa présence à bord. A Deal, elle fut découverte, et on la renvoya à terre ; mais avec cette persévérance dont les femmes seules sont capables, elle rejoignit le bâtiment, se glissa de nouveau dans l'entre-pont et y demeura cachée parmi les autres femmes jusqu'au jour du désastre.

Au milieu du sinistre, on ne fit plus attention à elle, et son tour étant venu d'être attachée à la corde, elle y fut attachée et descendue dans la chaloupe. A peine son mari l'y vit-il en sûreté, que, profitant de la permission que venait de donner le capitaine, il sauta à l'eau, et, excellent nageur, eut bientôt gagné la chaloupe.

Ils allaient donc être réunis. Déjà sa femme lui tendait les bras, lorsqu'au moment où il avançait la main pour s'appuyer sur le plat-bord, un tan-

gage subit fit heurter sa tête contre le bossoir.
Étourdi du coup, il disparut à l'instant et ne reparut plus.

Nous avons dit qu'au moment où l'on avait
crié au feu! les plus résolus d'entre les matelots et les soldats étaient allés se placer au-dessus de la sainte-barbe pour sauter des premiers,
et en sautant être plus sûrement pulvérisés.

Un de ces matelots, voyant qu'il avait vainement attendu l'explosion près de cinq heures,
s'impatienta.

— Eh bien, dit-il, puisque le feu ne veut pas
de moi, voyons ce qu'en dira l'eau!

Et sur ces paroles il sauta à la mer, gagna le
canot et fut sauvé.

Et, en effet, depuis sept heures le navire brûlait, sans que, par un miracle, la flamme eût encore atteint la sainte-barbe.

III

LE MAJOR MAC GREGOR.

Tandis que le canot autour
duquel se groupaient tous
les épisodes que nous
avons dits et s'accomplissaient toutes les catastrophes que nous avons racontées, faisait un second
voyage au brick, tandis
qu'en arrivant à bord une femme de soldat
accouchait d'une fille qui reçut le nom de *Cambria*, et qui, selon toute probabilité, vit encore
aujourd'hui, — le jour tirait à sa fin, et le colonel Fearon, et le capitaine Cobb, et le major
Mac Gregor se montraient d'autant plus empressés à accomplir leurs devoirs, en secourant par
tous les moyens possibles les braves gens qu'ils
s'étaient imposé l'obligation de sauver avant de
penser un instant à se sauver eux-mêmes.

A cet effet, et pour établir un moyen plus facile de quitter le bâtiment, le capitaine Cobb ordonna de suspendre à l'extrémité du gui de brigantine, espèce de mât couché qui dépasse la
poupe du bâtiment d'une quinzaine de pieds, un
cordage le long duquel les hommes devaient se
laisser glisser du bâtiment dans les embarcations.

Mais, par cette manœuvre, on courait deux
dangers :

Le premier, de ne pouvoir arriver sans vertige
au bout du gui, que le mouvement du tangage
élevait parfois à trente pieds au-dessus des flots;

Le second, une fois suspendu à la corde, de
manquer le canot et d'être plongé à la mer ou
bien d'être brisé contre les plats-bords.

Aussi beaucoup de ceux qui, n'étant pas marins, n'avaient point l'habitude de grimper le long
des manœuvres ou de courir sur les vergues,
préféraient-ils se jeter à la mer par les fenêtres
de poupe et essayer de gagner les canots à la
nage.

Mais cependant, comme, malgré tous ces
moyens de sauvetage, plus de la moitié des
hommes était encore à bord, et qu'on ne pouvait
savoir ce qu'il en resterait au moment où les
flammes forceraient ces derniers à quitter le bâtiment, on commença de construire des radeaux
avec les planches des cages à poules et tous les
matériaux que l'on put réunir.

En même temps, chaque homme eut ordre de
se mettre une corde autour du corps afin de
s'amarrer aux radeaux si l'on était forcé d'y
avoir recours.

Au milieu de ces dangers et des souffrances
dont ils étaient accompagnés, quand à la crainte
incessante d'être lancé dans l'espace et dans l'éternité se joignaient les premières atteintes d'une

soif intolérable, un soldat découvrit, par hasard, une caisse d'oranges, et fit part de cette trouvaille à ses camarades.

Alors tous, d'un commun accord, avec un respect et une affection auxquels, en pareille circonstance, on ne pouvait guère s'attendre, apportèrent, depuis la première jusqu'à la dernière, ces oranges à leurs officiers, et refusèrent d'y toucher avant que chaque officier eût pris la sienne.

Comme entre chaque départ et chaque retour des chaloupes il s'écoulait près de trois quarts d'heure, les officiers pouvaient, pendant cet intervalle, faire de bien précieuses observations.

Nous allons donc, jusqu'à la fin de ce chapitre, pour mettre ces observations à notre tour sous les yeux du lecteur, emprunter notre récit à l'admirable, philosophique et précise relation du major Mac Gregor :

« Le temps ne me permet malheureusement pas de retracer ici les diverses pensées qui occupèrent mon esprit pendant cette terrible journée, ni les observations que je pus faire de ce qui se passait dans l'âme de mes compagnons d'infortune ; mais je crois devoir consigner ici un trait moral dont je conserve un souvenir parfaitement distinct.

« Il y avait un si grand nombre de personnes à bord, que j'eusse cru trouver, dans cette quantité d'organisations différentes, des nuances de caractère et de force d'âme assez diverses pour faire, si je puis m'exprimer ainsi, une échelle décroissante, depuis l'héroïsme jusqu'au dernier degré de la faiblesse et de l'égarement. Je fus promptement détrompé ; la situation mentale de mes compagnons de souffrance fut immédiatement séparée en deux catégories parfaitement distinctes, en deux couleurs fortement tranchées par une seule ligne, qui, ainsi que j'eus l'occasion de le voir, n'était pas impossible à franchir. D'un côté étaient rangés les puissants de cœur, ceux-là dont l'âme était encore exaltée par la force de la situation ; de l'autre, le groupe incomparablement moins nombreux de ceux chez qui le danger avait paralysé toute faculté d'agir et de penser, ou qu'il avait plongés dans le délire ou l'abattement.

« Ce fut avec un vif intérêt que j'observai les échanges de force et de faiblesse qui se firent entre ces deux groupes pendant les dix ou onze heures où je me trouvai à portée de les observer. Quelques hommes, par exemple, que leur agitation et leur faiblesse avaient rendus le matin l'objet de la pitié et même du mépris de tous,

s'élevèrent, les premières heures passées, par quelque grand effort intérieur, jusqu'à l'héroïsme le plus sublime, tandis que d'autres, au contraire, qui, en se roidissant contre les premières émotions, avaient fait admirer leur calme et leur courage, se laissant accabler tout à coup sans aucun sujet de désespoir nouveau, semblaient, à l'approche du danger, abandonner tout à la fois leur corps et leur esprit.

« Peut-être me serait-il possible de rendre compte de ces anomalies, mais ce n'est pas le but que je me propose. Je me borne à raconter ce que j'ai vu, en y ajoutant une circonstance qui produisit sur moi une vive impression.

« Comme j'étais sur le pont, occupé des observations que je viens de dire, j'entendis un soldat qui disait derrière moi :

« — Tiens ! voilà le soleil qui se couche.

« Cette parole, bien simple en toute autre circonstance, me fit tressaillir vivement, car il était évident que ce soleil qui se couchait, c'était mon dernier soleil. Je tournai les yeux vers l'occident, et je n'oublierai jamais l'impression que me produisit cet astre à son déclin. Pénétré de cette conviction que l'Océan, dans lequel le soleil semblait se plonger, serait cette nuit même mon tombeau, j'en arrivai peu à peu, en descendant pour ainsi dire dans ma pensée, à me représenter dans tout leur effroyable réalisme les dernières souffrances de la vie et les conséquences de la mort. Cette pensée, que je voyais pour la dernière fois, ce soleil immense, foyer d'existence et de lumière, s'empara peu à peu de toute mon âme et donna à mes réflexions un côté de terreur qui jusque-là m'avait été complètement inconnu. Ce que je ressentais, ce n'était point le regret d'une vie que l'on trouve toujours inutile ou mal remplie quand on la regarde du seuil de la mort. Non, c'était comme une prescience vague, comme une vue sans bornes de l'éternité elle-même, abstraction faite de toute idée de misère ou de félicité. Non, l'éternité telle qu'elle se présentait à moi dans ce moment, c'était le vide, une atmosphère sans horizon, sans soleil, sans nuit, sans peine, sans plaisir, sans repos, sans sommeil, quelque chose de terne et de glauque comme le jour que l'homme qui se noie voit à travers la vague qui roule entre lui et le ciel. Cette pensée était cent fois pire que celle qui m'eût présenté une éternité de flammes, car la mienne à moi, telle que je la voyais, ce n'était ni la vie ni la mort, c'était une espèce de somnolence stupide qui tenait de l'une et de l'autre, et, en vérité, je ne sais jusqu'à quel sombre désespoir m'eût entraîné cette espèce de folie, si tout à coup je n'eusse fait un effort pour sortir de ce commencement de léthargie, et je ne me fusse rattaché, comme on le fait dans les convulsions de la mort, à quelqu'une de ces douces promesses de l'Évangile qui peuvent seules donner du charme à une existence immortelle. La vue même de ce soleil prêt à disparaître à l'horizon ramena mon âme vers celui qui a tout créé, et, au souvenir de ces adorables promesses, je me rappelai *cette cité bienheureuse qui n'a besoin ni de la lumière, ni du soleil, ni de la lune, parce que c'est la gloire même de Dieu qui l'éclaire.*

« Je laissai donc le soleil se perdre entièrement à l'horizon, et, aussi calme que s'il ne s'agissait point pour moi de franchir ce pas terrible qui sépare la vie de l'éternité, je descendis dans la grande chambre pour y chercher quelque objet qui me garantît du froid, devenu plus intense encore depuis que le soleil avait disparu.

« Rien n'était triste et désolé au monde comme l'aspect de cette salle, qui le matin même était encore le théâtre d'une conversation amicale et d'une douce gaieté. A l'heure où l'on était arrivé, elle était presque déserte; on n'y rencontrait que quelques malheureux qui, ayant cherché dans l'eau-de-vie ou le vin l'oubli du danger, roulaient sur le plancher leur ivresse brutale, ou bien quelques misérables en quête de pillage, rôdant autour des secrétaires ou des armoires pour s'approprier un or ou des bijoux dont la jouissance était loin de leur être assurée. Les sofas, les commodes, ces meubles élégants qui font des bâtiments de transport anglais des modèles de comfort et de bien-être, étaient brisés en mille morceaux et renversés sur le parquet. Au milieu de leurs pieds brisés, au milieu de leurs coussins épars, des oies et des poulets couraient, échappés de leurs cages, tandis qu'un cochon, qui avait trouvé moyen de sortir de son étable, située sur le gaillard d'avant, s'était mis en possession d'un magnifique tapis de Turquie dont une des chambres était décorée.

« Ce spectacle, devenu plus triste encore par la vue de la fumée qui commençait à passer à travers les planches du parquet, me serra le cœur : je m'empressai de prendre une couverture et je remontai sur le pont, où je retrouvai, parmi le petit nombre d'officiers demeurés à bord, le capitaine Cobb, le colonel Fearon et les lieutenants Ruxton, Rooth et Evans, qui dirigeaient avec un zèle admirable le départ de nos malheureux camarades, dont le nombre diminuait rapidement.

« En général, au reste, les hommes doués d'une véritable force d'âme ne montrèrent ni impatience de quitter le bâtiment ni désir de rester en arrière. Les vieux soldats avaient trop de respect pour leurs officiers et trop de soin de leur propre réputation pour montrer de la hâte à partir les premiers; d'un autre côté, ils étaient trop sages et trop résolus pour hésiter un seul instant lorsqu'ils recevaient l'ordre de partir.

« Et cependant, comme cette scène terrible tirait à sa fin, quelques malheureux qui restaient encore à bord, loin de montrer de l'empressement à partir, témoignaient, au contraire, toute leur répugnance à employer le périlleux moyen de salut qui leur était offert. Le capitaine Cobb fut donc forcé de renouveler, d'abord avec prière, puis ensuite avec menaces, l'ordre de ne pas perdre un seul instant, et un des officiers du 31°, qui, se dévouant au salut de tous, avait exprimé l'intention de rester jusqu'à la fin et de ne quitter le bâtiment qu'un des derniers, fut contraint de déclarer, à la vue de cette hésitation, que, passé tel délai qu'il indiqua à haute voix, il quitterait le bâtiment, abandonnant à ce qui pourrait leur arriver les cœurs faibles dont l'hésitation compromettait non-seulement leur propre salut, mais encore le salut des autres.

« Au milieu de ces retards, dix heures approchaient; quelques hommes, épouvantés par l'élévation du gni et l'agitation de la mer, rendue plus terrible encore au milieu des ténèbres, se refusaient absolument à se sauver par ce moyen, tandis que d'autres demandaient qu'on les descendît, chose impossible, à la manière des femmes et avec un cordage autour du corps. Tout à coup on vint annoncer que le bâtiment, déjà enfoncé de neuf ou dix pieds au-dessus de la flottaison, venait encore de baisser tout à coup de deux pieds. Calculant d'ailleurs que les deux embarcations qui attendaient sous la poupe, jointes à celles qu'à la lueur des flammes on voyait éparses sur la mer ou revenant du brick, étaient suffisamment grandes pour contenir tous ceux qui, en état d'être transportés, se trouvaient encore à bord du *Kent*, les trois derniers officiers supérieurs du 31° régiment, au nombre desquels je me trouvais, songèrent sérieusement à faire retraite.

« Et maintenant, comme je ne saurais mieux donner une idée de la situation des autres qu'en décrivant la mienne, je demande au lecteur la permission de l'entretenir quelques instants de moi et de lui raconter avec quelques détails la façon dont j'échappai. Mon histoire sera celle de quelques centaines d'individus qui m'avaient précédé sur l'étroit chemin où je vais m'aventurer à mon tour.

« Le gui de brigantine d'un navire de la grandeur du *Kent*, qui dépasse la poupe de quinze à dix-sept pieds en ligne horizontale, se trouve en temps de calme à dix-huit ou vingt pieds au-dessus de la surface de la mer ; mais, au milieu d'une tempête comme celle qui s'acharnait sur nous, la hauteur des vagues et la violence du tangage le levaient souvent jusqu'à trente et quarante pieds.

« Il fallait donc à la fois, pour atteindre la corde flottante à l'extrémité du gui comme une ligne au bout de son bâton, ramper le long de cet agrès arrondi et glissant, manœuvre qui, même pour des marins qui en 'avaient l'habitude, n'était point sans danger et qui exigeait de tout le monde, marins ou autres, une tête exempte de vertiges, une main adroite et des muscles vigoureux.

« Ce voyage aérien avait, avant moi, déjà coûté la vie à bien des personnes : les unes n'avaient pas voulu le risquer, et s'étaient jetées tout d'abord à la mer ; aux autres, la tête avait tourné au tiers ou à la moitié du voyage, et elles s'étaient laissées tomber dans le gouffre, qui, béant au-dessous d'elles, les avait aussitôt englouties.

« Quelques-unes étaient arrivées à bon port jusqu'à l'extrémité du gui ou même jusqu'à l'extrémité de la corde ; mais là elles n'avaient point été sauvées. Restait cette chance à peu près égale d'être descendu dans la chaloupe, d'être brisé sur ses plats-bords ou d'être trempé dans la mer, et, arrivé à bout de force, de lâcher le câble pendant l'immersion.

« Comme on le voit, il n'y avait pas grande chance de salut dans notre seule chance de salut. Mais enfin, je le répète, comme c'était la seule, je n'hésitai point, mon tour venu, à me mettre à cheval sur ce morceau de bois glissant, malgré mon inexpérience et ma maladresse d'une semblable manœuvre ; mais, je dois le dire et je suis heureux même de le dire, avant que de m'y aventurer, je remerciai Dieu de ce que ce moyen de délivrance, si dangereux qu'il fût, me fût encore offert, et je le remerciai surtout d'en être arrivé à ne penser à mon propre salut qu'après avoir dignement rempli mon devoir envers mon souverain et envers mes camarades.

« Cette courte prière en action de grâces envoyée au ciel plutôt avec le cœur et les yeux qu'avec les lèvres, je me hasardai sur ma route aérienne et j'avançai du mieux que je pus.

« J'étais précédé par un jeune officier aussi inexpérimenté que moi dans la manœuvre que nous accomplissions, lorsque, arrivés à la presque extrémité du gui, nous fûmes assaillis par un grain violent mêlé de pluie qui nous contraignit d'interrompre notre route et de nous cramponner à ce bâton.

« Un instant nous crûmes qu'il nous fallait renoncer à tout espoir d'atteindre la corde ; mais, Dieu nous aidant, il en fut autrement : après quelques minutes d'immobilité, mon compagnon se remit en chemin et atteignit le câble, s'y cramponna et fut recueilli dans le canot, mais non sans avoir été immergé trois ou quatre fois.

« Son exemple me servit de leçon.

« Je calculai qu'au lieu de commencer à descendre quand le bateau était immédiatement au-dessous du câble, mieux valait au contraire risquer cette descente quand le bateau était à vingt-cinq ou trente pas, attendu que dans ce mouvement de va-et-vient c'était le seul moyen de me trouver au bout de la corde juste au moment où la chaloupe de son côté se trouverait au-dessous de moi.

« Grâce à ce calcul, en effet, me laissant glisser le long du câble que je serrais à la fois entre mes mains et entre mes genoux, je fus le seul qui atteignis la chaloupe sans avoir été plongé dans la mer et sans avoir reçu de graves contusions.

« Le colonel Fearon, qui me suivait, fut moins heureux. Après avoir été balancé en l'air pendant quelque temps, et avoir plongé dans la mer à plusieurs reprises ; après avoir été heurté contre le plat-bord du canot et même entraîné sous sa quille, il se trouva si épuisé, qu'il lâcha la corde ; par bonheur, au même moment un des hommes du canot l'aperçut, le saisit par les cheveux, et le tira à bord presque sans connaissance.

« Quant au capitaine Cobb, il avait déclaré qu'il ne quitterait que le dernier le pont de son bâtiment. Aussi, comme s'il eût répondu de la vie de tous ceux qui étaient embarqués sur le *Kent*, depuis le premier jusqu'au dernier, refusat-il de gagner les embarcations avant d'avoir fait tout ce qu'il lui était possible de faire pour triompher de l'irrésolution de ce petit nombre d'hommes que la frayeur avait privés de leurs facultés.

« Toutes ses supplications furent inutiles.

« Cependant, comme il entendait déjà tous les canons dont les palans étaient coupés par les flammes tomber l'un après l'autre dans la cale et y faire explosion, il pensa qu'un dévouement plus long ne serait qu'un entêtement insensé, et jetant un dernier regard sur son bâtiment :

« —Adieu, noble *Kent!* dit-il; adieu, mon vieux compagnon ! Tu méritais une mort plus digne et plus belle, et j'eusse partagé ton sort avec joie s'il nous eût fallu couler ensemble au milieu d'une victoire; mais nous n'avons pas ce bonheur. Adieu, noble *Kent!* Hélas ! hélas ! était-ce donc ainsi que nous devions nous séparer?

« Puis, après quelques secondes d'un douloureux silence, il saisit la balancine d'artimon, et, se laissant glisser le long de ce cordage par-dessus la tête des malheureux qui restaient immobiles sans oser faire un pas ni en avant ni en arrière, il atteignit l'extrémité du gui, d'où, sans même se donner la peine de glisser le long de la corde, il se laissa tomber dans la mer et gagna le canot à la nage.

« Et cependant, malgré l'inutilité de ses supplications envers eux, il ne voulut point abandonner tout à fait ces cœurs faibles qui, s'exposant à un danger plus grand, n'avaient point osé braver le danger de leurs compagnons.

« Une embarcation fut laissée en conséquence en station au-dessous de la poupe, jusqu'au moment où les flammes qui sortaient violemment des fenêtres de la chambre du conseil rendirent impossible le maintien de cette position.

« Et néanmoins, lorsqu'une heure après l'arrivée du capitaine Cobb à la *Cambria*, l'embarcation laissée en arrière accosta à son tour, ramenant le seul soldat qu'il eût été possible de déterminer à fuir, le capitaine de la *Cambria* ne voulut point permettre aux matelots et au lieutenant de monter à bord, qu'il n'eût reconnu que la chaloupe était montée par M. Thomson, jeune officier qui avait fait preuve dans cette journée d'un zèle et d'un dévouement remarquables. »

IV

L'EXPLOSION.

Il serait difficile d'exprimer ce qui ce passait à bord de la *Cambria* au fur et à mesure que les chaloupes, en accostant, annonçaient aux veuves et aux orphelins la mort de ceux qui avaient succombé, ou aux femmes et aux enfants dont Dieu avait eu pitié que leurs pères ou leurs maris existaient encore et leur étaient rendus.

Mais bientôt tout s'arrêta, douleur et joie, à la vue du spectacle que présentait le *Kent*.

Après l'arrivée du dernier bateau à bord de la *Cambria*, les flammes, qui avaient gagné le pont supérieur et la dunette du vaisseau, montèrent avec la rapidité de l'éclair jusqu'au haut de la mâture. Tout le bâtiment alors présenta une seule masse de feu qui embrasa le ciel et qui éclairait comme en plein jour tout ce qui se trouvait sur la *Cambria*, hommes et choses. Les pavillons de détresse hissés le matin continuaient de flotter au milieu des flammes, et se déroulèrent ainsi jusqu'au moment où les mâts enflammés eux-mêmes s'écroulèrent au milieu de l'incendie comme des cloches de cathédrale. Enfin, à une heure et demie du matin, le feu ayant atteint la sainte-barbe, l'explosion, qu'un prodige avait retardée jusque-là, retentit, et, terrible bouquet de ce funèbre feu d'artifice, les débris enflammés d'un des plus beaux bâtiments que l'Angleterre possédât montèrent jusqu'au ciel.

Puis tout s'éteignit, tout se tut, et la mer satisfaite rentra dans le silence et dans l'obscurité.

Et cependant la *Cambria*, qui, graduellement, avait fait de la voile, fila bientôt neuf à dix nœuds à l'heure et mit le cap sur l'Angleterre.

Deux mots maintenant de ce bâtiment, de son capitaine et des circonstances qui l'avaient mis à même de rendre cet éminent service aux malheureux naufragés du *Kent*.

La *Cambria*, qui, ainsi que nous l'avons dit, était un petit brick de deux cents tonneaux destiné pour la Vera-Cruz, sous le commandement du capitaine Cook, avec huit hommes d'équipage, et ayant à bord une trentaine de mineurs de la Cornouailles et quelques employés de la Compagnie anglo-mexicaine, se trouvait le matin même du désastre à une grande distance sous le vent faisant la même route que le *Kent*.

Mais la Providence ayant voulu que sa lisse de tribord fût subitement brisée par une grosse lame qui la prit en travers, le capitaine Cook, pour soulager son bâtiment, changea de bord et se trouva ainsi en vue du *Kent*.

On sait de quelle façon le capitaine Cook donna l'hospitalité aux malheureux naufragés. Mais maintenant voici ce qu'il faut dire :

C'est que, tandis que les huit hommes d'équipage étaient occupés aux manœuvres, les trente mineurs de Cornouailles, établis dans les haubans et dans la position la plus périlleuse, déployaient cette force musculaire devenue proverbiale en Angleterre, pour saisir à chaque retour de la vague, soit par la main, soit par les vêtements, soit même par les cheveux, quelque victime de ce grand naufrage, et pour la transporter sur le pont ; en outre, on a vu la difficulté avec laquelle le capitaine Cook accueillit la dernière embarcation venue du *Kent*. Plus d'une fois déjà, en effet, les matelots, lassés de ces voyages, murmurant des périls auxquels on les exposait pour sauver des soldats de terre, êtres qui leur sont essentiellement antipathiques, eussent refusé de retourner au bâtiment, si le capitaine Cook non-seulement ne leur eût fait honte de cet égoïsme, mais n'eût positivement déclaré qu'il ne les recevrait point à bord de la *Cambria*, qu'ils n'eussent complétement accompli leur œuvre d'humanité.

Or la Providence voulut encore que cette complication inouïe de dangers qui mettait aux prises l'incendie et la tempête fît de la lutte du feu et de l'eau un moyen de salut pour l'équipage, en ce qu'elle permit que le capitaine Cobb, en ouvrant ses sabords, pût inonder immédiatement la cale et ralentir les progrès de l'incendie, sans quoi le *Kent* eût été complétement dévoré par les flammes avant qu'un seul homme eût eu le temps de se réfugier à bord de la *Cambria*.

Et cette *Cambria* elle-même, ne fut-ce point un miracle qu'elle fût au commencement de son voyage au lieu d'être sur son départ, et par conséquent que ses vivres fussent à peine entamés au lieu de tirer à leur fin ?

Ne fut-ce point un miracle encore que le pont, au lieu d'être encombré par une cargaison, fût complétement vide de marchandises, que l'on n'eût eu, dans ce cas peut-être, ni le temps ni la possibilité de jeter à la mer ?

Ne fut-ce point un miracle toujours, que le vent, contraire au voyage qu'elle avait entrepris, fût si favorable, au contraire, pour la ramener chargée de six cents naufragés vers les côtes de l'Angleterre ?

Car, il faut le dire, les malheureux naufragés, pour être à bord de la *Cambria*, n'étaient point sauvés pour cela, entassés qu'ils étaient, pendant une tempête furieuse, au nombre de six cents, sur un navire destiné à porter quarante ou cinquante hommes au plus, et jeté dans le golfe de Biscaye, à une centaine de milles du port le plus prochain.

Ainsi, par exemple, la petite chambre qui reçut le major Mac Gregor, destinée à huit ou dix personnes, en renfermait quatre-vingts, sur lesquelles soixante manquaient de place pour s'asseoir. Comme la tempête, au lieu de diminuer, redoublait de violence et qu'une des lisses avait été emportée la veille, les lames passaient à chaque instant par-dessus le pont, et l'on était obligé de fermer les écoutilles.

Mais en fermant les écoutilles, on supprimait l'air extérieur, et l'on asphyxiait les malheureux entassés dans l'entre-pont.

Alors on fut obligé d'ouvrir les écoutilles dans les intervalles des vagues.

Et en effet les hommes étaient entassés dans l'entre-pont, à ce point que la chaleur produite par la vapeur de leur haleine fit craindre un instant qu'à son tour la *Cambria* ne fût en feu.

La corruption de l'air était si forte, qu'une bougie allumée s'y éteignait à l'instant.

La condition de la foule qui encombrait le

pont n'était pas moins misérable, car ils étaient obligés de rester nuit et jour dans l'eau jusqu'à la cheville du pied, à moitié nus, transis de froid et d'humidité.

Heureusement, comme nous l'avons dit, le vent était bon, et, comme s'il eût compris que la *Cambria* ne pouvait marcher trop vite, il redoubla de violence. De son côté, au risque de rompre les mâts, le capitaine mit toutes voiles dehors, et, dans l'après-midi du 3 mars, le cri de *terre à l'avant!* retentit au haut de la hune.

Dans la soirée, on eut connaissance des îles Sorlingues, et, après avoir rapidement longé la côte de Cornouailles, on jeta l'ancre, à minuit et demi, dans le port de Falmouth.

Le lendemain le vent, qui jusque-là avait été du sud-ouest, sauta tout à coup au nord-ouest.

Mais le miracle le plus grand, celui où la main de la Providence se trouve le mieux marquée, c'est que, trois jours après l'arrivée de la *Cambria* et de ses six cents naufragés, on apprit que le reste des hommes abandonnés sur le *Kent*, et que l'on croyait anéantis avec lui, venaient d'aborder à Liverpool, ramenés par la *Caroline*.

Maintenant, comment ce prodigieux sauvetage avait-il eu lieu? Les malheureux naufragés eux-mêmes pouvaient à peine en rendre compte. Le voici.

Après le départ du dernier canot, les flammes qui s'échappaient de tous côtés les forcèrent de se réfugier dans les porte-haubans, où ils restèrent jusqu'au moment où les mâts s'écroulèrent par-dessus bord, et, à moitié brûlés, s'éteignirent en s'écroulant. Alors ils se cramponnèrent à tous ces débris flottants et virent paraître le jour et s'écouler la matinée du lendemain dans cette effroyable situation.

Vers deux heures de l'après-midi, l'un d'eux, porté au haut d'une vague et jetant les yeux autour de lui, aperçut un bâtiment et fit entendre le cri : Une voile!

Cette voile venait droit sur eux.

C'était la *Caroline*, allant d'Alexandrie à Liverpool. Recueillis par le capitaine Bilbay, ils touchèrent, comme nous l'avons dit, les côtes d'Angleterre, quatre jours après leurs malheureux compagnons, qui les croyaient perdus.

Dieu est grand!

J. A. BEAUCE — U. DELAVILLE

PIERRE LE CRUEL

PAR

ALEXANDRE DUMAS

ers la fin de l'année 1358, par une chaude soirée du mois de septembre, un de ces orages, comme peuvent seuls s'en faire une idée ceux qui ont habité les pays méridionaux, éclatait sur Séville et ses environs. Le ciel n'était qu'une nappe de flamme que le tonnerre grondant parcourait d'une extrémité à l'autre, et cependant des torrents de pluie semblaient tomber, au lieu de lave, de ce volcan renversé. De temps en temps, un sillon de feu se détachait de ce vaste cratère, parcourait rapidement la distance et s'enroulait comme un serpent à la cime de quelques sapins. L'arbre prenait feu comme un phare gigantesque, illuminait un instant le précipice sur lequel il avait poussé; puis, s'éteignant bientôt, laissait le cercle qu'il avait éclairé dans une obscurité rendue plus profonde encore par l'absence de la lumière accidentelle qui l'avait un instant tiré de sa nuit. C'était par ce temps, qui semblait l'annonce d'un nouveau déluge, que deux chasseurs, séparés de leur suite, descendaient, en traînant par la bride leurs chevaux qui n'avaient plus la force de les porter, par une espèce de chemin pierreux, qui, pour l'heure, servait de lit à un des mille torrents qui se précipitaient du versant méridional d'une des montagnes de la Sierra-Mo-

1

rena dans la vallée au fond de laquelle roule le Guadalquivir. De temps en temps, ces voyageurs, qui marchaient en silence comme font des hommes perdus, s'arrêtaient, écoutant s'ils n'entendraient pas d'autre bruit que celui du tonnerre; mais tout semblait faire silence sur la terre pour écouter la grande voix qui parlait au ciel. Enfin, dans un moment où la foudre, comme lassée, se reposait un instant, le moins âgé des deux chasseurs, qui était un grand jeune homme de vingt-deux à vingt-quatre ans, aux longs cheveux blonds, au teint blanc comme celui d'un homme du Nord, aux traits réguliers et à l'air noble et majestueux, porta à sa bouche un cor d'ivoire et en tira des sons si aigus et si prolongés, qu'au milieu de cette tempête et de ce chaos ils durent sembler à ceux qui les entendirent un appel de l'ange du Jugement dernier. C'était la troisième ou quatrième fois que le chasseur égaré avait recours à ce moyen sans qu'il amenât aucun résultat. Cette fois, il fut plus heureux, car, au bout d'un instant, les accents d'un cor montagnard répondirent au sien, mais si faibles et si éloignés, que les deux chasseurs doutèrent un instant si ce n'étaient pas quelques moqueries de l'écho. Le jeune homme porta donc une seconde fois le cor à ses lèvres et en sonna de nouveau avec une force accrue par l'espérance; et, cette fois, il ne conserva aucun doute, car les sons qui lui répondirent, se graduant sur les siens, lui arrivèrent assez distincts pour qu'il reconnût la direction de laquelle ils venaient. Aussitôt le jeune homme aux cheveux blonds jeta la bride de son cheval aux mains de son compagnon, monta sur l'une des éminences qui bordaient le chemin creux, et, plongeant ses regards dans la vallée, que, de temps en temps, un éclair illuminait jusque dans ses profondeurs, il aperçut, à une demi-lieue à peu près, aux flancs de la montagne opposée à celle qu'ils suivaient, un grand feu brûlant sur la pointe d'un rocher. Un instant il douta s'il avait été allumé par la main des hommes ou par celle de Dieu; mais, ayant donné une troisième fois avec une nouvelle force, les sons qui lui répondirent lui semblèrent si directement partis du même lieu où brillait la flamme, qu'il n'hésita pas un instant à redescendre dans le ravin où l'attendait son compagnon, et à marcher avec lui droit de ce côté. En effet, après une heure de marche au milieu des sinuosités de ce sentier, non sans avoir de temps en temps renouvelé leur appel, qui chaque fois leur apportait une réponse plus

rapprochée, les voyageurs arrivèrent au bas de la montagne, et virent directement de l'autre côté le feu qui leur avait servi de phare, éclairant une petite maison qui semblait une ferme; mais, entre eux et cette maison, roulait, torrentueux et menaçant, le Guadalquivir.

— Que san Iago nous protége! s'écria, à cette vue, le plus jeune des deux chasseurs, car j'ai bien peur, Ferrand, que nous ayons fait un chemin inutile, et que ce qui nous reste à faire maintenant soit de chercher quelque trou où passer la nuit.

— Et pourquoi cela, monseigneur? répondit celui auquel il s'adressait.

— Parce qu'il n'y a guère que Caron qui se hasarde à naviguer à cette heure sur ce fleuve infernal, que les poëtes ont appelé le Guadalquivir, et qu'ils auraient mieux fait de nommer l'Achéron.

— Peut-être que vous vous trompez, sire; nous sommes assez près maintenant de cette maison pour qu'on entende notre voix, et sans doute qu'en promettant à ceux qui l'habitent une grande récompense, et en disant qui vous êtes...

— Par les blanches mains de Maria, s'écria don Pèdre, car le grand jeune homme blond était le roi de Castille lui-même, garde-t'en bien, Ferrand; il pourrait se trouver là quelque partisan de mes bâtards de frères pour me donner l'hospitalité de la tombe et doubler la récompense que je lui aurais offerte avec le prix de mon sang. Non, non, Ferrand, sur ton âme, pas un mot de mon rang ni de ma fortune.

— Cela suffit, sire, répondit Ferrand, s'inclinant en signe d'obéissance et de respect.

— D'autant plus que ce serait inutile, s'écria don Pèdre : car, Dieu me pardonne! voilà une barque qui se détache du rivage.

— Votre Altesse voit bien qu'elle juge mal les hommes.

— C'est que je les juge par ceux qui m'entourent, Ferrand, dit en souriant le roi; et, à quelques exceptions près, je dois avouer que l'échantillon n'est pas à l'avantage de l'humanité.

Soit que Ferrand fût, au fond du cœur, de l'avis du roi, soit qu'il ne trouvât rien à lui répondre, il garda le silence, et ses yeux, comme ceux de don Pèdre, se fixèrent sur la barque qui s'avançait vers eux, prête, à chaque minute, à être entraînée par le courant ou brisée par les arbres déracinés qui suivaient le fil de l'eau. Elle était montée par un homme de quarante à quarante-cinq ans, aux traits prononcés, mais francs et ouverts; et, chose remarquable, cet homme, au milieu du danger, ramait avec un calme et une égalité de mouvements qui indiquaient un de ces courages froids qu'ont en partage ces quelques âmes élues et vigoureusement trempées, qui, selon que Dieu les a fait naître au bas ou en haut de la société, font l'admiration d'un village ou d'un empire. Il s'avançait donc lentement, mais cependant avec une adresse et une force telles, que le roi don Pèdre, grand appréciateur de tous les exercices du corps, auxquels il excellait, le regardait venir avec étonnement. Arrivé à quelques pieds du rivage, il s'élança sur le bord avec une sûreté et une élasticité toutes montagnardes; puis, tirant la barque avec une corde jusqu'à ce qu'elle touchât la rive, il étendit la main vers elle, et d'un ton aussi simple que s'il ne venait pas de risquer sa vie :

— Entrez, messeigneurs, leur dit-il en s'inclinant avec respect, mais sans humilité.

— Et nos chevaux, demanda don Pèdre, que vont-ils devenir?

— Ils vous suivront en nageant, messeigneurs; et, en leur tenant la bride courte, ce qui leur soutiendra la tête hors de l'eau, il n'y a pour eux aucun danger.

Don Pèdre et Ferrand firent ainsi que leur recommandait le montagnard, et, effectivement, ils arrivèrent à l'autre bord à travers mille dangers, mais sans aucun accident, tant leur pilote avait déployé d'habileté et de force. Aussitôt eux et leurs chevaux prirent terre, et leur guide, marchant devant eux pour leur montrer le chemin, les conduisit, par un sentier facile, jusqu'à la cabane qui, depuis une heure, faisait l'objet de leur ambition. Devant la porte, un jeune homme de vingt ans, qui les attendait, prit leurs chevaux par la bride et les conduisit vers un hangar.

— Quel est ce jeune homme? demanda don Pèdre en le regardant s'éloigner.

— C'est mon fils Manuel, monseigneur.

— Et comment a-t-il laissé son père s'exposer pour venir nous chercher, tandis qu'il restait ici à nous attendre?

— Sauf votre plaisir, monseigneur, répondit le montagnard, il était à Carmona, où je l'avais envoyé chercher quelques provisions, du moment où j'avais entendu pour la première fois le son de votre cor; car, sachant qu'il y avait eu aujourd'hui grande battue dans la forêt voisine, je me suis bien douté que vous étiez des chasseurs égarés et que vous arriveriez mourants de faim; or je voulais vous offrir quelque chose de mieux que ce que contient ordinairement la cabane d'un pauvre montagnard, et voilà qu'il vient d'arriver, sans doute, à l'instant même. S'il eût été ici, il n'eût point été vous chercher sans moi, ni moi sans lui : nous y eussions été ensemble.

— Comment t'appelles-tu? demanda don Pèdre.

— Juan Pasquale, pour servir Votre Seigneurie.

— Eh bien, Juan Pasquale, dit le roi, je voudrais avoir beaucoup de serviteurs comme toi, car tu es un brave homme.

Juan Pasquale s'inclina comme fait un homme qui reçoit un compliment qu'il sait avoir mérité; et, indiquant de la main la porte de sa cabane, il invita les voyageurs à y entrer.

Ils trouvèrent le couvert mis par les soins de la ménagère, et un bon feu dans la cheminée; ce qui prouvait que Juan Pasquale avait pensé aux deux choses les plus importantes en pareille circonstance : au froid et à la faim.

— Voilà, dit don Pèdre en le jetant dans un coin de la cabane, un manteau qui pèse bien une centaine de livres, et je crois qu'en le tordant il rendrait assez d'eau pour donner une honnête question au digne Albuquerque, s'il n'avait pris la précaution de se sauver à la cour de Lisbonne.

— Si vous le trouvez bon, messeigneurs, dit Pasquale, je puis vous prêter, tant de ma garde-robe que de celle de mon fils, des habits qui, bien que grossiers, vaudront mieux que ceux que vous portez, qui sècheront pendant ce temps.

— Si nous les trouvons bon! je le crois pardieu bien, mon digne hôte! et c'est une de ces propositions qu'un chasseur trempé ne refuse jamais! Vite donc les habits, car je t'avoue que voilà un souper qui m'attire, et que je ne voudrais mettre que juste le temps nécessaire à mon changement, afin de revenir lui dire deux mots le plus tôt possible.

Juan Pasquale ouvrit la porte d'une petite chambre où un lit était dressé et un feu allumé, puis, tirant d'un bahut des habits et du linge, il les étendit sur un escabeau et laissa ses hôtes seuls. Les deux chasseurs commencèrent aussitôt leur toilette.

— Eh bien, Ferrand, dit don Pèdre, crois-tu que, quand j'aurais dit mon nom, j'aurais été mieux reçu?

— Le fait est, répondit le courtisan, que notre hôte aurait pu y mettre plus de respect, mais non plus de cordialité.

— C'est justement cette cordialité qui me charme. J'ai souvent fait, dans mes excursions incognito, bon profit des avis que l'on a donnés à l'inconnu, jamais des louanges que l'on a faites au roi. Je veux faire causer ce brave homme.

— Ce ne sera pas difficile, sire, et je crois d'avance que vous pourrez être certain de la sincérité de ce qu'il vous dira. Au reste, Votre Altesse ne peut rien entendre que de flatteur.

— Ainsi soit-il, dit don Pèdre.

Et, comme la toilette était achevée, ils rentrèrent dans la salle où était servi le souper.

— Eh bien, dit don Pèdre, qu'est-ce donc? Je ne vois que deux couverts sur la table.

— Attendez-vous quelque nouveau compagnon? demanda Pasquale.

— Non pas, Dieu merci; mais vous et votre famille, avez-vous donc soupé?

— Non, pas encore, monseigneur; mais il n'appartient pas à de pauvres gens comme nous de nous mettre à la table d'aussi nobles seigneurs. Nous vous servirons pendant que vous souperez, et nous souperons après vous.

— Par saint Jacques! brave homme, s'écria don Pèdre, il n'en sera pas ainsi. Toi et ta femme, vous vous mettrez à table, et ton fils nous servira; non pas que je veuille établir une distinction entre lui et nous, mais parce qu'il est le plus jeune, et que c'est le devoir du plus jeune de servir ceux qui sont plus âgés que lui. Allons, Manuel, je te fais mon échanson et mon panetier; acceptes-tu cette charge?

— Oui, pour ce soir, monseigneur, répondit Manuel, et parce que vous êtes notre hôte.

— Comment, demanda don Pèdre, refuserais-tu, si elle t'était offerte, une pareille place près de quelque riche seigneur?

— Je la refuserais.

— Près de quelque puissant prince?

— Je la refuserais encore.

— Mais près du roi?

— Je la refuserais toujours.

— Et pourquoi cela?

— Parce que j'aimerais mieux être le dernier des montagnards que le premier des valets.

— Diable! maître Pasquale, dit don Pèdre en s'asseyant, tu m'as l'air d'avoir là un garçon diablement dégoûté. Je ne lui en suis, au reste, que plus reconnaissant, de déroger aujourd'hui à ses habitudes.

— C'est qu'aujourd'hui, répondit Pasquale, vous êtes plus qu'un seigneur, vous êtes plus qu'un prince, vous êtes plus qu'un roi.

— Eh! que suis-je donc? demanda don Pèdre.

— Vous êtes notre hôte, répondit en s'inclinant Pasquale; vous nous êtes envoyé par Dieu, tandis que les seigneurs, les princes et les rois...

— Vous sont envoyés par le diable, n'est-ce pas? s'écria don Pèdre en se renversant en arrière et en tendant son verre à Manuel.

— Ce n'est pas cela que j'allais dire, répondit Pasquale, et cependant, au train dont vont les choses dans ce pauvre royaume de Castille, je serais parfois tenté de le croire.

— Et vont-elles mieux en Aragon?

— Non, par ma foi! dit le montagnard; Pèdre pour Pèdre, cruel pour cruel, Tibère pour Néron, il n'y a pas de choix.

Don Pèdre se mordit les lèvres, et reposa, sans l'avoir vidé, son verre sur la table; Ferrand de Castro pâlit.

— Allons, voilà que tu vas encore parler, dit Juana, lorsque tu ferais bien mieux de te taire.

— Laissez parler le père, dit Manuel, ce qu'il dit est bien dit.

— Oui, sans doute, reprit le roi, ce qu'il dit est bien dit; cependant il devrait faire une distinction entre don Pèdre d'Aragon et don Pèdre de Castille, et ne pas oublier que, si tous nomment l'un le *Cruel*, quelques-uns appellent l'autre le *Justicier*.

— Oui, répondit Pasquale, avec cela que la justice est bien faite, et qu'il ne se commet à Séville ni vol ni assassinat!

— Ceci n'est point la besogne du roi, maître Pasquale, mais celle du *primer assistente*.

— Alors, pourquoi le *primer assistente* ne fait-il pas sa besogne?

— Mais il ne peut connaître les auteurs de tous les crimes qui se commettent dans une grande ville.

— Il le doit cependant, et, si j'étais le roi don Pèdre, ce qu'à Dieu ne plaise, je saurais bien le forcer, moi, à les découvrir.

— Et comment ferais-tu, Pasquale?

— Je le rendrais responsable des vols, argent pour argent, et, des assassinats, tête pour tête.

— A cette condition, qui voudrait accepter une pareille charge?

— Le premier honnête homme venu, monseigneur.

— Mais, par le temps qui court, dit en riant don Pèdre, sais-tu que c'est chose rare qu'un honnête homme?

— C'est qu'on les cherche dans les villes, monseigneur, dit Manuel.

— Pardieu ! s'écria le roi, vous avez là, maître Pasquale, un garçon qui a plus de sens qu'on n'en devrait attendre de son âge, et qui, s'il ne parle pas souvent, toutes les fois qu'il parle, parle bien; néanmoins, je voudrais vous voir *primer assistente*, mon hôte : car vous avez certainement la principale qualité que vous demandez pour une pareille charge.

— Vous riez, monseigneur, dit Pasquale; mais, si ma position m'avait mis à même d'occuper jamais une si haute place, je vous jure que je n'eusse reculé devant aucune considération, et que, si je n'avais pu aller au-devant du crime, du moins, le crime commis, j'aurais poursuivi le coupable, si puissant qu'il fût, fût-ce un baron, fût-ce un prince, fût-ce le roi.

— Mais, dit don Pèdre après un moment de silence et de réflexion, il y a des actions que le peuple qualifie de crime, parce qu'il voit les résultats et non les causes, et qui sont des nécessités politiques imposées à ceux qui règnent.

— Cela va sans dire, répondit Pasquale; il est évident que je n'irais pas demander compte au roi de l'exil de sa femme, de l'exécution du grand maître de San-Iago, ni de ses amours avec la courtisane Padilla. Toutes ces choses sont les apanages du trône, et les rois n'en doivent compte qu'à Dieu. Mais je parle de ces vols à main armée qui ruinent en un instant toute une famille; je parle de ces assassinats par l'épée ou le poignard qui ensanglantent toutes les nuits les rues de Séville. Je parle enfin de tout ce qui serait de ma juridiction, laissant au roi sa prérogative.

— Ces nobles seigneurs sont fatigués, dit Juana, qui voyait avec peine son mari s'engager dans une telle discussion, et ils aimeraient mieux aller se reposer que d'écouter toutes tes folies.

— Tu as raison, femme, répondit Pasquale, et ces messieurs m'excuseront; mais, lorsqu'on me met par hasard sur ce sujet, il faut que je dise tout ce que j'en pense.

— Et, comme vous n'avez probablement pas tout dit, mon brave homme, ajouta don Pèdre, nous reprendrons un jour ou l'autre cette conversation, je vous le promets.

— Prenez garde, monseigneur, dit Pasquale, car c'est un engagement que vous prenez de repasser par ma pauvre cabane.

— Et que je tiendrai avec plaisir si ton lit est aussi bon que ton souper. Bonsoir, mon hôte.

— Dieu vous garde, seigneur chevalier.

Et, faisant, de la tête et de la main, un geste d'adieu à Manuel et à Juana, le roi rentra dans la chambre avec don Ferrand de Castro.

A peine furent-ils seuls que Juana recommença ses reproches.

— Vous pouvez vous vanter d'avoir fait là de belle besogne, Pasquale! lui dit-elle en se croisant les bras et en le regardant en face. Et que diriez-vous si ces seigneurs allaient répéter votre conversation au roi? Mais, je vous le demande, n'y a-t-il pas folie à parler du roi, des courtisans, des magistrats et de tous les grands de Séville, comme vous l'avez fait? Et que vous importe, je vous le demande, que le roi répudie sa femme, tue son frère et vive avec une courtisane? Que vous fait que l'on assassine la nuit dans les rues de Séville, puisque vous êtes si bien en sûreté; et d'où vous vient cette pitié pour ceux qui sont assez bêtes pour se laisser enlever leur coffre-fort? Eh! mon Dieu, occupez-vous de vos vaches et de vos récoltes, que vous conduisez à merveille, et ne vous occupez pas des affaires d'État, auxquelles vous n'entendez rien !

— Mais, femme, dit Pasquale, parvenant enfin à placer un mot au flux de paroles qui l'inondait, ai-je dit autre chose que la vérité?

— La vérité, la vérité; vous croyez avoir tout dit, n'est-ce pas, quand vous avez lâché ce mot-là? Oui, vous avez dit la vérité; mais vous l'avez dite à plus grand que vous, voilà où est la faute. Vous pensez qu'il suffit d'être honnête, de payer ses dettes, d'aller à la messe, d'ôter son chapeau à tout le monde, et qu'avec cela on peut dire tout ce qui vous passe par la tête! Eh bien, Dieu veuille que vous n'appreniez pas à vos dépens ce qu'il en coûte.

— Tout ce que Dieu voudra m'envoyer sera le bienvenu, femme, dit Pasquale en embrassant Juana.

Car, comme tous les caractères forts, il était d'une douceur extrême, et, dans les occasions pareilles, il cédait le champ de bataille et se retirait dans sa chambre. La bonne Juana demeura à grommeler dans la salle à manger; mais, comme il n'y restait que Manuel, et qu'elle savait que, sous le rapport de la rigidité, le fils était l'enthousiaste de son père, elle ne se hasarda point à continuer la discussion avec lui, et, au bout d'un instant, elle alla rejoindre Pasquale. Quant à Manuel, resté seul, il s'assit à la table que venaient de quitter ses hôtes et ses parents, ne mangea que d'un plat, ne but que de l'eau; puis, après ce repas montagnard, il étendit une peau d'ours devant la porte de la chambre de ses hôtes, se coucha dessus et s'endormit.

Le lendemain, au point du jour, le roi don Pè-dre et le comte Ferrand de Castro prirent congé de Juan Pasquale, en lui promettant qu'avant peu de jours il entendrait parler d'eux.

Huit jours à peine s'étaient écoulés depuis les événements que nous venons de raconter, lorsqu'un messager se disant porteur de nouvelles très-importantes vint frapper à la porte de Juan Pasquale. Le digne fermier était absent, mais Juana n'en fit pas moins entrer le voyageur; et, comme elle avait grand désir de savoir ce qui l'amenait, et que celui-ci n'avait aucun motif de le lui cacher, elle apprit bientôt que son mari, par ordre du roi, était mandé à l'Alcazar de Séville. A cette nouvelle, qui réalisait ses pressentiments, il se fit chez la bonne femme une telle révolution, que l'inconnu fut obligé de la rassurer en lui affirmant que, d'après la voix et le visage qu'avait don Pèdre lorsqu'il lui avait donné l'ordre de le venir chercher, il croyait pouvoir affirmer que son mari ne courait aucun risque. Malgré cette protestation, Juana n'était rien moins que rassurée encore, lorsque Pasquale rentra avec son fils. Le fermier reçut la nouvelle qui avait bouleversé sa femme avec la sérénité de visage qui lui était habituelle; il écouta avec le calme d'un homme qui n'a rien à se reprocher ce que lui dit le messager, et, comme le repas était servi, il l'invita à se mettre à table, lui demandant seulement le temps de dîner et de changer d'habits.

Pasquale dîna comme d'habitude; mais Juana ne put manger, et Manuel lui-même, quoiqu'il se modelât sur son père, ne put avoir une telle puissance sur lui, qu'il ne manifestât quelques inquiétudes. Le repas fini, Pasquale passa dans sa chambre, et revint un instant après, revêtu de ses plus beaux habits : il était prêt à partir.

C'était le moment terrible : Juana éclata en sanglots, criant qu'elle voulait le suivre, qu'on l'envoyait prendre pour le faire mourir, et qu'elle ne devait pas, dans une occasion pareille, se séparer de lui. Ce ne fut pas sans peine que Pasquale parvint à lui faire entendre que c'était impossible. Alors elle se renversa sur une chaise, se tordant les bras et jetant de grands cris. Pasquale connaissait ce paroxysme pour être la fin de la crise; aussi il se retourna vers Manuel : Manuel était à genoux.

Pasquale lui recommanda trois choses, quelque événement qui arrivât : c'était d'aimer Dieu, d'obéir au roi, et de ne jamais quitter sa mère; puis il lui donna la bénédiction qu'il attendait, et, remettant Juana entre ses bras, il sortit avec le messager. Deux chevaux les attendaient; le messager monta l'un, Pasquale l'autre; et, comme c'étaient d'excellents coursiers andalous, deux heures après ils étaient à Séville.

Un officier attendait à la porte de la ville. Le messager remit Pasquale entre ses mains, et tous deux s'acheminèrent vers l'Alcazar. Au fond du cœur, le montagnard n'était point sans inquiétude en voyant la tournure mystérieuse que cette affaire prenait; mais, fort de la conviction de n'avoir rien fait de mal, il conserva ce maintien grave et calme qui lui était habituel. L'officier l'introduisit, sans lui avoir dit jusque-là une seule parole, dans un magnifique appartement, où il l'invita à attendre, puis il se retira, le laissant seul. Quelque temps après, une porte secrète s'ouvrit, et Juan Pasquale vit paraître un de ses hôtes : c'était le jeune homme aux cheveux blonds.

— Juan Pasquale, lui dit-il d'un ton grave, mais affectueux, vous vous rappelez qu'en prenant congé de vous je vous ai promis que nous nous reverrions bientôt?

— Je me le rappelle, répondit Pasquale.

— Vous rappelez-vous aussi la conversation que nous eûmes pendant le souper, et comment vous me dîtes la vérité sur la manière dont la police était faite à Séville?

— Je me le rappelle encore, répondit Pasquale.

— Et vous rappelez-vous toujours ce que vous avez dit à l'égard de l'exil de Blanche, de la mort du grand maître de San-Iago et du pouvoir de Maria Padilla?

— Rien de ce que j'ai dit, monseigneur, n'est sorti de ma mémoire.

— Eh bien, le roi est instruit de notre conversation.

— J'en suis fâché, monseigneur.

— Et pourquoi cela?

—Parce que, tout en continuant de pratiquer l'hospitalité comme je l'ai fait jusqu'aujourd'hui, je serai forcé de m'interdire la franchise, puisque les cavaliers que je reçois reconnaissent ma confiance en la trahissant.

—Tu as raison, Pasquale, répondit l'inconnu, et cela serait infâme, si les choses s'étaient passées ainsi; mais rien de tel n'est arrivé.

— J'attends alors, monseigneur, que vous daigniez m'expliquer cette énigme.

— L'explication est bien facile, l'un de vos hôtes était don Pèdre lui-même.

— Si l'un des deux était don Pèdre, répondit Pasquale en fléchissant le genou, alors celui-là, sire, c'était Votre Altesse.

— Comment sais-tu cela?

— Comme il n'y avait qu'un lit dans votre chambre, il était bien simple, ou que mes deux hôtes couchassent ensemble, ou que ce fût le plus âgé qui prît le lit. Or, quand je suis entré dans la chambre, c'était le plus jeune qui était couché, et le plus vieux qui dormait sur une chaise. De ce moment, je me doutai que vous étiez un très-grand seigneur; mais j'étais loin de penser que vous fussiez le roi lui-même.

— C'est bien, dit don Pèdre, tu es observateur. Eh bien, maintenant que tu sais que je suis le roi de Castille, don Pèdre le Cruel, comme on l'appelle, ne crains-tu pas de te trouver en ma présence?

— Je ne crains rien au monde, monseigneur, que d'offenser Dieu ou de trahir mon roi en ne disant pas la vérité.

— Ainsi tu persistes dans les opinions que tu as émises l'autre jour?

— Oui, sire.

— Tu sais cependant à quoi tu t'exposes, si ce que l'on rapporte de moi n'est point un mensonge?

— Je le sais.

— Et tu penses toujours que, lorsqu'il est impossible de prévenir un crime, il est toujours possible de le punir?

— Oui, sire, j'en suis convaincu.

— Et s'il n'en était point ainsi, quelle est la cause?

— La corruption des magistrats.

— Par san Iago! dit le roi, tu es un intrépide réformateur; et la chose se passerait autrement, je suppose, si tu étais *primer assistente*, par exemple.

— Quoique ce soit une supposition bien gratuite, je n'hésite pas à affirmer à Votre Altesse que je le crois.

— Et tu remplirais ta charge avec une rigueur inflexible?

— Oui, sire.

— Au risque de te faire des ennemis parmi les grands?

— N'ayant pas besoin de leur amitié, qu'ai-je à craindre de leur haine?

— Et, le roi lui-même dût-il être compromis, tu ne reculerais pas devant une enquête?

— Dieu d'abord, dit Pasquale, la loi après Dieu, le roi après la loi. .

— Il suffit, dit don Pèdre. Puis, appelant un domestique avec un sifflet d'argent : — Faites entrer les ventiquatros, continua le roi.

Au même instant les portes s'ouvrirent, et les officiers civils que l'on désigne sous ce nom, qui correspond à celui d'alderman en Angleterre, parurent dans le costume de leur charge.

— Messieurs, leur dit le roi, en plusieurs circonstances, le *primer assistente*, don Telesforo, par une indulgence coupable, a failli à son devoir. Don Telesforo n'est plus *primer assistente*. Voici son successeur.

A ces mots, il étendit la main vers Pasquale.

— Que dites-vous? s'écria celui-ci.

— Je dis qu'à compter de cette heure, Juan Pasquale, vous êtes *primer assistente* de Séville, et que chacun vous doit respect et obéissance.

— Mais, s'écria le montagnard au comble de l'étonnement, que Votre Altesse considère que je n'ai pas un mérite suffisant.

— Vous avez plus que la science qui s'acquiert, interrompit le roi : vous avez les vertus que Dieu donne.

— Mais les grands voudront-ils m'obéir, à moi qui ne suis rien?

— Oui, sur mon âme! s'écria don Pèdre, car je donnerai l'exemple, moi, qui suis le plus grand parmi les grands. Or vous entendez ce que j'ai dit, messieurs : cet homme est revêtu par moi de la magistrature suprême. Que toute tête qui ne voudra pas tomber se courbe : tel est mon plaisir et ma volonté.

Il se fit un profond silence dans toute l'assemblée, car nul n'ignorait qu'avant toute chose le roi don Pèdre voulait être obéi. Un huissier remit alors aux mains de don Juan Pasquale la *vara*, ou verge de justice, tandis qu'un autre lui passait la robe rouge doublée d'hermine, symbole de sa nouvelle charge.

— Et maintenant, messieurs, dit don Pèdre, passez dans la chambre voisine; tout à l'heure le seigneur Juan Pasquale vous y rejoindra, et vous le conduirez au palais du gouvernement, où, à compter de cette heure, il tiendra ses audiences, auxquelles nul, entendez-vous bien, nul, même moi, s'il est cité, ne pourra se dispenser de comparaître. Allez.

Tous les assistants sortirent en s'inclinant en signe d'obéissance, et Juan Pasquale resta seul avec le roi.

— Maintenant, dit don Pèdre en s'approchant de lui, il nous reste à parler des accusations que vous avez portées contre le roi.

— Votre Altesse se rappellera, répondit Pasquale, que j'ai ajouté qu'elles n'étaient pas de la juridiction du *primer assistente*.

Je dis qu'à compter de cette heure, Juan Pasquale, vous êtes *primer assistente* de Séville. — **Page 7.**

—Aussi n'est-ce point au juge que je veux faire des révélations, c'est à l'honnête homme que je fais une confidence.

—Parlez, sire, répondit Pasquale.

—Vous m'avez reproché d'avoir exilé Blanche de Castille, vous m'avez reproché d'avoir fait tuer le grand maître de San-Iago, vous m'avez reproché de vivre publiquement avec une courtisane.

—C'est vrai, sire.

—D'abord, vous le savez comme tout mon royaume, Pasquale, Maria Padilla n'est point une courtisane, mais une jeune fille que j'avais rencontrée chez mon gouverneur Albuquerque longtemps avant mon mariage. Nous étions jeunes tous deux. Elle était belle; j'en devins amoureux : elle céda. Elle était libre, son honneur était à elle; elle me sacrifia son honneur. J'étais son premier, je fus son seul amant. Les jours que je passai près d'elle à cette époque furent les plus heureux de ma vie. Malheureusement, ils furent peu nombreux : ma mère et mon gouverneur me dirent que le bien de l'État exigeait que j'épousasse Blanche de Bourbon. Longtemps je refusai, car j'aimais Maria plus que mon royaume, plus que ma vie, plus que tout au monde. Mais, un matin que, comme d'habitude, je me rendais chez elle, je n'y trouvai qu'une lettre dans laquelle elle me disait qu'apprenant qu'elle était un obstacle à la paix de la Castille et au bonheur de mes sujets, elle abandonnait Séville pour ne plus y revenir. Voilà sa lettre, lisez-la, et dites-moi ce que vous en pensez.

Et le roi remit la lettre à Pasquale, et attendit en silence qu'il l'eût achevée. Pasquale la lut d'un bout à l'autre, et, la remettant au roi :

— Sire, dit-il, c'est la lettre d'une fidèle sujette de Votre Altesse, et je ne puis nier qu'elle ne soit dictée par un noble cœur.

— Ce que je souffris est au-dessus de la parole humaine, continua don Pèdre; je crus que je deviendrais fou. Mais à cette époque j'avais le cœur jeune et plein d'illusions; je me dis que le bonheur public me tiendrait lieu du bonheur privé : je ne fis point chercher Maria. Je donnai mon consentement au mariage projeté, et, pour faire oublier à don Fadrigue la mort d'Éléonore de Gusman, sa mère, je le chargeai d'aller en mon nom au-devant de ma jeune épouse. Il obéit, pour notre malheur à tous trois : car, lorsqu'il arriva à Séville avec la reine, il aimait la reine et la reine l'aimait. Je fus longtemps sans m'apercevoir de cette passion, qui, tout innocente qu'elle était par le fait, n'en était pas moins adultère par la pensée. J'attribuais la froideur de la jeune reine à son indifférence pour moi. Je vis bientôt que je me trompais et que je devais m'en prendre à son amour pour un autre. La reine parla pendant son sommeil, et je sus tout. Le lendemain de la révélation fatale, elle partit pour le château de Tolède, où, je vous le jure, Pasquale, sous la garde d'Hinestrosa, l'un de mes plus fidèles serviteurs, elle fut traitée comme une reine. Un mois ne s'était pas écoulé, que je reçus une lettre d'Hinestrosa qui me disait que don Fadrigue avait tenté de la séduire. Je répondis à Hinestrosa d'entrer en apparence dans les complots de mon frère, et de m'envoyer les copies des lettres qu'il écrirait à Blanche, jusqu'au moment où il en trouverait une assez importante pour m'adresser l'original lui-même. De ce jour, le château de Tolède devait, pour Blanche, se changer en prison. Deux mois après, je reçus cette lettre.

Et don Pèdre, comme il l'avait déjà fait, présenta cette seconde preuve à Pasquale.

Le *primer assistente* la prit et la lut : cette lettre était tout entière de la main de don Fadrigue, et contenait la révélation d'un complot contre le roi. Don Fadrigue s'était associé à la ligue des seigneurs commandée par Henri de Transtamare, son frère, et écrivait à Blanche de se rassurer, lui promettant qu'elle ne demeurerait pas longtemps sous la puissance de celui qu'elle

détestait. Pasquale rendit la lettre en soupirant.

— Que méritait l'auteur de cette lettre? demanda le roi.

— Il méritait la mort, répondit le juge.

— Je me contentai de le dépouiller de sa maîtrise; mais alors, comme il ignorait que je susse tout, savez-vous ce qu'il fit? Il sauta sur un cheval, et, plutôt que de fuir pour gagner les frontières de mon royaume, il vint droit à Séville, l'insensé! Je ne voulais pas le voir. Il força la garde en disant qu'il était mon frère, et que ce palais lui appartenait aussi bien qu'à moi. Alors je le laissai entrer. Savez-vous ce qu'il venait faire, Pasquale? Il venait, disait-il, me demander raison de l'affront qu'il avait reçu. J'avais les copies de toutes les lettres qu'il avait écrites à la reine; je les lui montrai. J'avais cette même lettre que vous venez de voir; je la lui montrai encore; et alors, Pasquale, savez-vous ce qui se passa entre nous deux? Au lieu de tomber à mes genoux, au lieu de baiser la poussière de mes pieds, comme le devait un traître, il tira son épée, monsieur le juge!

— Grand Dieu! s'écria Pasquale.

— Oh! heureusement que je connais mes frères et que j'étais en garde, répondit en riant don Pèdre. Oh! je l'avoue, oui, j'eus un moment d'atroce plaisir, lorsque je sentis son fer contre le mien; aussi je me gardai bien d'appeler, je voulais le tuer moi-même. Mais, au bruit de notre combat, les *balesteros de Mazza* accoururent, et, avant que j'aie eu le temps de proférer une parole, l'un d'eux lui brisa la tête d'un coup de masse. Ce n'était point ce que je voulais, je vous le répète; ce que je voulais, je vous l'ai dit, c'était le tuer de ma propre main.

— Il avait mérité son sort, dit Pasquale. Dieu lui pardonne sa trahison!

— Oui; mais, lorsqu'il fut mort, celui que j'aimais comme un frère et qui m'avait trahi; lorsqu'elle fut éloignée, celle que j'aurais voulu aimer comme une épouse et qui m'avait trahi aussi, je me trouvai seul au monde, et je pensai à Maria Padilla, par laquelle j'avais eu de si heureux jours. Je la fis chercher par tout le royaume, et, lorsque j'appris où elle était, je courus moi-même sans permettre qu'on l'avertît; et, tandis que les autres conspiraient contre ma vie, je la trouvai dans son oratoire et priant pour moi. Maintenant vous savez ce que j'avais à vous dire. Voilà don Fadrigue et don Pèdre : jugez entre nous; voilà l'épouse et voilà la courtisane : jugez entre elles.

— Sire, répondit le juge, vous n'êtes encore que Pierre le Justicier; tâchez de ne pas devenir Pierre le Cruel.

Et, s'inclinant devant le roi, il alla rejoindre les ventiquatros, qui, ainsi que nous l'avons dit, l'attendaient dans la chambre à côté.

Juan Pasquale était depuis un mois *primer assistente* de Séville, et, pendant tout ce temps, un seul assassinat avait été commis; mais l'auteur, don Juan de Nalverde, ayant été soupçonné de ce meurtre, avait été arrêté le lendemain. Convaincu par des témoignages irrécusables, le *primer assistente* l'avait condamné à mort; et, malgré son grand nom et l'influence de sa famille, le roi don Pèdre ayant laissé son cours à la justice, il fut exécuté sans miséricorde. Cet exemple avait été efficace, il avait donné dès lors une haute idée de l'incorruptibilité et de l'adresse du nouveau juge. Il est vrai que, pour première mesure, le *primer assistente* avait commencé par renvoyer plus des trois quarts des alguazils en fonctions sous son prédécesseur; car presque tous recevaient des grands seigneurs, dont le libertinage ou la vengeance avait besoin de les trouver aveugles, une paye plus considérable que celle qu'ils tenaient de l'État. A leur place, il avait mis des hommes sûrs, et, ayant organisé un corps de montagnards de trois ou quatre cents hommes, il le divisait chaque soir en patrouilles nocturnes, qui, dès que neuf heures étaient sonnées à la Giralda, parcouraient en tous sens les rues de Séville. Ces hommes, ainsi que leurs surveillants, placés de distance en distance, dans les rues les plus désertes comme sur les places les plus fréquentées, avaient l'ordre formel de ne laisser stationner personne dans l'enfoncement des portes ni devant les grilles des fenêtres. C'était un service pénible, mais ces hommes étaient généreusement payés; et comme, sur son traitement, qui était considérable, le *primer assistente* ne prenait que ce qui lui était strictement nécessaire pour vivre, il pouvait, avec le surplus, faire face au surcroît de dépenses occasionné par l'augmentation de traitement qu'il avait cru devoir accorder à ses employés.

Or, comme nous l'avons dit, depuis douze ou quinze jours, contre toutes les habitudes nocturnes de la capitale de l'Andalousie, il ne s'était commis dans ses rues que quelques vols sans importance, et dont les auteurs avaient été punis selon la loi, lorsque, par une nuit des plus sombres, Antonio Mendez, un des gardes de nuit en qui Juan Pasquale avait la plus entière confiance,

vit venir à lui, dans une rue suspecte et écartée, un homme enveloppé de son manteau : arrivé au milieu de la rue, cet homme s'arrêta un instant devant une fenêtre, frappa trois fois dans ses mains, écouta si on lui répondait; puis, voyant que tout restait muet, il pensa sans doute que celui ou celle qu'il appelait n'était point encore à son poste, et se promena en long et en large devant la maison. Jusque-là il n'y avait rien à dire, le cavalier n'était point stationnaire, puisqu'il allait et venait d'un bout de la façade de la maison à l'autre bout. Aussi Antonio Mendez, esclave de sa consigne, se garda même de paraître, pensant qu'il n'y avait pas encore violation des ordres donnés.

Cependant, au bout de quelques minutes, le cavalier parut se lasser d'attendre; il s'arrêta de nouveau en face de la fenêtre, et, de nouveau, frappa dans ses mains. Cet appel, quoiqu'il eût haussé de diapason, n'ayant pas eu plus de succès cette fois que la première, il résolut de prendre patience encore quelque temps, quoiqu'il fût facile de voir, à ses jurons étouffés, qu'il faisait, pour agir ainsi, violence à son caractère; mais, comme Juan Pasquale n'avait point défendu de jurer, pourvu qu'on jurât en marchant, et que le cavalier, tout en jurant, s'était remis à sa promenade, Antonio Mendez resta muet et immobile dans l'angle où il était caché et d'où il pouvait voir les moindres mouvements, et même, pourvu qu'il parlât un peu haut, entendre jusqu'aux paroles du cavalier. Enfin, celui-ci s'arrêta une troisième fois, frappant, cette fois, ses mains l'une contre l'autre, de manière à réveiller les plus endormis. Voyant que tout était inutile, il résolut de se mettre en rapport plus direct avec ceux à qui il avait affaire : il alla à la porte de la maison, et y frappa du poing un coup si violent, qu'à l'instant même, dans la conviction qu'un second coup pareil au premier mettrait la porte en dedans, une vieille femme ouvrit une fenêtre, et, avançant la tête, demanda qui troublait le repos d'une maison honnête à pareille heure de la nuit.

Le cavalier demeura étonné; ce n'était point la voix qu'il était accoutumé d'entendre. Croyant d'abord s'être trompé, il regarda autour de lui; mais, reconnaissant parfaitement la maison pour être celle où sans doute il avait l'habitude d'être admis : — Que se passe-t-il donc ici, demanda-t-il, et d'où vient que ce n'est point Paquita qui me répond?

— Parce qu'elle est partie depuis ce matin avec doña Léonor, sa maîtresse.

— Doña Léonor est partie ! s'écria le cavalier. Par san Iago ! qui a osé l'enlever ?

— Quelqu'un qui en avait le droit.

— Enfin, ce quelqu'un, quel est-il ?

— Son frère, don Saluste de Haro.

— Tu mens, vieille ! s'écria le cavalier.

— Je vous jure par Notre-Dame del Pilar...

— Ouvre-moi, et que je m'assure de la vérité par moi-même.

— J'ai l'ordre de ne recevoir personne en l'absence du seigneur don Saluste, et surtout à cette heure.

— Vieille, dit le cavalier, arrivé au dernier degré de l'exaspération, je te dis d'ouvrir, ou j'enfonce la porte.

— Oh ! la porte est solide, seigneur cavalier, et, avant que vous l'ayez enfoncée, la garde sera venue.

— Eh ! que m'importe la garde ? s'écria l'inconnu. La garde est faite pour les voleurs et les bohémiens, et non point pour les gentilshommes comme moi.

— Oui, oui, c'était bien ainsi du temps de l'ancien *primer assistente*; mais, depuis que le roi don Pèdre, que Dieu conserve, a nommé Juan Pasquale à la place du seigneur Telesforo, la garde est faite pour tout le monde. Frappez donc tant que bon vous semblera; mais prenez garde de n'enfoncer d'autre porte que celle de la prison.

A ces mots, la vieille referma sa fenêtre. Le cavalier se précipita vers la jalousie, secoua les barreaux avec rage, puis, voyant qu'ils étaient trop fortement scellés dans la muraille pour céder, il revint à la porte, contre laquelle il frappa de toute sa force avec le pommeau de son épée. Alors Antonio Mendez, qui avait assisté, comme nous l'avons dit, à toute cette scène, crut que c'était le moment d'intervenir.

— Seigneur cavalier, lui dit-il, vous m'excuserez si je vous fais observer, avec tout le respect que je dois à votre seigneurie, que, passé neuf heures du soir, tout tapage est défendu dans les rues de Séville.

— Qui es-tu, drôle ? demanda le cavalier en se retournant.

— Je suis Antonio Mendez, chef des gardes de nuit du quartier de la Giralda.

— Eh bien, Antonio Mendez, chef des gardes de nuit du quartier de la Giralda, passe ton chemin et laisse-moi tranquille.

— Sauf votre respect, monseigneur, c'est vous qui passerez le vôtre, attendu qu'il est défendu à tout promeneur nocturne de stationner à cette heure devant aucune maison, si ce n'est pas la sienne.

— J'en suis fâché, mon ami, répondit le cavalier en se remettant à frapper, mais je ne bougerai pas de cette place.

— Vous dites cela dans un moment de colère, seigneur, mais vous réfléchirez.

— Toutes mes réflexions sont faites, répondit le cavalier.

Et il continua de frapper.

— Ne me forcez pas à employer la violence ! dit le garde de nuit.

— Contre moi ? s'écria le cavalier.

— Contre vous aussi bien que contre quiconque désobéit à l'autorité suprême du *primer assistente*.

— Il y a une autorité au-dessus de cette autorité suprême, prends-y garde !

— Laquelle ?

— Celle du roi.

— Je ne la connais pas.

— Misérable !

— Le roi est le premier sujet de la loi, et le roi serait à votre place, que je mettrais un genou en terre comme je dois le faire devant mon souverain, et qu'un genou en terre je lui dirais : Sire, retirez-vous.

— Et s'il refusait ?

— S'il refusait, j'appellerais la garde de nuit, et je le ferais reconduire avec tout le respect qui lui est dû en son palais de l'Alcazar. Mais vous n'êtes pas le roi; ainsi, une dernière fois, retirez-vous, ou bien...

— Ou bien ? répéta le cavalier en riant.

— Ou bien je saurai vous y forcer, monseigneur, continua le garde de nuit en étendant la main pour saisir l'inconnu au collet.

— Misérable ! dit le cavalier en faisant un bond en arrière, et en dirigeant la pointe de son épée vers le garde de nuit, va-t'en, ou tu es mort !

— C'est vous qui me forcez à tirer l'épée, monseigneur, dit Mendez. Que le sang versé retombe donc sur vous !

Alors un combat terrible commença entre ces deux hommes, dont l'un était enflammé par la colère et l'autre soutenu par le droit. Le cavalier était adroit et paraissait expert au plus haut degré dans le maniement de son arme; mais Antonio Mendez était fort et agile comme un montagnard; de sorte que la lutte se soutint quelque temps sans avantage de part et d'autre. Enfin, l'épée du garde de nuit s'étant engagée dans le manteau de son adversaire, et le malheureux n'ayant pu la ramener assez promptement à la parade, celle du cavalier inconnu lui traversa la poitrine. Antonio Mendez jeta un cri et tomba. En ce moment, une légère lueur s'étant répandue dans la rue, le cavalier leva la tête et aperçut à la fenêtre d'une maison en face une vieille femme qui tenait une lampe à la main. Il s'enveloppa promptement de son manteau et s'éloigna avec rapidité sans que, à son grand étonnement, la vieille poussât un seul cri; au contraire, la lueur disparut, la fenêtre se referma, et la rue, retombée dans son obscurité, resta dans le silence.

Le lendemain, au point du jour, Juan Pasquale reçut l'ordre de se rendre au palais de l'Alcazar. Il obéit aussitôt, et trouva don Pèdre déjà levé et qui l'attendait.

— Seigneur Pasquale, dit le roi aussitôt qu'il aperçut le *primer assistente*, avez-vous entendu dire qu'il se soit passé quelque chose de nouveau cette nuit à Séville?

— Non, sire, répondit Pasquale.

— Alors votre police est mal faite : car, entre onze heures et minuit, un homme a été tué dans la rue de la Candil, derrière la Giralda.

— Cela se peut, sire; mais, si le fait est vrai, on retrouvera le cadavre.

— Mais votre tâche, seigneur *assistente*, ne se borne pas à retrouver les cadavres; elle doit découvrir l'assassin.

— Je le découvrirai, monseigneur.

— Je vous donne trois jours; et souvenez-vous que, d'après nos conventions, vous répondez du vol et du meurtre, argent pour argent, tête pour tête. Allez.

Juan Pasquale voulut faire quelques observations sur la brièveté du délai; mais don Pèdre sortit de l'appartement sans les écouter.

Le *primer assistente* revint chez lui fort préoccupé de cette affaire, et y trouva la garde de nuit, qui, ayant relevé le corps d'Antonio Mendez, venait lui faire son rapport; mais ce rapport ne contenait aucun éclaircissement. La patrouille, en passant par la rue de la Candil, avait heurté un cadavre, et, ayant porté ce cadavre au-dessous d'une lampe qui brûlait, sur une place voisine, devant une image de la Vierge, elle avait reconnu son chef Antonio Mendez; mais, de l'assassin, aucune nouvelle : la rue de la Candil étant complétement solitaire au moment où le cadavre avait été retrouvé.

Juan Pasquale se rendit aussitôt sur le lieu de l'assassinat. Cette fois, la rue était pleine de monde, et les curieux étaient rassemblés en demi-cercle devant une borne au pied de laquelle stagnait une mare de sang : c'était là qu'était tombé Antonio Mendez.

Le *primer assistente* interrogea tout le monde, mais nul n'en savait plus que le juge lui-même. Il entra dans les maisons environnantes; mais, soit qu'ils eussent peur de se compromettre, soit qu'effectivement ils ignorassent ce qui s'était passé, ceux qui les habitaient ne purent lui donner aucun détail. Pasquale revint chez lui, espérant que, pendant son absence, quelques découvertes auraient été faites.

On ne savait rien de nouveau; la garde, interrogée une seconde fois, déclara seulement qu'elle avait trouvé Mendez tenant encore son épée nue, ce qui prouvait qu'il s'était défendu contre son assassin. Juan Pasquale se rendit près du corps, l'examina avec soin. L'épée était entrée au sein droit et était sortie au-dessous de l'épaule gauche : le pauvre Antonio faisait donc bravement face à son ennemi. Mais tout cela ne disait pas quel était son ennemi.

Juan Pasquale passa la journée en conjectures; mais toutes ses conjectures ne l'amenèrent pas même jusqu'à l'ombre d'une probabilité. La nuit se passa sans rien produire de nouveau. Au point du jour, il reçut l'ordre de se rendre au palais.

— Eh bien, lui demanda don Pèdre, connais-tu l'assassin?

— Pas encore, monseigneur, répondit Pasquale; mais j'ai ordonné les recherches les plus actives.

— Tu as encore deux jours, dit le roi.

Et il rentra dans son appartement.

Juan Pasquale passa cette journée en nouvelles recherches; mais ces recherches, comme celles qui les avaient précédées, furent infructueuses. La nuit vint sans avoir rien amené et s'écoula comme la précédente. Au point du jour, Juan Pasquale fut mandé au palais.

— Eh bien, lui demanda don Pèdre, qu'as-tu de nouveau?

— Rien, monseigneur, répondit Pasquale, plus honteux encore de l'inutilité de ses recherches qu'inquiet pour lui-même.

— Il te reste un jour, dit froidement le roi, c'est plus qu'il n'en faut à un juge aussi habile que toi pour découvrir le coupable.

Et il rentra dans son appartement.

Juan Pasquale réunit dans cette journée tous les témoignages qu'il put obtenir; mais ces témoignages réunis ne jetaient aucun jour sur l'affaire : tout était bien clair sur la victime; mais, quelque chose que pût faire le *primer assistente*, le côté de l'assassin restait toujours dans l'ombre.

Le soir vint : Juan Pasquale n'avait plus qu'une nuit. Il résolut de visiter une dernière fois le lieu du meurtre, espérant que c'était de ce lieu et de ses environs que devait jaillir quelque clarté. Le meurtre d'Antonio Mendez était déjà oublié, et la pierre, rouge encore, était le seul témoignage qui restât.

Juan Pasquale s'arrêta devant cette dernière trace du crime, qui allait s'effaçant elle-même, comme si tous les indices dussent lui manquer. Il y était immobile et pensif depuis une demi-heure, lorsqu'il crut s'entendre appeler. Il retourna la tête, et, à la fenêtre, en face de la maison de Léonor de Haro, il vit une vieille femme qui lui faisait signe qu'elle avait quelque chose à lui dire. Dans la circonstance où se trouvait le juge, aucun avis n'était à négliger; il s'avança donc sous la fenêtre. Au même moment une clef tomba à ses pieds, et la fenêtre se referma. Il comprit que la vieille ne voulait pas être vue. Il ramassa la clef et l'essaya à la porte : la porte s'ouvrit. Juan Pasquale entra, et, voulant mettre de son côté le même mystère que la vieille mettait du sien, il referma la porte derrière lui.

Alors il se trouva dans une allée sombre et étroite au bout de laquelle il heurta un escalier. La fenêtre que la vieille avait ouverte était au second; cet escalier devait naturellement conduire à sa chambre. Juan Pasquale saisit donc la corde qui servait de rampe, et commença de monter les degrés. Arrivé au second étage, il vit une faible lumière qui se glissait à travers une porte entr'ouverte; il arriva à cette porte, la poussa, et, à la lueur d'une petite lampe de fer, il reconnut la vieille qu'il avait vue à la fenêtre. Elle lui fit signe de fermer la porte : il obéit; puis, s'avançant vers elle :

— C'est vous, ma bonne femme, lui dit-il, qui m'avez fait signe de monter?

— Oui, lui répondit-elle, car je me doutais de ce que vous cherchiez.

— Et pourriez-vous me donner quelques renseignements sur ce que je cherchais?

— Peut-être bien, si vous jurez de ne pas me compromettre.

— Je vous le jure, et, de plus, je vous promets une récompense considérable.

— Oh! c'est moins la récompense, qui ne fera pas de mal cependant, car je ne suis pas riche, que le regret de voir un aussi brave homme que vous dans la peine, qui m'a décidée; car

nous savons bien que vous n'avez plus que d'ici à demain pour trouver le meurtrier, et que, si sa tête ne tombe pas, la vôtre doit tomber à sa place. Or que deviendrait cette pauvre cité de Séville, si elle n'avait plus son bon juge?

— Eh bien, parlez donc, bonne femme; au nom du ciel, parlez!

— Il faut vous dire, continua la vieille, que la maison en face de celle-ci appartient au comte Saluste de Haro.

— Je le sais.

— Elle était habitée par sa sœur Léonor.

— Je le sais encore.

— Eh bien, la signora avait pour amant un beau cavalier qui venait toutes les nuits, enveloppé de son manteau, s'arrêtait devant la maison, et frappait trois fois dans ses mains.

— Alors?

— Alors la porte s'ouvrait, le cavalier entrait et ne ressortait plus qu'une heure avant le jour.

— Après?

— Hier matin, le frère, qui avait sans doute appris l'intrigue, est venu, et il a enlevé sa sœur, ne laissant dans la maison qu'une vieille gouvernante à qui il a défendu d'ouvrir à qui que ce soit; de sorte qu'hier, quand le cavalier est venu, il a trouvé la porte fermée.

— Continuez, j'écoute.

— Eh bien, comme cela ne faisait pas son affaire, et que la vieille gouvernante, fidèle à sa consigne, ne voulait pas lui ouvrir, il a tenté d'enfoncer la porte.

— Ah! ah! violence! murmura Pasquale.

— C'est dans ce moment qu'est venu le pauvre Antonio, qui a essayé de le faire partir, mais le cavalier n'a rien voulu entendre; et, tirant son épée, il a tué Antonio.

— Sur mon âme, voilà des détails précieux, s'écria Pasquale; mais ce cavalier, quel est-il?

— Ce cavalier?

— Oui, ce cavalier qui venait toutes les nuits.

— Ce cavalier qui a tué Antonio?

— Sans doute, ce cavalier qui a tué Antonio.

— Eh bien, c'est...

— C'est?

— C'est le roi, dit la vieille.

— Le roi! s'écria Juan Pasquale.

— Le roi lui-même.

— Avez-vous donc vu son visage?

— Non.

— Avez-vous donc entendu sa voix?

— Non.

— Et à quoi l'avez-vous reconnu alors?

— A ce que ses os craquent en marchant.

— C'est vrai ! s'écria le juge, j'ai remarqué en lui cette singularité. Femme, tu auras ce soir la récompense promise.

— Et le secret toujours?

— Toujours.

— Dieu vous garde alors, mon bon juge, et ce sera un jour heureux pour moi que celui où j'aurai conservé votre vie, si précieuse à tous.

Alors Pasquale, prenant congé de la vieille, rentra chez lui, et envoya aussitôt un message à l'Alcazar. C'était une assignation à don Pèdre, roi de Castille, de comparaître le lendemain pardevant le tribunal du *primer assistente*.

Le lendemain, au point du jour, Juan Pasquale convoqua le tribunal des ventiquatros, sans qu'ils sussent pour quelle cause ils étaient assemblés. Tous étaient dans le grand costume de leur charge, et le *primer assistente* les présidait en silence, la verge de la justice à la main, lorsque l'huissier annonça : « Le roi ! » Tous se levèrent étonnés.

— Asseyez-vous, messieurs, dit Pasquale.

Ils obéirent, et le roi entra.

— Eh bien, senor *assistente*, dit don Pèdre, s'avançant au milieu de cette grave assemblée, quel est votre bon plaisir? car vous voyez que je me rends à vos bons ordres, quoiqu'ils auraient pu m'être transmis avec un peu plus de politesse et de courtoisie.

— Sire, répondit Pasquale, il ne s'agit, en ce moment, ni de politesse ni de courtoisie, mais de justice; car, à cette heure, je n'agis point en courtisan du roi, mais en magistrat du peuple.

— Ah! ah! reprit don Pèdre, il me semble pourtant, mon digne maître, que ce n'est pas le peuple, mais bien le roi qui vous a mis aux mains cette baguette blanche que vous avez l'air de prendre pour un sceptre.

— Et c'est justement, répondit gravement et respectueusement Pasquale, parce que c'est le roi qui m'a remis cette baguette entre les mains, que je dois me montrer digne de l'honneur qu'il m'a fait en me la confiant, et non la déshonorer par une lâche complaisance.

— Trêve de morale, interrompit don Pèdre, que me veux-tu?

— Sire, dit Juan Pasquale, un meurtre a été commis dans la nuit du dernier vendredi au dernier samedi. Votre Altesse le sait bien, puisque c'est elle-même qui me l'a annoncé.

— Après?

— Votre Altesse m'a donné trois jours pour découvrir l'assassin.

— Eh bien?

— Eh bien, dit Juan Pasquale en regardant le roi, je l'ai découvert.

— Ah! ah! fit le roi.

— Alors je l'ai assigné à paraître à mon tribunal, car la justice est une, pour les forts comme pour les faibles, pour les grands comme pour les petits. Roi don Pèdre de Castille, vous êtes accusé d'assassinat sur la personne d'Antonio Mendez, chef des gardes de nuit du quartier de la Giralda. Répondez au tribunal.

— Et qui a l'audace d'accuser le roi d'assassinat?

— Un témoin à qui j'ai juré le secret.

— Et si le roi nie qu'il soit coupable ?

— Il sera soumis à l'épreuve du cercueil. Le corps d'Antonio Mendez est exposé dans l'église voisine, où il a été conservé dans ce but.

— C'est inutile, dit don Pèdre d'un air léger, c'est moi qui ai tué cet homme.

— Je regrette, répondit Pasquale d'un ton plus grave encore, que le roi de Castille paraisse attacher aussi peu d'importance au meurtre d'un de ses sujets, surtout lorsque ce meurtre a été commis de sa propre main.

— Doucement, senor *assistente*, reprit don Pèdre, forcé, par l'ascendant que prenait sur lui Pasquale, de se défendre; doucement, il n'y a pas de meurtre ici, mais un combat. Je n'ai point assassiné Antonio Mendez, je l'ai tué en légitime défense.

— Il n'y a point de légitime défense contre un agent de la justice qui accomplit un ordre et exerce ses fonctions.

— Mais peut-être aussi son zèle pour son devoir l'avait-il entraîné trop loin, reprit don Pèdre.

— La loi n'est point si subtile, sire, répondit l'*assistente* d'un ton ferme; et, d'après votre propre aveu, vous êtes convaincu de meurtre.

— Tu mens, misérable ! s'écria le roi; je t'ai dit que je l'avais tué, c'est vrai, mais je ne l'ai tué qu'après lui avoir dit de se retirer. L'insensé alors a tiré son épée, et il est tombé après un combat loyal. Tant pis pour lui, pourquoi a-t-il refusé d'obéir à mes ordres?

— Parce que c'était à vous, sire, d'obéir aux siens, au lieu de leur opposer une résistance coupable. Oh! la menace ne m'empêchera point, sire, d'accomplir mes fonctions terribles. Lorsque vous m'avez pris dans mes montagnes sans me demander ma volonté, sire; lorsque, malgré moi, vous m'avez fait *primer assistente*, c'était pour avoir un juge, et non pas un courtisan. Eh bien, vous avez un juge; répondez donc !

— J'ai dit ce que j'avais à dire. Oui, j'ai tué Antonio Mendez dans un combat; c'est donc un duel, et non pas un meurtre.

— Il n'y a pas de duel, sire, entre un roi et ses sujets. Tant qu'ils sont loyaux et fidèles, rien ne l'autorise à tirer contre eux son épée. Il les a reçus en compte de Dieu, et il en rendra compte à Dieu. D'ailleurs, vous saviez que vous vous opposiez violemment à l'exercice de la loi que vous-même vous aviez faite; et votre rang royal, loin d'être une excuse en cette circonstance, aurait dû vous faire comprendre que, plus haut vous êtes placé, plus grand devait être l'exemple. Écoutez donc votre arrêt.

Le roi fit un mouvement de fierté. Ses yeux étincelèrent, et il porta la main à la garde de son épée. Juan Pasquale continua :

— Demain à midi, je vous somme, don Pèdre de Castille, de vous trouver sur la place de la Giralda, la plus voisine de l'endroit où le crime a été commis, pour y écouter et subir la sentence que la justice trouvera convenable de prononcer. Si vous espérez dans la miséricorde de Dieu, je vous engage à ne pas manquer à cet appel, mais à vous y rendre avec tous les sentiments qui font la dernière espérance du coupable.

Et, ayant ainsi prononcé l'arrêt d'une voix lente, mais ferme, Juan Pasquale fit signe au roi qu'il pouvait se retirer. Après quoi, il se leva lentement lui-même, et sortit de la salle d'audience, suivi des ventiquatros.

Le premier mouvement de don Pèdre avait été la colère, le second fut l'admiration. A cette époque, le roi de Castille était encore dans cette première moitié de la vie qui lui avait fait donner le titre de Justicier; son cœur était donc accessible à tout grand exemple, et c'était pour lui un exemple inouï et surtout inattendu, au milieu de ses courtisans agenouillés sur son passage, que celui d'un homme qui osait faire publiquement le procès d'un roi qui n'avait pas exécuté les lois de son royaume. Il se décida donc à obéir à la sommation de l'*assistente*, et à comparaître le lendemain, revêtu des insignes du rang suprême, sur la place de la Giralda. Don Pèdre désigna pour l'accompagner Ferrand de Castro et Juan de Padilla, ne voulant pas d'autre suite, afin qu'on ne pût pas l'accuser d'intimidation.

Cependant la nouvelle de ce procès étrange s'était répandue dans Séville et y avait excité une vive curiosité. Cette citation faite au roi, et dont nul ne pouvait prévoir le résultat; cette obéissance de don Pèdre à l'ordre d'un de ses magistrats, lui qui était habitué à commander à tout le monde; cette fermeté d'un juge, inouïe jusqu'alors, et qui, en face, avait si imprudemment bravé l'autorité royale, tout présageait pour le lendemain une de ces scènes solennelles dont les peuples gardent le souvenir : aussi, dès le point du jour, toute la population de Séville se précipita-t-elle vers la place de la Giralda. Quant à don Pèdre, il attendait avec ses deux compagnons l'heure à laquelle il devait comparaître pour entendre la lecture de son jugement. Ceux-ci avaient bien essayé d'obtenir de lui qu'il prît un cortége plus nombreux et une garde armée; mais le roi avait répondu positivement qu'il désirait que tout se passât ainsi qu'il l'avait ordonné, et qu'il n'y eût d'autre garde que celle qui présidait d'habitude aux jugements du *primer assistente;* seulement il permit qu'une douzaine de seigneurs le suivissent par derrière, mais sans armes, et après leur avoir fait jurer que, quelque chose qui arrivât, ils ne feraient rien sans un ordre positif de sa bouche.

A peine le peuple le vit-il paraître, qu'il le salua avec ces acclamations que les rois sont rarement habitués à entendre. Don Pèdre ne se trompa point à ce témoignage, car ce que le peuple applaudissait en lui, c'était son obéissance bien plus que sa majesté. Il continua donc de s'avancer vers la place de la Giralda; mais, arrivé à une certaine rue, des gardes lui barrèrent le passage et lui indiquèrent un autre chemin. Les seigneurs voulaient continuer, nonobstant la défense; mais don Pèdre leur rappela sa promesse, et donna l'exemple de l'obéissance en prenant, sans objection aucune, la route indiquée. Les acclamations redoublèrent. Les seigneurs froncèrent le sourcil, car il leur sembla visible, cette fois, que les acclamations étaient une insulte au pouvoir royal, abaissé dans leur souverain. Mais don Pèdre demeura impassible, et sa figure n'exprima rien dont ses courtisans pussent s'autoriser pour désobéir. Ils le suivirent donc en silence, et arrivèrent ainsi par un long détour à la place de la Giralda. Une enceinte était réservée pour le cortége royal.

Au milieu de la place, adossé au Campanile, et sur une estrade élevée, siégeait le tribunal des ventiquatros, présidé par Juan Pasquale. A sa droite et formant une des extrémités du cercle, était la statue en pied du roi don Pèdre, revêtu des insignes royaux ; seulement le piédestal avait été masqué par un échafaud, et le bourreau, sa grande épée à la main, se tenait debout sur la plate-forme. En face était réservée la place que, avons-nous dit, le roi était venu prendre avec sa suite ; toute l'autre partie du cercle était réservée aux spectateurs. Quand aux intervalles qui se trouvaient à droite entre le tribunal et l'échafaud, et à gauche entre le tribunal et le roi, ils étaient remplis par la garde montagnarde du *primer assistente*.

Aussitôt que le roi parut, un roulement de tambours, rendus plus lugubre par le voile de crêpe qui les recouvrait, se fit entendre, et répandit aussitôt dans l'âme des assistants ce sentiment sourd et pénible que l'on éprouve malgré soi dans les circonstances suprêmes. Don Pèdre n'en fut pas plus exempt que les autres, et les seigneurs qui l'accompagnaient manifestèrent hautement leur indignation ; mais le roi leur imposa silence. Lorsque le roulement eut cessé, l'huissier se leva et appela à haute voix :

— Don Pèdre, roi de Castille.

— Me voici, dit le roi du haut de son cheval : que me voulez-vous ?

— Sire, répondit l'huissier, vous êtes cité pour entendre votre sentence, et pour la voir mettre à exécution.

— Insolent ! s'écria Padilla en faisant franchir la barrière à son cheval et en le dirigeant vers l'homme de justice.

— Soldats, dit Juan Pasquale, qu'on amène le cavalier.

— Le premier qui me touche est mort ! cria Padilla, tirant son épée.

— Sir castillan, dit don Pèdre d'une voix ferme et sonore, retirez-vous, je vous l'ordonne.

Padilla remit son épée au fourreau, et fit sortir son cheval de l'enceinte. Un grand murmure d'étonnement courut par toute la foule, et la curiosité redoubla.

— Don Pèdre de Castille, dit Juan Pasquale se levant à son tour, vous êtes atteint et convaincu d'avoir commis un homicide volontaire sur la personne du garde de nuit Antonio Mendez, lorsqu'il était dans l'exercice de ses fonctions; ce crime mérite la mort.

Il se fit alors dans la foule une exclamation puissante qui dégénéra en un long murmure pareil au grondement d'une tempête. Le peuple lui-même commençait à trouver que le juge allait trop loin.

— Silence ! cria don Pèdre; laissez le magistrat continuer son office.

On se tut.

— Je prononce donc contre vous, continua avec le même sang-froid Juan Pasquale, la sentence de mort ! Mais, comme votre personne est sacrée, et que nul que Dieu, qui vous a mis la couronne sur la tête, ne peut toucher ni à votre tête ni à votre couronne, cette sentence sera exécutée sur votre effigie; et, maintenant que j'ai accompli, autant qu'il est en moi, le devoir que ma place m'impose, que le bourreau fasse le sien.

Le bourreau leva son épée, et la tête de la statue royale, brisée à la hauteur des épaules, roula au bas de l'échafaud.

— Maintenant, dit Juan Pasquale, que cette tête soit placée au coin de la rue où a été tué Antonio Mendez, et qu'elle y reste pendant un mois, en mémoire du crime du roi.

Alors don Pèdre descendit de cheval, et, s'avançant vers Juan Pasquale :

— Très-digne *assistente* de Séville, lui dit-il d'une voix calme, je m'applaudis de vous avoir confié l'administration de ma justice : car je vois que je ne la pouvais remettre à personne qui la méritât autant que vous. Je vous confirme donc dans les fonctions que vous avez jusqu'à ce jour si loyalement et si impartialement remplies. Votre sentence est juste, qu'elle demeure entière ; seulement ce n'est point un mois, mais toujours, que cette tête tranchée par la main du bourreau restera exposée, afin qu'elle transmette à la postérité le souvenir de votre jugement.

La volonté de don Pèdre fut exécutée, et, de nos jours encore, on peut voir au coin de la rue *del Candilejo* cette tête déposée dans une niche, et que le peuple assure être la même qui y fut déposée en l'an 1357 par la main du bourreau.

— ◦ —

Voila la légende de don Pèdre, telle qu'elle est racontée par l'historien Zurita dans ses *Annales de Séville*.

DON BERNARDO DE ZUNIGA

PAR

ALEXANDRE DUMAS

—»›§∞◊∞§‹«—

I

LA FONTAINE SAINTE.

’était le 25 janvier 1492. Après une lutte de huit cents ans contre les Espagnols, les Maures venaient de se déclarer vaincus dans la personne d'Al-Shaghyr Abou-Abdallah qui, le 6 du mois précédent, c'est-à-dire le jour des Rois, avait remis la ville de Grenade aux mains de ses vainqueurs, Ferdinand et Isabelle.

Les Maures avaient conquis l'Espagne en deux ans, il avait fallu huit siècles pour la leur reprendre.

Le bruit de cette victoire s'était répandu. Par toutes les Espagnes les cloches sonnaient dans les églises, comme au saint jour de Pâques, quand Notre-Seigneur est ressuscité, et toutes les voix criaient : Vive Ferdinand! vive Isabelle! vive Léon! vive Castille!

Ce n'était pas tout encore : on disait que, dans cette année de bénédiction où Dieu avait regardé l'Espagne avec un œil de père, un grand voyageur s'était présenté aux deux rois, et avait promis de leur donner un monde inconnu, qu'il était certain de découvrir en marchant toujours de l'orient en occident.

Mais ceci passait généralement pour une fable, et l'aventurier qui avait pris cet engagement, et que l'on nommait Christophe Colomb, était regardé comme un fou.

Au reste, ces nouvelles, à cette époque de communications difficiles, n'étaient pas encore répandues d'une façon bien positive sur toute la surface de la Péninsule. Au fur et à mesure que, topographiquement, les provinces s'éloignaient des provinces dans lesquelles les Maures avaient concentré leur pouvoir, et que, depuis dix-neuf jours seulement, Ferdinand et Isabelle avaient délivrées, de même qu'au fur et à mesure qu'en s'éloignant d'un centre de lumière, les objets rentrent peu à peu dans l'obscurité, peu à peu les populations doutaient encore de ce grand bonheur qui échéait à toute la chrétienté, et, s'empressant autour de chaque voyageur qui arrivait du théâtre de la guerre, lui demandaient des détails sur ce grand événement.

Une des provinces, non pas les plus éloignées, mais les plus séparées de Grenade, car deux grandes chaînes de montagnes s'étendent entre elle et cette ville, l'Estramadure, l'Estramadure située entre la Nouvelle-Castille et le Portugal, et qui emprunte son nom à sa position extrême sur les sources du Duero, l'Estramadure, enfin, avait un intérêt d'autant plus grand à être renseignée, que, déjà délivrée des Maures, dès 1240, par Ferdinand III de Castille, elle appartenait depuis lors à ce royaume dont Isabelle, qui venait de mériter le nom de la Catholique, était héritière.

Aussi une grande foule était-elle rassemblée le jour où s'ouvre cette histoire, c'est-à-dire le 25 janvier 1492, dans la cour du château de Béjar où venait d'entrer don Bernardo de Zuniga, troisième fils de Pierre Zuniga, comte de Bagnarès et marquis d'Ayamonte, maître de ce château.

Or personne ne pouvait donner de plus fraîches nouvelles des Maures et des chrétiens que don Bernardo de Zuniga, qui, chevalier de l'armée d'Isabelle, avait été fait prisonnier dans une des sorties tentées par le héros des Arabes, Mousay-Ebn-Aby'l-Gazan, et ramené blessé dans la ville assiégée, dont les portes ne lui avaient été ouvertes que le jour où les chrétiens y avaient fait leur entrée.

Don Bernardo, à l'époque où il nous apparaît, c'est-à-dire au moment où, après une absence de dix ans, il rentre dans le château paternel, monté sur son cheval de bataille, et entouré de domestiques, de serviteurs et de vassaux, était un homme de trente-cinq à trente-six ans, maigri par les fatigues et surtout par les blessures, et qui eût été pâle, si son visage, brûlé par le soleil du Midi, n'eût revêtu une teinte bronzée, qui semblait faire de lui le compatriote et le frère des hommes qu'il venait de combattre. Cette ressemblance était d'autant plus exacte, qu'enveloppé comme il était dans le grand manteau blanc de l'ordre d'Alcantara, un pan de ce manteau enroulé autour de son visage, pour se garantir de la bise des montagnes, rien ne distinguait ce manteau du burnous arabe, si ce n'est la croix verte que les chevaliers de l'ordre saint portaient sur le côté gauche de la poitrine.

Ce cortége, qui entrait avec lui dans la cour du château, l'accompagnait depuis son apparition aux portes de la ville; avant même qu'on l'eût reconnu, on avait deviné que cet homme à l'œil sombre, à l'allure héroïque, au manteau moitié religieux, moitié guerrier, venait du théâtre de la guerre. On s'était informé auprès de lui pour avoir des nouvelles. Alors il s'était nommé, avait invité les bonnes gens à le suivre jusque dans la cour du château, et, arrivé là, il venait de mettre pied à terre au milieu des marques d'affection et de respect universelles.

Après avoir jeté la bride de son cheval aux mains d'un écuyer, et lui avoir recommandé ce brave compagnon de ses fatigues, qui, comme son maître, portait plus d'une trace visible de la lutte qu'il venait de soutenir, don Bernardo de Zuniga monta les marches du perron conduisant à l'entrée principale du château; puis, arrivé à la dernière marche, il se retourna, racontant, pour satisfaire à la curiosité de tous, comment Ferdinand le Catholique, après avoir conquis trente places fortes et autant de villes, avait fini par mettre le siége devant Grenade; comment, après un siége long et terrible, Grenade s'était rendue le 25 novembre 1491, et comment enfin le roi et la reine y avaient fait leur entrée le 6 du mois de janvier, jour de la Sainte-Épiphanie, laissant pour tout domaine, au successeur des rois de Grenade et des califes de Cordoue, une petite dotation dans les Alpujarras.

Ces renseignements donnés à la grande joie des auditeurs, don Bernardo entra dans le château, suivi seulement de ses serviteurs les plus intimes.

Ce ne fut pas sans une grande émotion que don Bernardo revit, après dix ans, l'intérieur de ce château où s'était écoulée son enfance, et qu'il retrouvait vide, son père se tenant à Burgos, et de ses deux frères aînés, l'un étant mort et l'autre à l'armée de Ferdinand.

Don Bernardo parcourait, triste et silencieux, tous les appartements; on eût dit qu'il y avait au fond de sa pensée une question qu'il n'osait faire, et qui demeurait voilée sous les questions qu'il faisait. Enfin, s'arrêtant devant le portrait d'une petite fille de neuf ou dix ans, il demanda, avec une certaine hésitation, quel était ce portrait.

Celui à qui s'adressait cette demande regarda fixement don Bernardo avant que d'y répondre.

On eût dit qu'il ne comprenait pas.

— Ce portrait? demanda-t-il.

— Sans doute, ce portrait, répéta don Bernardo d'un ton plus impératif.

— Mais, monseigneur, répéta le serviteur, c'est celui de votre cousine Anne de Niebla : il est impossible que Votre Seigneurie ait oublié cette jeune orpheline, qui a été élevée au château et qui était destinée à votre frère aîné.

— Ah! c'est vrai, dit don Bernardo, et qu'est-elle devenue?

— Lorsque votre frère aîné mourut, en 1488, monseigneur votre père ordonna qu'Anne de Niebla entrât au couvent de l'Immaculée-Conception, de l'ordre de Calatrava, et qu'elle y prononçât ses vœux, votre second frère étant marié et Votre Seigneurie étant chevalier d'un ordre qui prescrit le célibat.

Don Bernardo poussa un soupir.

— C'est juste, dit-il.

Et il ne fit aucune autre question.

Seulement, comme Anne de Niebla était fort aimée dans le château de Bejar, le serviteur, profitant de ce que la conversation était tombée sur la jeune et riche héritière, essaya de la continuer.

Mais au premier mot qu'il dit sur ce sujet, don Bernardo lui imposa silence de façon à lui faire comprendre qu'il avait appris tout ce qu'il désirait savoir.

Au reste, il n'y avait point à se tromper sur les causes qui avaient déterminé le retour de don Bernardo au château de ses pères; car il prit soin dès le même jour de faire connaître cette cause à tout le monde. Le château de Bejar était situé à deux ou trois lieues d'une source qu'on appelait la Fontaine-Sainte, et qui devait sans doute à son voisinage du couvent de l'Immaculée-Conception le privilége de faire des miracles.

Cette fontaine surtout était merveilleuse pour la guérison des blessures, et, nous l'avons dit, don Bernardo était encore maigre, pâle et souffrant des blessures qu'il avait reçues au siége de Grenade.

Aussi le lendemain, don Bernardo résolut-il de commencer le traitement auquel, dans sa foi religieuse, il espérait devoir une prompte guérison. Le régime était bien simple à suivre : don Bernardo ferait ce que faisait le plus pauvre paysan qui venait implorer l'assistance de la madone sainte sous l'invocation de laquelle se trouvait la fontaine. Au-dessus de la source s'élevait une petite colline formée d'un seul rocher; au haut de ce rocher s'élevait une croix. On gravissait le rocher pieds nus, on s'agenouillait devant la croix, on disait dévotement cinq *Pater* et cinq *Ave*, on descendait pieds nus toujours, on buvait un verre d'eau et l'on se retirait chez soi.

Les pèlerinages se divisaient en neuvaines; au bout de la troisième neuvaine, c'est-à-dire à la fin du vingt-septième jour, il était rare que l'on ne fût point guéri.

Le lendemain effectivement, au point du jour, don Bernardo de Zuniga se fit amener son cheval; et comme, cent fois dans sa jeunesse, il avait fait le voyage de la fontaine, il partit seul pour accomplir son pèlerinage sanitaire.

Arrivé à la source, il mit pied à terre, attacha son cheval à un arbre, se déchaussa, gravit le rocher pieds nus, dit ses cinq *Pater* et ses cinq *Ave*, descendit, but un verre d'eau à la même source, remit sa chaussure, remonta à cheval, jeta un regard, religieux sans doute, vers le couvent de l'Immaculée-Conception qui, à une demi-lieue de là, paraissait à travers les arbres, et revint au château.

Chaque jour don Bernardo recommença le même voyage, et il était visible que l'eau miraculeuse agissait sur son corps, quoique son humeur demeurât triste, solitaire, presque sauvage.

Il épuisa ainsi les trois neuvaines. Pendant les derniers jours de la troisième, la santé lui était tout à fait revenue, et il avait déjà annoncé son départ prochain pour l'armée, lorsque, le vingt-septième jour, comme il était agenouillé au pied

Assis au plus haut du rocher, l'œil tourné vers le courant, il attendait. — Page 7.

de la croix, disant son avant-dernier *Ave*, il vit s'avancer un cortége qui n'était pas sans intérêt pour un homme qui avait si souvent, en disant adieu à la source, jeté les yeux sur le couvent de l'Immaculée-Conception.

C'était un cortége composé de religieuses accompagnant une litière découverte, portée par des paysans. Sur cette litière était une religieuse que l'on semblait apporter en triomphe à la fontaine.

Les religieuses qui accompagnaient la litière et celle qui était couchée dessus étaient scrupuleusement voilées.

Au lieu de descendre, comme d'habitude, pour boire à la fontaine, don Bernardo attendit, curieux sans doute de voir ce qui allait se passer.

Sa curiosité était si grande, qu'il oublia de dire son dernier *Ave*.

Le cortége s'arrêta devant la source; la religieuse couchée sur la litière en descendit, ôta sa chaussure, et d'un pas chancelant d'abord, mais qui se raffermit peu à peu, commença son ascen-

La religieuse s'éloigna lentement de lui. — Page 11.

sion; arrivée au pied de la croix que don Bernardo, en se reculant, avait laissé libre, la religieuse s'agenouilla, fit sa prière, se releva, et descendit pour rejoindre ses compagnes.

Ce fut une illusion, mais il sembla à don Bernardo que, au moment de s'agenouiller et en se relevant, la religieuse, à travers son voile, avait un instant arrêté ses yeux sur lui.

De son côté, à l'approche de la sainte fille, don Bernardo avait ressenti une émotion étrange, quelque chose comme un éblouissement avait passé devant ses yeux, et il s'était adossé à un arbre, comme si le rocher mal assuré sur sa base eût tremblé sous lui.

Mais à mesure que la religieuse s'était éloignée de don Bernardo, la force lui était revenue; alors, pour la suivre plus longtemps des yeux, il s'était penché sur le bord du rocher qui surplombait la source. La religieuse était descendue, s'était approchée de la fontaine, et, se faisant visible pour la seule eau sainte, elle avait écarté son voile et bu selon la coutume à même la source.

Mais alors était arrivée une chose à laquelle nul n'eût songé et que par conséquent nul n'eût pu prévoir. Le limpide cristal de la fontaine se changea en miroir, et, de l'endroit où il était placé, don Bernardo de Zuniga vit l'image de la religieuse aussi distinctement que si elle eût été réfléchie par une glace.

C'était, malgré sa pâleur, un tel miracle de beauté, que don Bernardo de Zuniga jeta un cri de surprise et d'admiration qui retentit assez haut pour faire tressaillir la sainte malade qui, après avoir à peine trempé ses lèvres dans l'eau, croisa son voile et remonta en litière, non sans tourner une dernière fois la tête du côté de l'imprudent chevalier.

Don Bernardo de Zuniga descendit rapidement les marches du rocher, et, s'adressant à l'un des spectateurs de cette scène :

— Sais-tu, lui demanda-t-il, quelle est cette femme qui vient de boire à la fontaine et que l'on transporte au couvent de l'Immaculée-Conception?

— Oui, répondit l'homme interrogé : c'est une religieuse qui vient de faire une maladie, que chacun croyait mortelle, puisque de fait elle a été morte à ce qu'il paraît pendant plus d'une heure, mais qui, par la vertu de l'eau sainte, a été guérie; si bien qu'elle fait aujourd'hui sa première sortie pour exécuter son vœu de venir boire elle-même à la fontaine l'eau qu'hier encore on venait y puiser pour elle.

— Et, demanda don Bernardo avec une émotion qui indiquait l'importance qu'il attachait à la question, sais-tu le nom de cette religieuse?

— Oui, sans doute, monseigneur : elle se nomme Anne de Niebla et est la nièce de Pierre de Zuniga, comte de Bagnarès, marquis d'Ayamonte, dont le fils, revenu il y a un mois à peu près de l'armée, a apporté la bonne nouvelle de la prise de Grenade.

— Anne de Niebla, murmura don Bernardo. Ah! je l'avais bien reconnue, mais je n'eusse jamais cru qu'elle dût devenir si belle!...

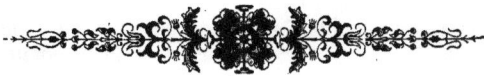

II

LE CHAPELET D'ANNE DE NIEBLA.

Don Bernardo avait donc revu cette jeune fille qu'il avait laissée enfant au château de Bejar, et dont, selon toute probabilité, le souvenir l'avait suivi pendant ses dix ans d'absence.

Pendant ces dix ans de rêve solitaire où la pensée de don Bernardo avait suivi le voyage d'Anne de Niebla dans le premier printemps de la vie, la jeune fille s'était faite femme; elle avait atteint l'âge de vingt ans, pendant que don Bernardo atteignait l'âge de trente-cinq; elle avait revêtu la robe de religieuse, tandis qu'il s'était drapé dans le manteau de chevalier d'Alcantara.

Elle était la fiancée du Seigneur, lui était le chevalier du Christ.

Aux deux jeunes gens élevés dans la même maison, depuis la sortie de cette maison, toute communication par la parole était interdite, tout échange de regards était défendu.

Voilà sans doute pourquoi la vue de sa cousine, dans l'étrange miroir où il avait poursuivi ses traits, avait éveillé une si vive émotion dans le cœur de don Bernardo de Zuniga.

Il rentra au château, mais plus pensif, plus sombre, plus taciturne encore que d'habitude, et presque aussitôt il alla s'enfermer dans la chambre où il avait vu ce portrait d'Anne de Niebla enfant. Sans doute il cherchait à retrouver sur la toile les traits mouvants qu'il venait de voir trembler dans la fontaine, à suivre leur développement juvénile pendant les dix années qui venaient de s'écouler, à les voir s'épanouir au souffle de la vie, comme s'épanouit une fleur au soleil.

Lui qui, depuis quinze ans, sur les champs de bataille, aux surprises des camps, aux assauts des villes, luttait contre les ennemis mortels de sa patrie et de sa religion, il n'essaya pas même de résister un instant à cet ennemi plus terrible qui venait de l'attaquer corps à corps et qui du premier coup le courbait sous lui.

Don Bernardo de Zuniga, le chevalier d'Alcantara, aimait Anne de Niebla, la religieuse de l'Immaculée-Conception.

Il fallait fuir, fuir sans perdre un instant, retourner à ces combats réels, à ces blessures physiques qui ne tuent que le corps. Don Bernardo n'en eut pas le courage.

Dès le lendemain, quoique sa neuvaine fût finie moins un *Ave*, il retourna à la fontaine, ne priant plus : l'amour s'était emparé de son cœur, et n'avait pas laissé de place à la prière. Seulement, assis au plus haut du rocher, l'œil tourné vers le couvent, il attendait un nouveau cortége pareil à celui qu'il avait déjà vu et qui ne venait pas.

Il attendit trois jours ainsi, sans repos, sans sommeil, tournant autour du couvent, dont les portes restaient impitoyablement fermées. Le quatrième jour, qui était un dimanche, il savait que les portes de l'église étaient ouvertes, et que chacun pouvait pénétrer dans cette église.

Seulement, enfermées dans le chœur, les religieuses chantaient derrière de grandes draperies : on les entendait sans les voir.

Et ce jour tant désiré arriva enfin. Malheureusement don Bernardo l'attendait dans un but tout profane; l'idée que ce jour était celui où il pouvait se rapprocher du Seigneur ne lui vint même pas à l'esprit, il ne songeait qu'à se rapprocher d'Anne de Niebla.

A l'heure où les portes du couvent s'ouvrirent, il était là, attendant.

A deux heures du matin il avait été lui-même à l'écurie, avait sellé son cheval, et était sorti sans prévenir personne. De deux heures à huit heures, il avait erré aux environs de la fontaine,

La fosse est finie; don Bernardo viendra quand il voudra. — Page 14.

non plus le front enveloppé de son grand manteau pour se garantir de la bise des montagnes, mais le front découvert, implorant tous les vents de la nuit, pour éteindre ce foyer brûlant qui semblait lui dévorer le cerveau.

Une fois entré dans l'église, don Bernardo alla s'agenouiller le plus près qu'il lui fut possible du chœur de l'église, et il resta là, attendant, les genoux sur la dalle, le front contre le marbre.

Le service divin commença. Don Bernardo

n'eut pas une pensée pour le Sauveur des hommes, dont le saint sacrifice s'accomplissait; toute son âme était ouverte comme un vase, pour absorber ces chants qu'on lui avait promis, et au milieu desquels devait monter au ciel le chant d'Anne de Niebla.

Chaque fois qu'au milieu de ce concert suave une voix plus harmonieuse, plus pure, plus vibrante que les autres, se faisait entendre, à l'instant même don Bernardo tressaillait et levait machinalement ses deux mains au ciel. On eût dit qu'il essayait de se suspendre à cet accord et de monter au ciel avec lui.

Puis, quand le son s'était éteint, couvert par les autres voix ou épuisé dans sa propre extase, il retombait avec un soupir, comme s'il n'eût vécu que de cette harmonieuse vibration et que, sans elle, il n'eût pas pu vivre.

La messe s'acheva au milieu d'émotions jusqu'alors inconnues. Les chants cessèrent, les derniers sons de l'orgue s'éteignirent, les assistants sortirent de l'église, les officiants rentrèrent au couvent.

Le monument ne fut plus qu'un cadavre muet et immobile; la prière, qui en était l'âme, avait remonté au ciel.

Don Bernardo resta seul : alors il put regarder autour de lui. Au-dessus de sa tête était accroché un tableau représentant la Salutation angélique; dans un coin du tableau était le donataire à genoux et les mains jointes.

Le chevalier d'Alcantara jeta un cri de surprise. Le donataire, cette femme représentée à genoux et les mains jointes dans un coin du tableau, c'était Anne de Niebla.

Il appela le sacristain, qui éteignait les cierges, et l'interrogea.

Ce tableau, c'était l'œuvre d'Anne de Niebla elle-même; elle s'était représentée à genoux et en prière, selon l'habitude du temps, qui réclamait presque toujours pour le donataire une humble place sur la toile sacrée.

L'heure était venue de se retirer; sur l'invitation qui lui en fut faite par le sacristain, don Bernardo s'inclina et sortit.

Une idée lui était venue : c'était, à quelque prix que ce fût, d'acquérir ce tableau.

Mais toutes les propositions qu'il fit ou fit faire au chapitre du couvent furent refusées; on lui répondit que ce qui avait été donné ne se vendait pas.

Don Bernardo jura qu'il posséderait ce tableau. Il réunit tout l'argent qu'il put se procurer, vingt mille réaux à peu près, beaucoup plus que la valeur réelle du tableau, et il résolut, le premier dimanche venu, de pénétrer avec tout le monde dans l'église, comme il avait déjà fait, de se tenir caché dans quelque coin, et la nuit de détacher et de rouler la toile en laissant les vingt mille réaux sur l'autel dont il aurait enlevé le tableau.

Quant à sortir de l'église, il avait remarqué que les fenêtres étaient élevées de douze pieds tout au plus, et qu'elles donnaient dans le cimetière; il entasserait les chaises les unes sur les autres et sortirait facilement de l'église par une fenêtre.

Puis il regagnerait le château avec son trésor, le ferait encadrer magnifiquement, le placerait en face du portrait d'Anne de Niebla, et passerait sa vie dans cette chambre qui enfermerait sa vie.

Les jours et les nuits s'écoulèrent dans l'attente du dimanche, qui arriva enfin.

Don Bernardo de Zuniga entra l'un des premiers comme il avait fait le dimanche précédent. Il avait sur lui les vingt mille réaux en or.

Mais ce qui frappa tout d'abord sa vue, ce fut l'aspect funèbre qu'avait revêtu l'église; à travers les grilles du chœur, on voyait briller l'extrémité des cierges, éclairant le faîte d'un catafalque Don Bernardo s'informa.

Le matin même une religieuse était trépassée, et la messe à laquelle il allait assister était une messe mortuaire.

Mais, nous l'avons dit, don Bernardo ne venait point pour la messe, il venait pour préparer l'accomplissement de son projet.

Le tableau angélique était à sa place, au-dessus de l'autel, dans la chapelle de la Vierge.

La fenêtre la plus basse avait dix ou douze pieds, et, grâce aux bancs et aux chaises superposés, rien n'était plus facile que de sortir.

Ces pensées préoccupèrent don Bernardo pendant toute la durée du service divin. Il sentait bien qu'il allait commettre une action mauvaise; mais, en faveur de sa vie tout entière passée à combattre les infidèles, en faveur de cette somme énorme qu'il laissait à la place du tableau, il espérait que le Seigneur lui pardonnerait.

Puis, de temps en temps, il écoutait ces chants funèbres, et, parmi toutes ces voix fraîches, pures et sonores, il cherchait vainement la vibration de cette voix dont le timbre céleste avait, huit jours auparavant, éveillé toutes les fibres de son âme et les avait fait résonner comme une harpe céleste sous les doigts d'un séraphin.

La corde harmonieuse était absente, et l'on eût dit qu'une touche manquait au clavier religieux.

La messe s'acheva. Chacun sortit à son tour.

En passant devant un confessionnal, don Bernardo de Zuniga l'ouvrit, y entra, et le referma sur lui.

Personne ne le vit.

Les portes de l'église crièrent sur leurs gonds. Bernardo entendit grincer les serrures. Les pas du sacristain effleurèrent le confessionnal où il était caché, et s'éloignèrent. Tout rentra dans le silence.

Seulement de temps en temps, dans le chœur toujours fermé, on entendait le froissement d'un pas sur la dalle, puis le murmure d'une prière faite à voix basse.

C'était quelque religieuse qui venait dire les litanies de la Vierge sur le corps de sa compagne morte.

Le soir vint, l'obscurité se répandit dans l'église, le chœur seul resta éclairé, transformé qu'il était en chapelle ardente.

Puis la lune se leva, un de ses rayons passa à travers une fenêtre et jeta sa lueur blafarde dans l'église.

Tous les bruits de la vie s'éteignaient peu à peu au dehors et au dedans; vers onze heures les dernières prières cessèrent autour de la morte et tout fit place à ce silence religieux particulier aux églises, aux cloîtres et aux cimetières.

Le cri monotone et régulier d'une chouette perchée, selon toute probabilité, sur un arbre voisin de l'église, continua seul de retentir avec sa triste périodicité.

Don Bernardo pensa que le moment était venu d'accomplir son projet. Il poussa la porte du confessionnal où il était caché, et allongea le pied hors de sa retraite.

Au moment où son pied se posait sur la dalle de l'église, minuit commençait à sonner.

Il attendit, immobile, que les douze coups eussent vibré lentement, et se fussent perdus peu à peu en frémissements insensibles, pour sortir tout à fait du confessionnal et s'avancer vers le chœur : il voulait s'assurer que personne ne veillait plus près de la morte, et que nul ne le dérangerait dans l'accomplissement de son dessein.

Mais, au premier pas qu'il fit vers le chœur, la grille du chœur s'ouvrit, lentement poussée, et une religieuse parut.

Don Bernardo jeta un cri. Cette religieuse, c'était Anne de Niebla.

Son voile relevé laissait son visage découvert. Une couronne de roses blanches fixait son voile à son front. Elle tenait à la main un chapelet d'ivoire, qui paraissait jaune auprès de la main qui le tenait.

— Anne! s'écria le jeune homme.

— Don Bernardo! murmura la religieuse.

Don Bernardo s'élança...

— Tu m'as nommé, s'écria don Bernardo, tu m'as donc reconnu?

— Oui, répondit la religieuse.

— A la Fontaine-Sainte?

— A la Fontaine-Sainte.

Et don Bernardo entoura la religieuse de ses bras.

Anne ne fit rien pour se dégager de l'amoureuse étreinte.

— Mais, demanda Bernardo, pardon, car je deviens fou de joie, fou de bonheur, que viens-tu faire?

— Je savais que tu étais là!

— Et tu me cherchais?

— Oui.

— Tu sais donc que je t'aime?...

— Je le sais...

— Et toi, toi, m'aimes-tu?

Les lèvres de la religieuse demeurèrent muettes.

— O Niebla! Niebla! un mot, un seul. Au nom de notre jeunesse, au nom de mon amour, au nom du Christ, m'aimes-tu?

— J'ai fait des vœux, murmura la religieuse.

— Oh! que m'importent tes vœux! s'écria don Bernardo; n'en ai-je pas fait aussi, moi, et ne les ai-je pas rompus?

— Je suis morte au monde, dit la pâle fiancée.

— Fusses-tu morte à la vie, Niebla, je te ressusciterais.

— Tu ne me feras pas revivre, dit Anne en secouant la tête. Et moi, Bernardo, je te ferai mourir...

— Mieux vaut dormir dans la même tombe que mourir séparés!

— Alors que résous-tu, Bernardo?

— De t'enlever, de t'emporter avec moi au bout du monde, s'il est nécessaire, par delà les océans, s'il le faut.

— Quand cela?

— A l'instant même.

— Les portes sont fermées.

— Tu as raison, es-tu libre demain?

— Je suis libre toujours.

— Demain attends-moi ici à la même heure, j'aurai une clef de l'église.

— Je t'attendrai, mais viendras-tu?

— Ah! sur ma vie, je te le jure. Mais toi, quel est ton serment, quel est ton gage?

— Tiens, dit-elle, voici mon chapelet.

Et elle lui noua le chapelet d'ivoire autour du cou.

En même temps don Bernardo embrassa Anne de Niebla et, de ses deux mains, la serra contre sa poitrine; leurs lèvres se rencontrèrent et échangèrent un baiser.

Mais, au lieu d'être brûlant comme un premier baiser d'amour, le contact des lèvres de la religieuse fut glacé; et le froid qui courut dans les veines de don Bernarno traversa son cœur.

— C'est bien, dit Anne, et maintenant aucune force humaine ne pourra plus nous séparer. Au revoir, Zuniga.

— Au revoir, chère Anne. A demain!

— A demain!

La religieuse se dégagea des bras de son amant, s'éloigna lentement de lui, tout en retournant la tête, et rentra dans le chœur qui se referma derrière elle.

Don Bernardo de Zuniga la laissa rentrer, les bras tendus vers elle, mais immobile à sa place, et, quand il l'eut vue disparaître, seulement il songea à se retirer.

Il réunit quatre bancs à côté les uns des autres, plaça quatre autres bancs en travers, superposa une chaise à ces bancs, et sortit, comme d'avance il l'avait arrêté, par la fenêtre. L'herbe était haute et touffue, comme on la trouve d'habitude dans les cimetières; il put donc sauter de la hauteur de douze pieds sans se faire aucun mal.

Il n'avait pas besoin d'emporter le portrait d'Anne de Niebla, puisque, le lendemain, Anne de Niebla elle-même allait lui appartenir.

III

LE MORT VIVANT.

L ejour commençait à poindre à l'horizon, quand don Bernardo de Zuniga revint prendre son cheval dans l'auberge où il l'avait laissé.

Un malaise inconcevable s'était emparé de lui, et, quoique enveloppé dans son large manteau, il sentait le froid l'envahir graduellement.

Il demanda au garçon d'écurie quel était le serrurier du couvent; on le lui indiqua.

Il demeurait à l'extrémité du village.

Don Bernardo, pour se réchauffer, mit son cheval au grand trot, et, au bout d'un instant, il entendit les coups de marteau retentir sur l'enclume, et, à travers les fenêtres et la porte ouvertes, il vit jaillir jusqu'au milieu de la rue des parcelles de fer rouge.

Arrivé à la porte du serrurier, il descendit de cheval; mais, de plus en plus envahi par le froid, il s'étonna de la roideur automatique de ses mouvements.

Le serrurier, de son côté, était resté le marteau levé et regardant ce noble seigneur enveloppé dans son manteau de chevalier de l'ordre d'Alcantara, qui descendait à sa porte et entrait chez lui comme une pratique ordinaire.

En voyant que c'était bien à lui qu'il avait affaire, le serrurier posa son marteau sur l'enclume, leva son bonnet et demanda poliment :

—Qu'y a-t-il pour votre service, monseigneur?

— C'est toi qui es le serrurier du couvent de l'Immaculée-Conception, s'informa le chevalier.

—C'est moi, oui, monseigneur, répondit le serrurier.

— Tu as les clefs du couvent?

— Non, monseigneur, mais seulement les dessins, afin que si l'une de ces clefs se perdait, je pusse la remplacer.

—— Eh bien! je veux la clef de l'église.

— La clef de l'église?

— Oui.

— Excusez-moi, monseigneur, mais il est de mon devoir de vous demander ce que vous comptez en faire.

—J'en veux marquer mes chiens pour les préserver de la rage.

— C'est un droit de seigneurie. Êtes-vous seigneur des terres sur lesquelles l'église est bâtie?

— Je suis don Bernardo de Zuniga, fils de Pierre de Zuniga, comte de Bagnarès, marquis d'Ayamonte; je commande à cent hommes d'armes et suis chevalier d'Alcantara, comme tu peux le voir par mon manteau.

— Cela ne se peut, dit le serrurier, avec une expression visible d'effroi.

— Et pourquoi cela ne se peut-il pas?

— Parce que vous êtes vivant et bien vivant, quoique vous paraissiez avoir froid, et que don Bernardo de Zuniga est mort cette nuit, vers une heure du matin.

— Et qui t'a dit cette belle nouvelle? demanda le chevalier.

— Un écuyer portant un hoqueton aux armes de Bejar, lequel vient de passer il y a une heure pour aller commander un service funèbre au couvent de l'Immaculée-Conception.

Don Bernardo éclata de rire.

— Tiens, dit-il, voici, en attendant, dix pièces d'or pour ta clef. Je viendrai la chercher cette après-midi et t'en apporterai encore autant.

Le serrurier s'inclina en signe d'assentiment; vingt pièces d'or, c'était plus qu'il n'en gagnait en une année, et cela valait bien la peine de risquer une réprimande.

D'ailleurs pourquoi serait-il réprimandé? C'était l'habitude de marquer les chiens de chasse avec les clefs des églises pour les préserver de la rage.

Un seigneur qui le payait si généreusement ne pouvait pas, quel qu'il fût, être un voleur.

Don Bernardo remonta à cheval. Il avait essayé de se réchauffer à la forge; mais il n'avait pu y réussir : il espérait mieux du soleil qui commençait à se montrer brillant comme il l'est déjà en Espagne au mois de mars.

Il gagna les champs et se mit à courir; mais le froid l'envahissait de plus en plus, et des frissons glacés lui couraient par tout le corps.

Ce n'était pas tout : il semblait comme enchaîné au couvent, il décrivait un cercle dont le clocher de l'église formait le centre.

En traversant un bois, vers onze heures, il vit un ouvrier qui équarrissait des planches de chêne; c'était une besogne qu'il avait bien souvent vu faire à des ouvriers, et cependant il se sentit comme entraîné malgré lui à questionner cet homme.

— Que fais-tu là? lui demanda-t-il.

— Vous le voyez bien, très-illustre seigneur, répondit celui-ci.

— Mais non, puisque je le demande.

— Eh bien! je fais une bière.

— En chêne? C'est donc pour un grand seigneur que tu travailles?

— C'est pour le chevalier don Bernardo de Zuniga, fils de monseigneur Pierre de Zuniga, comte de Bagnarès, marquis d'Ayamonte.

— Le chevalier est donc mort?

— Cette nuit, vers une heure du matin, répondit l'ouvrier.

— C'est un fou, dit le chevalier en haussant les épaules; et il poursuivit son chemin.

En se rapprochant du village où il avait commandé la clef, il rencontra, vers une heure, un moine qui voyageait à mule, suivi d'un sacristain qui marchait à pied.

Le sacristain portait un crucifix et un bénitier.

Don Bernardo avait déjà dérangé son cheval pour laisser passer le saint homme, lorsque tout à coup, se ravisant, il lui fit signe de la main qu'il désirait lui parler.

Le moine s'arrêta.

— D'où venez-vous, mon père? demanda le chevalier.

— Du château de Bejar, illustre seigneur.

— Du château de Bejar! répéta don Bernardo, étonné.

— Oui.

— Et qu'avez-vous été faire au château de Bejar?

— J'ai été pour confesser et administrer don Bernardo de Zuniga qui, vers minuit, s'étant senti mourir, m'avait fait appeler pour recevoir l'absolution de ses péchés; mais, quoique je fusse parti en toute hâte, je suis encore arrivé trop tard.

— Comment! trop tard?

— Oui, à mon arrivée, don Bernardo de Zuniga était déjà mort.

— Déjà mort! répéta le chevalier.

— Oui, et de plus, mort sans confession. Que Dieu ait pitié de son âme!

— Vers quelle heure était-il mort?

— Vers une heure de la nuit, répondit le moine.

— C'est une gageure, dit le chevalier avec humeur, ces gens-là ont parié me rendre fou.

Et il remit son cheval au galop.

Dix minutes après, il était à la porte du forgeron.

— Oh! oh! dit le forgeron, qu'a donc Votre Seigneurie, elle est bien pâle?

— J'ai froid, dit don Bernardo.

— Voici votre clef.

— Voici ton or.

Et il lui jeta dans la main douze autres pièces.

— Jésus! dit le forgeron, où mettez-vous donc votre bourse?

— Pourquoi cela?

— Votre or est froid comme la glace. A propos...

— Qu'y a-t-il?

— N'oubliez pas de vous signer trois fois avant de faire usage de la clef.

— Pourquoi cela?

— Parce que, lorsqu'on forge une clef d'église, le diable ne manque jamais de venir souffler le feu.

— C'est bien. Et toi n'oublie pas de prier pour l'âme de don Bernardo de Zuniga, dit le chevalier en essayant de sourire.

— Je ne demande pas mieux, dit le serrurier, mais j'ai bien peur que mes prières n'arrivent trop tard, puisqu'il est mort.

Quoique don Bernardo eût accueilli ces différentes rencontres d'un air calme, et eût reçu ces différentes réponses avec un sourire, ce qu'il avait vu et entendu depuis le matin n'avait pas laissé que de faire sur lui, si brave qu'il fût, une vive impression. Ce froid surtout, ce froid mortel qui allait croissant, glaçant jusqu'au battement de son cœur, gelant jusqu'à la moelle de ses os, le terrassait malgré lui.

Il pesait de ses pieds sur ses étriers et ne sentait plus l'appui qui le soutenait. Il serrait une de ses mains avec l'autre et ne sentait plus la pression de sa main.

L'air du soir arriva, sifflant à ses oreilles comme une bise et traversant son manteau et ses vêtements comme si les uns et les autres n'avaient pas plus de consistance qu'une toile d'araignée.

La nuit venue, il entra dans le cimetière, et attacha son cheval au pied d'un platane. Il n'avait pas songé à manger de la journée, ni son cheval non plus.

Il se coucha dans les hautes herbes, pour échapper autant que possible au vent glacial qui l'anéantissait.

Mais à peine eut-il touché la terre, que ce fut bien pis. Cette terre, pleine d'atomes de mort, semblait une dalle de marbre.

Peu à peu, quelque effort qu'il fît pour résister au froid, il tomba dans une espèce d'engourdissement dont il fut tiré par le bruit que faisaient deux hommes en creusant une fosse.

Il fit un effort sur lui-même et se leva sur son coude.

Les deux fossoyeurs, qui virent un homme qui semblait sortir d'une fosse, poussèrent un cri.

— Oh! pardieu! dit-il aux fossoyeurs, je vous remercie de m'avoir éveillé. Il était temps.

— En effet, dirent ces hommes, remerciez-nous, Seigneur, car lorsque l'on s'endort ici on ne se réveille guère.

— Et que faites-vous à cette heure dans ce cimetière?

— Vous le voyez bien.

— Vous creusez une fosse?

— Sans doute.

— Et pour qui?

— Pour don Bernardo de Zuniga.

— Pour don Bernardo de Zuniga?

— Oui. Il paraît que le digne seigneur, dans le testament qu'il a fait il y a quinze jours ou trois semaines, a demandé à être enterré dans le cimetière du couvent de l'Immaculée-Conception, de sorte qu'on est venu nous dire ce soir seulement de nous mettre à la besogne; maintenant il s'agit de rattraper le temps perdu.

— Et à quelle heure est-il mort?

— La nuit passée, à une heure du matin. Là, maintenant que la fosse est finie, don Bernardo viendra quand il voudra. Adieu, monseigneur.

— Attends, dit le chevalier, toute peine mérite salaire; tiens, voilà pour toi et ton camarade.

Et il jeta à terre sept ou huit pièces d'or que les fossoyeurs s'empressèrent de ramasser.

— Sainte Vierge! dit un des fossoyeurs, j'espère que le vin que nous allons boire à votre santé ne sera pas aussi froid que votre argent, sinon il y aurait de quoi geler l'âme dans le corps.

Et ils sortirent du cimetière.

Onze heures et demie venaient de sonner; don Bernardo se promena une demi-heure encore, ayant toutes les peines du monde à se maintenir debout tant il sentait son sang se figer dans ses veines; enfin, minuit sonna.

Au premier coup qui frappa sur le timbre, don Bernardo introduisit la clef dans la serrure et ouvrit la porte.

L'étonnement du chevalier fut grand : l'église était éclairée, le chœur était ouvert, les piliers et les voûtes étaient tendus de noir, mille cierges brûlaient en chapelle ardente.

Au milieu de la chapelle une estrade était dressée, et sur l'estrade était couchée une religieuse vêtue de blanc, portant sur la tête un grand voile blanc, fixé à son front par une couronne de roses blanches.

Un singulier pressentiment serra le cœur du chevalier. Il s'approcha de l'estrade, se pencha sur le cadavre, souleva le voile et poussa un cri.

Ce cadavre, c'est celui d'Anne de Niebla.

Il se retourne, regarde autour de lui, cherchant qui il peut interroger, et aperçoit le sacristain.

— Quel est ce cadavre? demande-t-il.

— Celui d'Anne de Niebla, répond le brave homme.

— Depuis quand est-elle morte?

— Depuis dimanche matin.

Don Bernardo sentit encore s'augmenter le froid qui glaçait son corps, quoiqu'il eût cru la chose impossible.

Il passa sa main sur son front.

— Hier, à minuit, demanda-t-il, elle était donc morte?

— Sans doute.

— Hier, à minuit, où était-elle?

— Où elle est cette nuit, à la même heure; seulement l'église n'était pas tendue, les cierges du cénotaphe étaient seuls allumés, et la grille du chœur était close.

— Quelqu'un, continua le chevalier, qui eût vu venir à lui hier, à cette heure, Anne de Niebla, eût donc vu venir un fantôme? quelqu'un qui lui eût parlé, eût donc parlé à un spectre?

— Dieu préserve un chrétien d'un pareil malheur. Mais il eût parlé à un spectre, mais il eût vu un fantôme.

Don Bernardo chancela.

Il comprenait tout : il s'était fiancé à un fantôme, il avait reçu le baiser d'un spectre.

— Voilà pourquoi ce baiser était si froid, voilà pourquoi un fleuve de glace courait par tout son corps.

A ce moment, cette annonce de sa propre mort, qui lui avait été donnée par le forgeron, par le menuisier, par le prêtre et par le fossoyeur, lui revint à l'esprit.

C'était à une heure qu'il était mort, lui avait-on dit.

C'était à une heure qu'il avait reçu le baiser d'Anne de Niebla.

Était-il mort ou vivant?

Y avait-il déjà séparation de l'âme et du corps?

Était-ce son âme qui errait aux environs du couvent de l'Immaculée-Conception, tandis que son corps expiré gisait au château de Bejar?

Il rejeta le voile qu'il avait écarté du visage de la morte, et s'élança hors de l'église : le vertige l'avait saisi.

Une heure sonnait.

Tête basse, le cœur oppressé, don Bernardo s'élance dans le cimetière, trébuche à la fosse ouverte, se relève, détache son cheval, saute en selle, et s'élance dans la direction du château de Bejar.

C'est là seulement que se résoudra pour lui cette terrible énigme de savoir s'il est mort ou vivant.

Mais, chose étrange! ses sensations sont presque éteintes.

Le cheval qui l'emporte, il le sent à peine entre ses jambes; la seule impression à laquelle il soit sensible, c'est ce froid croissant qui l'envahit comme un souffle de mort.

Il presse son cheval, qui, lui-même, paraît un cheval spectre.

Il lui semble que sa crinière s'allonge, que ses pieds ne touchent plus la terre, que son galop a cessé de retentir sur le sol.

Tout à coup, à sa droite et à sa gauche, deux chiens noirs surgissent sans bruit, sans aboiement; leurs yeux sont de flamme, leur gueule est couleur de sang.

Ils courent aux flancs du cheval, les yeux flamboyants, la gueule ouverte; pas plus que le cheval ils ne touchent la terre : cheval et chiens glissent à la surface du sol; ils ne courent pas, ils volent.

Tous les objets qui côtoient la route disparaissent aux yeux du chevalier, comme emportés par un ouragan; enfin, dans le lointain, il aperçoit les tourelles, les murs, les portes du château de Bejar.

Là, tous ses doutes doivent être résolus; aussi il presse son cheval, que les chiens accompagnent, que la cloche poursuit.

De son côté, le château semble venir au-devant de lui.

La porte est ouverte, le chevalier s'élance, il franchit le seuil, il est dans la cour.

Personne n'a pris garde à lui, et cependant la cour est remplie de monde.

Il parle, on ne lui répond pas; il interroge, on ne le voit pas; il touche, on ne le sent pas.

En ce moment un héraut paraît sur le perron.

— Oyez, oyez, oyez, dit-il : le corps de don Bernardo de Zuniga va être transporté, selon les désirs exprimés par son testament, dans le cimetière du couvent de l'Immaculée-Conception; que ceux qui ont le droit de lui jeter de l'eau bénite me suivent.

Et il entre dans le château.

Le chevalier veut poursuivre le voyage jusqu'au bout.

Il se laisse glisser de sa monture, mais il ne sent plus la terre sous ses pieds, et il tombe à genoux, essayant de se cramponner de la main aux étriers de son cheval.

En ce moment les deux chiens noirs lui sautent à la gorge et l'étranglent.

Il voulut pousser un cri, mais il n'en eut pas la force.

A peine put-il exhaler un soupir.

Les assistants virent deux chiens qui semblaient se battre entre eux, tandis qu'un cheval s'évanouissait comme une ombre.

Ils voulurent frapper sur les chiens, mais ceux-ci ne se séparèrent que lorsqu'ils eurent accompli l'œuvre invisible qu'ils faisaient.

Alors ils s'élancèrent côte à côte hors de la cour, et disparurent.

A la place où ils avaient séjourné dix minutes, on trouva des débris informes, et, au milieu de ces débris, le chapelet d'Anne de Niebla.

En ce moment, le corps de Bernardo de Zuniga apparut sur le perron, porté par les pages et les écuyers du château.

Le lendemain, il fut inhumé en grande pompe dans le cimetière de l'Immaculée-Conception, côte à côte avec sa cousine Anne de Niebla.

Dieu leur fasse miséricorde !

FIN

Coulommiers. — Imp. P. Brodard